ÉTICA PARA EXECUTIVOS

ÉTICA PARA EXECUTIVOS

Hermano Roberto Thiry-Cherques

FGV
EDITORA

ISBN — 978-85-225-0647-7
Copyright© 2008 Hermano Roberto Thiry-Cherques

Direitos desta edição reservados à
EDITORA FGV
Rua Jornalista Orlando Dantas, 37
22231-010 — Rio de Janeiro, RJ — Brasil
Tels.: 0800-021-7777 — 21-3799-4427
Fax: 21-3799-4430
e-mail: editora@fgv.br — pedidoseditora@fgv.br
web site: www.editora.fgv.br

Impresso no Brasil / *Printed in Brazil*

Todos os direitos reservados. A reprodução não autorizada desta publicação, no todo ou em parte, constitui violação do copyright (Lei nº 9.610/98).

Os conceitos emitidos neste livro são de inteira responsabilidade do autor.

1ª edição — 2008
1ª reimpressão — 2010; 2ª reimpressão — 2014

PREPARAÇÃO DE ORIGINAIS: Claudia Martinelli Gama

EDITORAÇÃO ELETRÔNICA: FA Editoração

REVISÃO: Aleidis de Beltran e Fatima Caroni

CAPA: Darlan de Carvalho Carmo

Ficha catalográfica elaborada pela
Biblioteca Mario Henrique Simonsen / FGV

Thiry-Cherques, Hermano R.
    Ética para executivos / Hermano Roberto Thiry-Cherques. — Rio de Janeiro : Editora FGV, 2008.
    268 p.

    1.Ética. 2. Ética empresarial. I. Fundação Getulio Vargas. II. Título.

CDD – 174.4

Para Maria Helena

Sumário

Introdução   15

Parte I – Filosofia e ética   17

1   **Filosofia**   19
    Para que estudar filosofia?   19
    Por que nos interrogamos?   19
    De onde vêm as questões filosóficas?   20
    Podemos evitar a filosofia?   20
    Existem temas filosóficos?   21
    O que é a filosofia?   21
    O que, então, não é filosofia?   22
    É possível aprender a filosofar?   23
    Como se divide a filosofia contemporânea?   24
    Como as questões filosóficas são abordadas?   24
    Onde a lógica entra nisso?   25
    O que é um argumento verdadeiro?   25
    O que é a verdade?   26
    Existe uma verdade moral?   27

2   **Ética, disciplina filosófica**   29
    Por que estudar a ética?   29
    Qual a diferença entre ética e moral?   29
    O que vem a ser a ética?   30
    O que é um valor?   31

O que é o bem? 33
Qual o campo da ética? 34
Existe um dever moral? 35
Por que nos impomos deveres morais? 36
Qual a diferença entre ser imoral e ser amoral? 36
A dedicação ao trabalho faz sentido? 37
Ter fé é irracional? 37
Devemos respeitar quem não é respeitável? 38
Existe uma forma "correta" de nos conduzirmos? 39
O que é um princípio? 40

Parte II – Correntes éticas 43

3   A economia moral da moderação 45
As incertezas do humano 45
A felicidade 46
Razão e virtude 46
Os hábitos 47
O justo meio 47
A justiça 48
A amizade e a bela vida 48
Atualidade 49
Discussão: o escravo por natureza 49

4   A economia moral do contrato 53
Premissa 53
Contrato 54
Thomas Hobbes 55
John Locke 58
Jean-Jacques Rousseau 63

5   A economia moral do dever 71
Filosofia crítica 71

O sono dogmático   73
O método   73
O conhecimento   75
Conceitos e categorias   75
O pensamento   76
A revolução copernicana   78
Terceira antinomia   79
A liberdade   81
A razão prática   82
A ética   83
O problema ético   84
A razão do agir   85
A vontade boa   85
O imperativo   87
O dever   88
Universalidade   89
Autonomia e liberdade   90

6   A economia moral da utilidade   93

A utilidade   93
Os dois senhores   95
Desenvolvimento: John Stuart Mill   97
Para além de Bentham   98
O utilitarismo ideal   99
Temas utilitaristas   100
As organizações e os negócios   103
Dificuldades   103
O saldo   105

7   A economia moral do relativismo   107

O conceito   107
O argumento sofístico   108
O argumento cético   109

O argumento metafísico 111
O argumento psicológico 111
O argumento da imperfeição 114
O argumento histórico 115
O argumento pragmático 117
O argumento perspectivo: a virtude sem moralismos 119
O argumento não cognitivo 122
O argumento emotivista 124
Relativização 125
Objeções ao relativismo 127

8 A economia moral da intuição 129
A intuição 129
Senso comum e análise 130
Objeções 131

9 A economia moral do pluralismo   133
Contra o relativismo 134
Sentimento moral 135
Valores comuns 136
Fórmula 138
O pragmatismo antiessencialista de Rorty 139

10 A economia moral da justiça   143
O justo e o bom 144
Construtivismo pluralista 145
O acordo 146
A liberdade e a diferença 148
Contratualismo 150
A pessoa 151
Críticas 152
Aperfeiçoamento e síntese 153

Parte III – Discussão 159

11   Quais as principais barreiras à argumentação moral? 161
     Fatos morais   163
     Certezas   164

12   Existiria uma regra moral aceita universalmente?   169
     Antiguidade   169
     Na filosofia   170
     Os argumentos racionais 171
     Compensação   173

13   Até que ponto somos socialmente responsáveis?   177
     Responsabilidade social e responsabilidade moral   178
     Responsabilidade e *accountability*   180
     Responsabilidade pessoal e "responsabilidade corporativa" 181
     Responsabilidade e consciência   182
     Restrição ética e regulação legal   184
     Os limites da responsabilidade   185
     Responsabilidade e gestão   187
     Responsabilidade e interesse   188
     Áreas de responsabilização moral   189
     Responsabilidade perante quem?   191
     A socialização da responsabilidade 193

14   Em que consiste a crise moral nas organizações?   199
     Afinidades eletivas   200
     Cultura e método   201
     Cultura e "razão de mercado"   203
     A jaula de ferro   204
     Racionalidade, não racionalidade, irracionalidade 206
     Ascetismo econômico e conflito moral   209
     Convicção e responsabilidade   213

A responsabilidade contra a convicção   216

15   **Quais os limites da tolerância?   219**
O que é a tolerância?   220
A tolerância nas organizações   223
O limite político   224
O político e o organizacional   225
O limite físico e o psicológico   227
Tolerância psicológica   229
O limite ético   233

16   **Em que medida é sensato induzir ao trabalho mediante promessas?   237**
Quixote e Sancho   238
A moral nos diálogos   240
Quixote e Taylor   242
Absurdo e sensatez   246

17   **A esperança é boa ou é ruim? 249**
Os antigos   249
Vontade e representação   250
Poética   252
Profética   254
Comercial   254
Messiânica   255
Sofrida   257
Realista   258
Originária   260

Índice remissivo   263

Os textos que compõem este livro foram elaborados ao longo de quase 15 anos. Alguns foram publicados como artigo em revistas especializadas. Outros circulam como material didático de cursos de mestrado e doutorado da Escola Brasileira de Administração Pública e de Empresas da Fundação Getulio Vargas. Sou grato aos professores Enrique Saravia, pelos comentários, e Bianor Cavalcanti, pelo estímulo persistente. Sou grato em especial ao professor Roberto da Costa Pimenta, leitor, comentarista e, sobretudo, companheiro nesta longa viagem.

Introdução

Um truque filosófico antigo consiste em colocar em questão a pergunta que nos é feita. Isso eleva o nível da reflexão e, se não fornece uma resposta, informa se tal resposta pode ser encontrada e como.

O sistema que adotei neste livro segue esse procedimento. Sendo impraticável formular todas as questões sobre a ética com que os executivos se defrontam no cotidiano das organizações, limitei-me a tentar equacionar os temas que com maior frequência são levantados pelos administradores. Sendo impossível responder categoricamente mesmo a essas poucas questões, procurei dar acesso às respostas que as diversas correntes de pensamento oferecem.

O que denominamos comumente de /ética/ é a parte normativa da filosofia moral. Estuda os princípios que devem reger a conduta na vida pessoal e coletiva. Procura dar conta de questões do tipo:

- quais os princípios básicos que informam sobre o que é bom?
- como deve ser uma sociedade justa?
- quais os deveres para com os outros?
- a eutanásia é correta?

Este livro trata da ética tanto na sua vertente teórica, referida à justificação dos princípios morais, quanto na sua vertente aplicada, referida às questões morais do cotidiano. Mas se concentra na ética aplicada à gestão, que compreende questões tais como:

- quais os deveres em relação à comunidade em que a organização está inserida?
- é justo blefar em uma negociação?
- a violação de sigilo é sempre incorreta?
- a competição é moralmente justificada?

A primeira parte do livro é dedicada às questões mais gerais sobre a filosofia e a ética. A segunda parte é constituída pela descrição da economia moral segundo as diversas escolas de pensamento. A terceira e última, pela discussão dos tópicos éticos mais relevantes para quem tem como dever profissional tomar decisões.

Ao final do volume, um índice remete aos mais importantes conceitos e temas discutidos.

Parte I – Filosofia e ética

1

Filosofia

Para que estudar filosofia?

A primeira indagação que a maioria dos executivos faz ante a perspectiva de vir a estudar algum tema filosófico é de ordem prática: com que propósito alguém deveria esforçar-se para dominar um assunto sem utilidade imediata na condução de negócios e das organizações?

A resposta é que o estudo filosófico, independentemente do uso que dele se faça, aguça o raciocínio e ajuda a compreender o mundo e a vida. A filosofia tem um valor subjetivo – tornar-nos mais sagazes –, tem um valor objetivo – ordenar o pensamento – e tem um valor em si mesmo – possibilitar uma vida espiritual mais interessante e significativa.

Por que nos interrogamos?

Porque nós desejamos nos compreender. Ao nos interrogarmos, filosofamos.

Filosofar é refletir sobre as questões fundamentais da existência. Filosofamos quando tentamos responder questões como:

- as nossas ações são livres ou são determinadas?
- o que podemos conhecer?
- quais os princípios que devemos seguir?

Essas questões são difíceis de serem respondidas. As respostas imediatas são confusas, contraditórias ou implicam outras questões mais controversas ainda. A disciplina filosófica nos ajuda a resolvê-las, relatando as definições e conclusões a que chegaram inúmeros pensadores e nos orientando para darmos as nossas próprias respostas.

De onde vêm as questões filosóficas?

De onde vêm as perguntas sobre os limites do conhecimento? Sobre as estruturas permanentes do mundo? Elas vêm da reflexão. Do pensamento que se volta sobre si mesmo, que se reflete.

Refletimos porque nos sentimos insatisfeitos com a superficialidade do aparente e do manifesto – queremos, precisamos saber o que está "por trás" das coisas, dos eventos, das condutas. Refletimos porque nos sentimos insatisfeitos com a superficialidade das nossas interpretações – queremos ser mais argutos, entender melhor, com mais profundidade, os temas que nos interessam.

Pensar, no sentido filosófico do termo, é construir uma representação do mundo. Ao representá-lo, nos tornamos conscientes do que existe à nossa volta e de nós mesmos. Nós nos pomos a questionar se o que pensamos é objetivamente verdadeiro, se não estamos sendo conduzidos por convicções dos que nos precederam, se não estamos sendo manipulados pelas circunstâncias em que vivemos. Passamos, então, a refletir sobre conceitos, condutas e crenças que na vida ordinária nos limitamos a utilizar.

Podemos evitar a filosofia?

Não podemos evitar pensar, não podemos deixar de nos interrogar sobre tudo que nos acontece ou pode acontecer. Mas pensar nem sempre é agradável. Pensando podemos nos tornar obsessivos e nos torturarmos, representando coisas imaginárias. Além disso, nem sempre o pensamento é objetivo ou útil. Ele pode ser superficial e delirante.

É certo que a filosofia é lateral em relação à vida, às nossas preocupações, aos nossos atos cotidianos. Nós podemos viver sem ela. Mas podemos refletir sobre as raízes das nossas preocupações, dos nossos atos e, mediante a consciência das causas e das condições do que nos acontece, alcançar dar sentido maior à nossa vida, ao nosso trabalho.

Não há como evitar a reflexão. A filosofia nos ajuda a determinar quais os temas a que devemos preferencialmente dedicar nossos pensamentos.

Existem temas filosóficos?

Existem temas que são objeto preferencial da reflexão filosófica. Questões do tipo: como devemos agir? O que é preciso saber? O que é o conhecimento? E assim por diante. Mas essas questões podem também ser tratadas de ângulos não filosóficos.

A filosofia compreende uma série imensa de considerações sobre a arte de viver, sobre as aflições práticas do dia a dia. Mas esse acervo de reflexões, ao contrário do que se passa com os receituários populares e de autoajuda, é constituído por reflexões fundamentadas na experiência e na razão.

Por outro lado, existem temas que são considerados usualmente estranhos à filosofia. Temas menores, como as preocupações do cotidiano, e temas de áreas específicas, como, para darmos exemplos do campo da administração, a formulação de um plano de negócios ou um cálculo de logística. Ocorre que esses temas, por menores que possam parecer, por mais técnicos que sejam, podem perfeitamente ser tratados de modo filosófico.

Por exemplo, quando nos perguntamos sobre a validade dos planos de negócios ou sobre o cálculo de distribuição de um produto, costumamos ater-nos a quesitos operacionais. No entanto, poderíamos ir mais fundo. Poderíamos perguntar-nos, filosoficamente, sobre quais as possibilidades lógicas de acertarmos com o futuro (as teorias sobre os futuríveis) ou sobre os limites da representação matemática da realidade.

Quer isto dizer que não existem temas que não sejam filosóficos, ou melhor, o que existe é uma forma filosófica de considerar qualquer tema.

O que é a filosofia?

Todo símbolo, e a palavra é um símbolo, denota alguma coisa e conota várias. O termo /filosofia/ significa amor à sabedoria. Mas ele conota muitos outros significados. Já entre os gregos, /filosofia/ designava o próprio saber, não só a erudição, mas a resultante da reflexão sobre o conhecimento fundado: a sabedoria.

A questão sobre o que é o conhecimento filosófico é, em si mesma, uma questão circular. A resposta a esta questão só pode ser alcançada de dentro da própria filosofia. Só é possível entender plenamente o valor e alcance do conhecimento filosófico fazendo uma aposta, investindo algum tempo no seu estudo.

Quem se vê na contingência de fazer esse investimento quer, naturalmente, saber o que vem a ser isto, a filosofia. A resposta é simples: a filosofia é uma forma de saber. Mas essa simplicidade é aparente, porque a filosofia é uma forma de saber especial, que não tem propriamente um método e cujo objeto é difícil de ser entendido.

O pensamento filosófico não é um procedimento. É algo que nos acontece. Uma forma de ver especial, aprendida dos gregos antigos que tentaram, como continuamos tentando até hoje, explicar por que as coisas, o mundo, o pensamento, a vida, são como são.

A filosofia nasceu na Grécia, no século V a.C. Mas os gregos não criaram tudo. Transformaram os saberes dos egípcios, dos persas, dos minoicos em conhecimento universal e abstrato, em filosofia.

A filosofia é a superação do mito, das narrativas tradicionais, do saber infundado sobre as origens das coisas – as cosmogonias – e sobre as causas da permanência das coisas e sobre a vida, o amor, o sofrimento, a sabedoria, a guerra.

A filosofia é a ordem de pensamento que procura dar a razão, o porquê.

Ela procura dar o porquê não de um objeto determinado em um campo delimitado, mas de todos os objetos em todos os campos. A filosofia estuda tudo. Ela procura dar a razão por que tudo em todos os campos possíveis é como é.

A filosofia contemporânea é caracterizada pela ausência de um sistema que se pretenda absoluto. Deixou de lado a pretensão de explicar o universo e tudo o que ele contém. Mas não abdicou de abordar os temas e problemas da ótica da totalidade. Não existem objetos que não sejam filosóficos e, neste sentido, a filosofia é total, é universal.

O que, então, não é filosofia?

No esforço titânico de explicar tudo o que existe, os filósofos, através dos tempos, dividiram e redividiram o todo, conceberam e criticaram inúmeras formas de conhecer. O saber racional, as matemáticas, a astronomia, a biologia, a política, a justiça, a organização da sociedade e da produção já fizeram parte da filosofia.

Esses saberes particulares pouco a pouco se foram separando do *corpus* central da filosofia. Na Idade Média a teologia, os conhecimentos acerca de Deus, e os saberes sobre a física, a astronomia e as matemáticas já tinham, por assim dizer, abandonado a matriz filosófica e adquirido vida independente, ainda que o termo /filosofia/ continuasse a significar todo o conhecimento racional.

Todas as ciências particulares se constituíram em torno de objetos específicos e de métodos adequados a esses objetos. Mas são filhas da filosofia. No século XX a sociologia, a psicologia, a economia e a política, como tantos outros saberes, ganharam autonomia. Outras se desprenderam ou se aglutinaram, conforme as circunstâncias e as exigências dos tempos.

Algumas dessas divisões da filosofia ganharam corpo próprio, transformaram-se em ciências particulares, como a química ou a psicologia; outras permaneceram como disciplinas filosóficas, como é o caso da ética. Algumas das formas de conhecer criadas pelos filósofos se estabilizaram em epistemologias específicas, em métodos, em técnicas.

Também foi isso que aconteceu com o *corpus* teórico-prático que conforma as ciências da gestão.

Dessas dispersões e convergências deriva o interesse que tem a filosofia para quem não pretende ser filósofo, para quem não pretende estudar o todo em sua globalidade. Porque, mesmo sem ser filósofos, podemos beneficiar-nos aprendendo um pouco sobre a forma de abordar os temas filosóficos e estudando como as questões relacionadas a esses temas têm sido resolvidas.

É possível aprender a filosofar?

Tomando-se as definições mais amplas do termo /filosofia/, todos somos filósofos. O que precisamos é aprimorar a maneira como filosofamos. Filosofar é uma atitude, uma forma desassombrada de procurar a razão das coisas.

Todos nos colocamos questões desse tipo. O especialista em marketing filosofa quando se pergunta sobre o que é a verdade; o gestor de ativos filosofa quando se pergunta sobre o que é lógico ou racional; o gerente de RH filosofa quando se pergunta sobre o que é justo; o especialista em logística filosofa quando se pergunta sobre o que é o tempo.

Tradicionalmente, aprende-se a filosofar colocando-se na perspectiva dos mestres. Aprendemos a filosofia e aprendemos a filosofar acompanhando o olhar que os pensadores do passado e do presente lançam sobre os temas eternos e sobre os temas da atualidade. Com isso, avançamos na compreensão desses temas e, simultaneamente, desenvolvemos a capacidade de análise e de interpretação.

Como se divide a filosofia contemporânea?

Na época de Aristóteles, a filosofia se dividia em:
- lógica, ou os processos de se alcançar o conhecimento sobre as coisas, sobre o ser das coisas;
- física, que compreendia os saberes sobre tudo o que existe ou pode existir, dos seres da natureza ao espírito humano;
- ética, que tratava do *prâgma*, *atos*, do agir, das ações humanas, do que o ser humano é e do que o ser humano faz, desde o artesanato até a política.

Na atualidade, além da ontologia, a reflexão sobre a natureza do ser, sobre os objetos em geral, a filosofia compreende a gnosiologia, a reflexão sobre a natureza e as condições do conhecimento, e a axiologia, a reflexão sobre os valores. A axiologia compreende a ética e a estética.

Essa é a classificação usual. Mas é preciso dizer que a filosofia contemporânea se encontra cindida, seja por seus objetos – filosofia da ciência, filosofia do direito, filosofia política etc. –, seja pela orientação gnosiológica que abraça – filosofia analítica, filosofia da história etc. –, seja, finalmente, pela época originária dos seus temas – filosofia antiga, filosofia contemporânea etc. O fato é que a filosofia se tornou absurdamente fragmentada em campos, áreas, interesses, orientações, enfoques. Isto a faz parecer muito mais complexa do que realmente é.

Como as questões filosóficas são abordadas?

Existem inúmeros métodos e técnicas para abordar as questões filosóficas. Mas a forma geral é aproximadamente a mesma, sistematizada por Descartes nos seus princípios:
- tornar claro e distinto o objeto que estamos estudando;

- considerar os elementos componentes daquilo que estamos estudando, criticando-os um a um;
- considerar as respostas possíveis, eliminando as absurdas e detalhando as mais adequadas;
- justificar, concisa e claramente, a resposta que nos parece mais bem fundamentada.

O termo *methodos* significa, em grego, mediante (*metá*) um caminho (*hodós*). Existem muitos caminhos para o saber reflexivo, para o saber que se adquire refletindo sobre conhecimentos fundamentados. Cada filósofo ou, ao menos, cada escola filosófica propõe não só um método, mas uma gnosiologia, uma teoria sobre o que é possível conhecer e sobre como se pode conhecer.

Onde a lógica entra nisso?

Para alcançar a sabedoria, é necessário não só adquirir conhecimento, transcender a simples opinião – a *doxa* –, como refletir sobre o conhecimento adquirido. O conhecimento é o que Platão chama de *episteme*: o saber que temos porque o procuramos segundo um procedimento sistemático; segundo um método, um raciocínio lógico.

Raciocinar logicamente é concluir alguma coisa a partir de outra. Partimos de premissas para chegarmos às conclusões. Por exemplo, concluímos que um software, entre os três existentes no mercado, é o melhor considerando a confiabilidade, o preço e a utilidade. Entre os softwares A, B e C, A não sendo confiável, B sendo demasiadamente caro e C satisfazendo nossas necessidades, escolheremos, racionalmente, o software C.

A lógica, a disciplina filosófica que está por trás de todas as proposições sobre todos os objetos, se limita a estudar os raciocínios, a declarar se são válidos ou não. O argumento que utilizamos no raciocínio sobre a aquisição do software é válido. Isso significa que a conclusão de que C é melhor decorre logicamente das premissas. Mas um argumento válido não é necessariamente verdadeiro.

O que é um argumento verdadeiro?

Um argumento é verdadeiro quando, além de válido, decorre de premissas verdadeiras. A proposição "o atual rei da França é louro" é válida, porque não há nada nela que seja ilógico. Mas não é verdadeira, porque a premissa de que a França tenha hoje um rei é falsa. Este exemplo, utilizado pelo lógico Bertrand Russell na fundamentação da sua teoria dos tipos, nos mostra as armadilhas que devemos superar para chegar a proposições válidas e verdadeiras.

O que é a verdade?

Esta é a terceira, última e não respondida pergunta que Pilatos faz a Cristo.

Não temos como saber se existe uma só verdade ou muitas verdades. O que sabemos com certeza é que a verdade é um valor em si mesma. Tem um valor intelectual: viver na ignorância e na incerteza é condenar-se à perplexidade e à insegurança. Tem um valor prático: desconhecendo a verdade, as nossas ações ficam sem nexo, a nossa vida sem sentido.

Existem três teorias sobre a natureza do conhecimento verdadeiro (Chauí, 2006:88):

- a concepção grega (*alétheia*), que dá o verdadeiro como o que é evidente, como o que não está escondido, dissimulado, esquecido. A verdade é o que se mostra à percepção e ao espírito. É a manifestação daquilo que é evidente, do que não é falso. É a automanifestação da realidade. Refere-se ao que as coisas são. Está por trás da ideia da verdade moral enquanto evidência, em que uma ideia é verdadeira quando corresponde à coisa que é seu conteúdo. A verdade sendo a adequação da coisa ao intelecto e do intelecto. Vamos encontrar esta concepção, por exemplo, na ética do justo meio, de Aristóteles;
- a concepção latina (*veritas*), que dá o verdadeiro como a enunciação daquilo que realmente é. A verdade é a exatidão na descrição, a fidelidade ao fato, ao que realmente aconteceu. O seu oposto é a mentira, o imaginário. Refere-se aos fatos que foram. Está por trás da ideia da verdade enquanto rigor da expressão, em que o critério da verdade é dado pela coerência lógica das ideias. Vamos encontrar esta concepção, por exemplo, na ética universalista de Kant;
- a concepção hebraica, que dá o verdadeiro como a confiança em uma promessa, como aquilo a que se chegará. Sua expressão é a

profecia, a revelação. Refere-se às coisas que serão. Está por trás da ideia da verdade como convenção sobre o desejado, como um acordo sobre o que é verdadeiro, sendo o verdadeiro o consenso. Vamos encontrar esta concepção, por exemplo, na ética contratualista.

Uma quarta concepção, que poderíamos denominar contemporânea, dá o verdadeiro como uma síntese da percepção, da expressão e da expectativa sobre o real. Uma das ideias que corresponde a esta concepção é a da verdade como critério prático. O verdadeiro sendo aquilo que é comprovado pela experiência. Vamos encontrar esta concepção, por exemplo, na ética pragmática.

Existe uma verdade moral?

O termo grego *gnôsis*, *eōs* significa a ação de saber, o saber. Nós o evocamos na palavra diagnóstico, na palavra agnóstico, que designa os que pensam não ser possível saber se Deus existe ou não, na palavra gnóstico, que designa uma escola ou movimento religioso esotérico que, nos primórdios do cristianismo, combinava misticismo e especulação filosófica.

As gnosiologias ou teorias do conhecimento, como a dialética, por exemplo, deram origem às epistemologias, que explicam como o sujeito que indaga utiliza métodos e aciona técnicas para chegar a conhecer o objeto da sua indagação.

Existem tantas teorias sobre a verdade moral quanto escolas de pensamento.

2

Ética, disciplina filosófica

A disciplina filosófica que vamos estudar é a ética. Não é necessário nos aprofundarmos na lógica para compreender a ética. Mas quando discutirmos os julgamentos morais, nós o faremos segundo a forma do raciocínio lógico. Iremos ater-nos a argumentos válidos e procuraremos encontrar premissas que sejam verdadeiras.

Por que estudar a ética?

As razões para que o estudo da ética seja hoje parte da formação de administradores, como no caso dos estudos filosóficos em geral, são bastante claras. O conhecimento da ética tem uso prático imediato nas atividades profissionais e gerenciais para fundamentar as decisões que envolvem julgamentos sobre o destino de pessoas e grupos. Além disso, a filosofia moral é um recurso no planejamento e na condução da vida profissional.

Qual a diferença entre ética e moral?

Tanto *ethos*, em grego, como *mores*, em latim, conotam etimologicamente "costume". Talvez porque o termo *ethos* denote também "comportamento" e "caráter", como na expressão "o *ethos* de um povo", a tradição filosófica empresta ao termo /ética/ uma acepção científica: a da reflexão sobre a conduta e sobre os princípios que permitem separar o bem do mal, o certo do errado.

Neste livro, sigo a praxe de dar a moral como o que denota a boa conduta segundo os preceitos socialmente aceitos, e a ética como a ciência que tem por objeto as ideias morais justificadas – acepções estas regidas pela distinção estoica entre os atos convenientes (*kathekonta*) e os atos conformes (*katorthômata*). Neste sentido, a moral é a conduta costumeira enquanto a ética é a parte da filosofia responsável pela investigação dos princípios que motivam, disciplinam e orientam a conduta humana.

Mas essas acepções, embora amplamente aceitas, não passam de convenções. Alguns autores contemporâneos atribuem ao termo ética a antiga noção aristotélica de busca do bem viver (a bela vida, o *conatus*, o esforço para realizar a natureza humana) e ao termo moral a noção kantiana de enunciado de obrigações.

Outros autores distinguem a ética da moral, referindo a primeira à conduta pública e coletiva, e a segunda à conduta privada e social. Há autores como Hegel (1977, §106, §142 e segs.) que separam a moral vivida e a moral dos princípios, a moralidade indicando o aspecto subjetivo da conduta e a intenção do agente, a eticidade indicando o conjunto de valores morais efetivamente realizados na história, como a família e o Estado. Por fim, há autores que seguem a distinção de Weber entre a ética da convicção e a ética da responsabilidade.

Referência

HEGEL, Georg Wilhelm Friedrich. *Princípios de filosofia do direito*. São Paulo: Martins Fontes, 1997.

O que vem a ser a ética?

Como disciplina, a ética é uma metamoral, uma reflexão sobre os fundamentos das normas morais e sobre a sua justificação. A ética – o dever ser, a coisa fundamentada – é irreversível à moral, o que é.

O termo /ética/ é a denominação da parte da filosofia que se ocupa das ideias morais. O termo /moral/ designa o conjunto de atitudes humanas relacionadas aos costumes. Separa o "certo" do "errado", o "preferível" do "detestável", em sistemas de regras e normas que todos devemos observar no plano individual e no coletivo, no plano pessoal e no social.

O ser humano é dotado de senso moral, de um sentido que o capacita para saber se um ato é certo ou errado. Prova disso é que mesmo o mais cínico e indiferente dos seres humanos procura justificar a sua conduta, ainda que seja através de sofismas. Tenta justificar, a si mesmo, à sua consciência, o que fez ou pensa fazer.

Quer isto dizer que temos valores, que temos a capacidade de valorar. A moral supõe uma crença: a de que determinados atos valem mais do que outros. A ética toma essas crenças e as fundamenta ou não. Prescreve ou interdita as condutas.

O que é um valor?

Valor é um bem subjetivo. Como tal, um valor é o que desperta interesse ou estima.

O termo /valor/ deriva da esfera econômica, da palavra grega *áksios,a,on*, o que é valioso, o que merece o seu preço. O valor qualifica o bom e o que é útil. É um objeto autônomo das realidades existentes. Não se pode ver o belo, mas podemos qualificar uma coisa de bela, ou de nociva ou de boa.

O conceito de valor tem uma longa história. Para os sofistas, o valor era uma apreciação relativa, expressa no dito de Protágoras de que o homem é a medida de todas as coisas, de que os valores são conferidos pelos homens. Platão, contra os sofistas, sustentou que o valor deriva de uma apreciação absoluta. Tem valor o que é bom, belo e verdadeiro.

Mais tarde, /valor/ designou o Bem. Não o Bem platônico, fixo e imutável, mas o sistema de apreciações relevantes sobre um sujeito específico.

Foi Hobbes (2003:10) quem operacionalizou a ideia de valor, ao afirmar que o valor de um homem "é o preço que se paga para ter o seu poder".

Locke foi o primeiro a ligar o valor ao trabalho. Esta noção persiste em Adam Smith e entre os economistas em geral, com a distinção entre "valor de uso" (a utilidade essencial) e "valor de troca" das mercadorias. O valor de uso (*value in use*) significa a utilidade objetiva real, por exemplo, da água, enquanto o valor de troca reside no fato de poderem ser trocadas por uma quantidade determinada de mercadorias.

Dithey e Weber recusaram a transcendência metafísica dos valores, que identifica o valor absoluto como o Bem, defendida por Kant. Para eles, os valores valem como termos de referência do agir que se concretizam em diversas medidas ao longo da história. O ser humano deve escolher entre valores contrastantes.

Nietzsche deu o termo /valor/ como a interpretação da vontade de poderio. Para ele, toda sociedade organiza uma tábua de valores que considera absoluta, mas que é inspirada pela vontade de poderio. Só a transvaloração de todos os valores poderá superar a crise niilista do Ocidente. A transvaloração consiste em colocar, no lugar dos valores fundados na renúncia da vida, novos valores, derivados da aceitação entusiástica (dionisíaca) da vida.

A fenomenologia e o existencialismo consideram os valores morais constituintes de um sistema de avaliação fundado sobre a essência do bem e sobre a intencionalidade de uma consciência dada. Nesse sentido, os valores têm realidade, correspondem à intenção da consciência e constituem seu conteúdo.

Na atualidade, trabalha-se com uma concepção genérica de valor como termo de referência das ações efetivas e das coisas concretas. Mas há que ter presente que as escolas filosóficas entendem a origem, estrutura e importância dos valores e da valoração de forma particular e diferenciada.

O conceito /valor/ denota uma apreciação, como no caso do valor econômico, uma referência transcendente, como no caso do valor absoluto, uma referência relativa, como no caso da sociologia de Weber, uma avaliação, como no caso da fenomenologia, uma norma, como no caso dos juízos de valor.

Os valores morais estão referidos a apreciações fundamentadas sobre os deveres mediante o exame crítico da consciência, da razão e da teorização reflexiva. Mas o termo se encontra desgastado pelo uso excessivo, tendo sido utilizado como sinônimo de princípio, lei, bem, verdade e julgamento moral, sob denominações genéricas, indeterminadas e vagas, como as de "valor fundamental" ou "valores atuais".

Entende-se que o valor é algo que vale por si, que tem um conteúdo intrínseco, mas não se declara o que é o valor. O conceito é difícil de precisar porque o termo denota uma ideia móbil, tanto na passagem do desejado ao desejável, quanto na do útil ao utilizável.

Tecnicamente, tanto no sentido abstrato, de ter valor, quanto no sentido concreto, de ser um valor, a noção é a de um atributo das coisas que consiste em merecerem mais ou menos estima por parte de um indivíduo ou de um grupo (serem desejadas), ou que consiste em satisfazerem elas um certo fim (serem úteis).

No sentido normativo, o valor refere-se a um juízo que aprova ou desaprova (avalia), um "juízo de valor", que incide sobre qualquer pronunciamento acerca das qualidades de um objeto. Esta noção aparece na filosofia no século XIX, dando vida a uma "filosofia dos valores" que trata de determinar o padrão que permite estabelecer a estima ou a utilidade relativa de um objeto material ou imaterial, ou operar a sua transvaloração.

Referência

HOBBES, Thomas. *Leviatã*. São Paulo: Martins Fontes, 2003.

O que é o bem?

O termo /bem/ no sentido ético denota aquilo que possui um valor moral preferível ao seu contrário, seja um valor categórico (o Bem), seja um valor derivado (um bem).

É um conceito relacional, em que se expressa a atitude valorativa de algo com referência a necessidades, desejos, vontades, normas, fins ou interesses. No que diz respeito aos atos executados, é o que se aprova. No que diz respeito aos atos futuros, é o que se deve fazer.

A concepção moderna do bem está referida a um sujeito que qualifica de agradáveis, úteis, funcionais ou moralmente bons determinados objetos, situações, disposições, sentimentos.

Mas o significado do termo não é unívoco.

Da Antiguidade, herdamos três concepções distintas de /Bem/. Platão, na *República*, (1981, VI, 508 e segs.) comparou o Bem ao Sol. O Bem platônico permite que as coisas sejam o que são, é a raiz e a fonte transcendente do ser e do valer de tudo que existe. Aristóteles disse que o Bem é o motor imanente, que move as coisas, que impulsiona o homem a realizar (atualizar) a sua natureza (a sua potencialidade). Já para os padres da Igreja, Deus é o Bem Supremo (*summum bonum*), e as criaturas são boas enquanto Dele se assemelhem e se aproximem. A noção cristã de Bem é a de que um princípio fundamental de todo ser e de todo conhecer é uma identificação com o Deus pessoal.

Na atualidade, vivemos uma cisão do conceito.

Em geral, /bem/ se define em relação ao sujeito que o quer – seja o sujeito empírico de Hobbes, seja o sujeito universal de Kant.

Há uma significação relativa do bem como qualidade de um objeto, de uma condição ou de uma expressão que são o que são comparativamente a outra coisa. Um ser é bom comparativamente a um bem supremo ou a um princípio último. Como há uma significação absoluta do Bem como qualidade de um objeto, de uma condição ou de uma expressão que são o que devem ser em virtude de sua natureza, um Bem é bom na medida em que é o que pode ser, que realiza a sua potencialidade, a sua perfeição.

De forma que o bem é subjetivo, como no pragmatismo ou na filosofia analítica, que o expressam como o que é desejado por cada sujeito. Enquanto o Bem é objetivo, como no idealismo, que o expressa sob a forma do que é desejado por uma vontade que se determina segundo uma lei universal.

Qual o campo da ética?

O campo da ética é o campo da com-vivência, do viver junto, não só o de viver junto, mas o da experiência do viver comum, da vivência compartilhada.

O ético integra a filosofia dos valores, que inclui também o vital, o útil, o lógico, o estético e o sacro. Como tal, versa sobre o certo e o errado, ou melhor, sobre a separação entre o certo e o errado, entre o preferível e o detestável, não de forma opinativa ou transitória, mas fundamentando cada juízo.

Embora todos tenhamos opiniões sobre o que é correto e o que não é, quando nos aprofundamos nas questões morais vemos imediatamente que a coisa é menos simples do que parece à primeira vista. A ética ou filosofia moral é pouco homogênea. É composta de correntes que divergem sobre muitos aspectos. Sob a denominação de /ética/ convivem as recomendações prudenciais de Aristóteles, a revolta contra a filosofia de Nietzsche, o pensamento transcendental de Kant e o silêncio veemente de Wittgenstein.

Mas a principal dificuldade para o domínio da ética é a discussão sobre os valores. As ciências, sejam as ciências exatas ou humanas, como a ciência da gestão, enunciam julgamentos sobre fatos. A moral enuncia julgamentos sobre valores. Os fatos pertencem à esfera do real, do palpável, do ocorrido, do constatável. Os valores pertencem à esfera do suposto, do imaterial, do vir a ser, do incorpóreo.

Para que exista uma moral, devem existir valores. O que faz um valor moral valer ou "ser válido" somos nós, os seres humanos. Nascemos com a faculdade de distinguir o certo do errado, o bem do mal. Mas isso não quer dizer que o façamos. Muito menos que não nos equivoquemos ao fazê-lo. A moral é constituída por escolhas, por obediência a inclinações, impulsos, caprichos, ou razão. A ética é a forma lógica de procedermos a essas escolhas.

A moral e a ética estão presas à noção de valor, a qualidade e o peso relativo dos objetos morais expressos por princípios e por normas. No sentido moral, valor denota a qualidade de ser bom ou mau, de propiciar o bem ou o mal. A discussão ética de fundo é a de saber o que é bom e o que não é, o que propicia o bem ou o mal. Mas esta discussão requer outras, mais profundas, de se saber a origem dos valores (se metafísica, se psicológica, se objetiva etc.) que conformam uma das divisões da ética: a metaética.

A metaética estuda a natureza e metodologia dos julgamentos morais. Procura responder questões do tipo:
- o que o termo /bom/ denota?
- qual o significado de /dever/?
- existem verdades morais?
- como podemos sustentar racionalmente princípios morais?

Existe um dever moral?

O dever moral é um dos temas centrais da ética. É um comando interior, uma obrigação de agir que está acima de qualquer outra, que não é facultativa. É uma restrição da liberdade que a razão impõe ao instinto e ao interesse.

O dever designa um "é preciso". Para que haja moralidade, é preciso não só conhecer a pauta dos deveres, do que cuida a ciência da ética, como é preciso cumpri-los, do que cuidam a consciência e a coragem moral; a vontade de obedecer a uma decisão consciente e necessária.

A questão do dever pode ser dividida em duas partes. A primeira trata de saber qual o nosso dever, isto é, qual a conduta que devemos obrigar-nos a seguir. A segunda, de explicar por que nos deveríamos submeter a esse dever, seguir essa conduta.

Não haveria problema moral se soubéssemos todos como agir, se concordássemos sobre o nosso dever. Mas isso não acontece. Cada filósofo, cada corrente filosófica, tenta fundamentar, justificar e explicar a moralidade e o dever que temos de obedecê-la. Daí a multiplicidade de correntes éticas. O dever moral existe, mas é diferente para cada uma delas.

Por que nos impomos deveres morais?

A resposta tem duas instâncias. A primeira instância é de ordem teórica, está no campo da sabedoria, do discernimento fundamentado. Diz que a violência obriga, sob pena de morte, de contradição e de conflitos insolúveis, a limitar meus desejos e restringir pretensões.

A segunda instância é de ordem prática, está no campo da sageza, do discernimento prudencial. Diz que, abandonando-se a moralidade, a realidade social será regida pela dominação e pela sujeição, com as consequências que estas acarretam: a fraude, a agressividade, a rivalidade, a humilhação, a desilusão pessoal.

O que torna o dever um dever, uma obrigação, é a alternativa à obrigação moral: a violência. Sem uma moralidade, sem deveres, imperaria a violência do instinto animal, do interesse pessoal contra a sociedade, contra os que nos são próximos, contra nós mesmos.

Nisto, desde os gregos, os filósofos estão de acordo. Mas se, num extremo, Kant afirma que o dever é um imperativo categórico, Nietzsche, no outro extremo, ao criticar severamente a ideia do dever kantiano, diz que a nossa obrigação é inventarmos, cada um, o seu próprio dever, o seu próprio imperativo.

A crise moral que vivemos decorre justamente da negligência para com o dever. O dever moral como que caiu em desuso. Já não serve como baliza do convívio. Ora é atenuado: pede-se para não fumar, ao invés de dizer que o tabagismo é um atentado contra a vida. Ora é francamente relegado: diz-se que a pirataria "custa caro", enquanto se deveria dizer que é uma transgressão moral que temos o dever de combater. Toleram-se o político e o executivo que fraudam a confiança dos que o elegeram ou dos que nele confiaram, enquanto o dever pessoal de cada um de nós é o de expô-lo à execração, estigmatizá-lo socialmente.

Qual a diferença entre ser imoral e ser amoral?

Um indivíduo é dito amoral quando não tem senso moral, isto é, quando é incapaz de julgamentos éticos. É o caso das crianças pequenas e das pessoas que não têm ou que perderam a razão, como os dementes e os senis.

Para a maioria dos filósofos, a natureza e os desejos humanos são amorais. Não podemos deixar de ter instintos e não podemos deixar de ter desejos. A ética consistiria justamente em controlar a nossa natureza amoral.

Um indivíduo é dito imoral quando, ainda que dotado de senso moral, conduz-se contrariamente à moral ou à moral estabelecida.

Imoralista, por seu turno, é a pessoa que adota a posição filosófica antimoralista. A pessoa que critica e que nega a moral vigente.

A dedicação ao trabalho faz sentido?

Muitos filósofos sustentam que tudo que fazemos na vida faz sentido, desde que não orientemos nossas ações para o exterior. O sentido do que fazemos seria dado por algo superior a nós – Deus, a natureza, a cultura – ou seria construído por nós. Mas o sentido será sempre interno: o Deus em que acreditamos, a natureza com que nascemos, a cultura que absorvemos, a vida que edificamos.

O termo sentido denota a orientação do movimento, a significação, o bom senso.

Na acepção de orientação do movimento, trabalhar terá sentido se o móbil da ação, o que nos impulsiona ao trabalho, for logicamente válido, legítimo ou inevitável (emocionalismo).

Na acepção de ser significativo, do valor objetivo de um signo, de dar sentido enquanto poder de apreciação e discernimento da consciência moral, faz sentido trabalhar se o trabalho for objeto de reflexão, do juízo crítico (Kant, Locke).

Na acepção, mais comum, de sentido como bom senso, a dedicação ao trabalho fará sentido se tal dedicação for justificada, ponderada. Se o esforço requerido pelo trabalho for estritamente necessário e equilibrado (Aristóteles).

Ter fé é irracional?

A filosofia sempre criticou a crença, especialmente a crença em bobagens: a crendice. Sempre se opôs à ilusão, ao imaginário, ao que não resiste à prova. Mas a fé é mais do que a crença inocente. A fé compreende um sentimento: o de que há algo acima da nossa compreensão.

Ter fé é adotar como verdadeira uma proposição que não é nem evidente, nem racionalmente demonstrável.

Até o século XVII havia uma distinção entre a fé religiosa e a fé humana, a fé no testemunho dos outros, a confiança não em Deus, mas na humanidade, na sociedade, em uma ideia.

Nesses dois sentidos, a questão da fé pode ser colocada da seguinte forma: é sensato assumir riscos se não temos fé?

Pareceria que não, porque, como sustentou o filósofo dinamarquês Søren Kierkegaard (1813-1855), só a fé nos permite abrir a existência às possibilidades que o mundo e a vida nos oferecem (Kierkegaard, 1974).

Devemos respeitar quem não é respeitável?

O termo latino *respectus, us* significa "ação de olhar para trás" (*re-spicere*). Denota a consideração, atenção, deferência que temos por uma pessoa devido a certo valor que nós lhe reconhecemos (respeito por). Denota, igualmente, uma relação (a respeito de).

O respeito é a abstenção do que pode causar dano a uma pessoa ou a uma regra (respeito pela verdade, respeito às leis). É o reconhecimento da própria dignidade ou da dignidade dos outros. É, também, a conduta fundada nesse reconhecimento.

Podemos ter afeição por qualquer objeto, mas só os seres humanos são objeto de respeito. O respeito é um dos modos de interação subjetiva, distante da familiaridade e da estima. Funda-se no valor conferido por determinação sócio-histórica (nobreza, cultura), por qualidades intrínsecas (saber, habilidade), por qualidades morais (dignidade, bondade). A questão é determinar o que é digno de respeito no outro.

A ideia de que devemos tratar os outros com respeito é parte da filosofia moral. Mas as opiniões variam sobre o que vem a ser a essência do respeito. O respeito é diferente da admiração, do temor e do mérito. É preciso distinguir o respeito da respeitabilidade. Um dirigente que "se faz respeitar" pelo medo que impõe aos subordinados é diferente de outro, respeitado pela sua eficiência, sabedoria ou experiência.

Demócrito (século IV a.C.), o filósofo atomista, foi o primeiro a fazer do respeito um princípio. Postulou que o respeito a si mesmo está acima do respeito aos outros, e que este respeito para consigo é a fidelidade a princípios. Respeita-se quem se faz respeitar (Demócrito de Abdera, 1989). Platão, no *Protágoras* (1981:322), dá o respeito recíproco como um dos fundamentos da "arte política", ou seja, da técnica da convivência. Quem não é respeitável quebra a sustentação da sociabilidade. Aristóteles (1987, II, 7; 1108a, 32 e 10, 9; 1179b, 11) dá o respeito como a emoção que se opõe ao medo. Kant (1984, L1, 3) dá o respeito como um sentimento especial, provocado pelo conhecimento de um valor moral numa pessoa ou num ideal. Este sentimento é o móbil da razão prática.

Nestas quatro grandes acepções, a da deferência para consigo, a da sustentação do convívio, a da coragem de ser como se é, a do móbil da eticidade, o respeito é entendido como o reconhecimento de uma dignidade que se tem a obrigação de salvaguardar.

Em não sendo possível tal reconhecimento, a obrigação moral cessa.

Existe uma forma "correta" de nos conduzirmos?

Os livros de autoajuda afirmam que sim. Mas eles remetem à conduta correta para progredir, não à conduta moralmente correta.

É interessante notar que desde a Antiguidade esses livros repetem as mesmas instruções. Quem as primeiro organizou foi Epicteto (c.50-c.120), um estoico grego, que viveu em Roma como escravo liberto.

O *Manual* de Epicteto (*Enchiridion*) reúne as máximas para nos livrarmos das paixões irracionais, para nos comportarmos convenientemente e para nos fortalecermos espiritualmente. A condição da libertação espiritual consistiria em distinguirmos o que depende de nós – a opinião, o desejo, a aversão – do que não depende – o corpo, a reputação, as dignidades. As coisas que não dependem de nós não podem ser impedidas nem detidas. Devemos concentrar-nos no que depende de nós e não temer qualquer prejuízo ou esperar qualquer utilidade.

Para Epicteto, o comportamento correto está pautado pela independência dos resultados imediatos das nossas ações e pelo desprezo pela opinião alheia. O essencial é manter-se reservado, sem deixar transparecer o que se sente e o que se pensa. Manter-se o mais distante possível da vida social é o caminho da convivência sábia. O fortalecimento do espírito é alcançado pela resignação. A máxima de Epicteto é "resigna-te e abstém-te". A conformidade ante a doença, a morte, a perda de poder é o que permite libertar o espírito e conduzir-se corretamente.

Do ponto de vista ético, as indicações de Epicteto, e dos que se lhe seguiram até os dias que correm, não têm valor. O que tem valor, isto é, o que pauta a conduta "correta" são os princípios fundamentados. O termo "correto" vai entre aspas porque a conduta correta será diferente segundo a filiação a este ou àquele princípio.

O que é um princípio?

Agir eticamente é agir segundo princípios. O termo princípio vem de *princeps* (primeiro). O princípio designa aquilo de que tudo deriva e que não deriva de nada.

O problema da ética é determinar qual princípio ou quais princípios são racionalmente válidos, têm valor logicamente demonstrado. O princípio moral é um critério último, que não pode ser deduzido de uma regra superior e que atua como cânone da dedução do fundamento e da crítica de normas subordinadas. Por exemplo, o princípio utilitarista de que devemos atuar sempre tendo em vista o maior bem para o maior número de pessoas, ou o princípio teológico de que devemos atuar de acordo com a vontade de Deus.

Alguns filósofos sustentam que há um e um só princípio moral universal. Outros pensam que existem vários princípios. Outros, ainda, negam que haja princípios válidos universalmente. Há, por fim, aqueles que negam que haja princípios. Sustentam que os princípios morais são produtos da nossa mente, ou das tradições societárias ou das emoções.

Ainda que paradoxalmente, essas proposições não deixam de propor princípios, mesmo que digam que são irracionais, que são fruto da imaginação, da coerção social ou do desespero.

REFERÊNCIAS

ARISTÓTELES. *Ética a Nicômaco*. São Paulo: Nova Cultural, 1987.

CHAUÍ, Marilena. *Convite à filosofia*. São Paulo: Ática, 2006.

DEMÓCRITO DE ABDERA. Fragmentos. In: *Pré-socráticos*. São Paulo: Nova Cultural, 1989.

DESCARTES, René. *Discurso do método*. São Paulo: Martins Fontes, 1989.

EPITECTO. *El manual*. Disponível em: <www.librodot.com>.

KANT, Immanuel. *Crítica da razão prática*. São Paulo: Martins Fontes, 1984.

KIERKEGAARD, Søren Aabye. *Temor e tremor*. Lisboa: Guimarães, 1974.

PLATÓN. *Obras completas*. Madrid: Aguilar, 1981.

Parte II – Correntes éticas

3

A economia moral da moderação

ARISTÓTELES (384-322 A.C.) – Filho de Nicômaco, médico de Filipe, rei da Macedônia, nasceu em Estagira. Aluno de Platão na Academia de Atenas. Em 343 a.C., foi chamado a ser preceptor de Alexandre, o Grande, filho de Filipe. De volta a Atenas, funda o Liceu. Abandona o idealismo platônico em favor do realismo. Ameaçado de ser processado por impiedade, refugia-se em Cálcis, onde falece aos 62 anos. A sua filosofia marcará toda a história do pensamento ocidental.

As incertezas do humano

A lógica de Aristóteles se aplica ao mundo físico. Determina as questões do campo da vida privada e social, mas não oferece respostas a essas questões.

Aristóteles sustenta que a racionalidade que rege a ética e a política é diferente da razão lógica, porque, nestes campos, não é possível se alcançar certeza evidente. As esferas do psíquico e do social são mutáveis e imprevisíveis. De forma que para orientar o agir moralmente correto também não nos servem os sentimentos. As sensações não nos dizem o porquê, e sem o porquê, sem o conhecimento das causas, a ação não é razoável.

Mas sendo a verdadeira natureza de todas as coisas, de todas as artes, de todos os projetos, dada por sua finalidade (*telos*), podemos ter certeza sobre o fim a que destina a vida humana (*entelequia*). Existem muitas coisas e muitas metas e, consequentemente, muitos bens. Mas, argumenta Aristóteles, que outro fim teria o ser humano senão a felicidade, a eudemonia?

A felicidade

Os gregos entendiam por eudemonia tanto o bem viver quanto a boa conduta. Um estado entre a beatitude dos deuses e o bem-estar material. A felicidade era a sorte que nos foi atribuída pelo destino. Era o demônio interior (*eu-demonia*) que incorporamos quando realizamos plenamente a nossa natureza.

E o que vem a ser isto, a felicidade? A felicidade não pode residir nos prazeres, que integram a parte animal, a parte não humana do homem. Também não pode derivar do êxito social, do êxito material ou da consecução de qualquer propósito externo.

A felicidade é o bem supremo, buscado por si mesmo, e que não pode ser objeto de nenhuma ciência porque se refere ao ser humano na singularidade da sua existência privada e social.

O propósito da ética é, então, o de indicar como se alcança este bem supremo, como é possível ser feliz.

Razão e virtude

O que caracteriza a humanidade é a razão. Por isso, a felicidade, explica Aristóteles, só pode estar na vida interior, na esfera do intelecto. A felicidade é a atividade de acordo com a razão, é a realização das satisfações espirituais.

Não nos podemos livrar de ter impulsos e desejos, mas podemos controlá-los. Os poderes da razão nos são dados, mas cabe a nós utilizá-los. Cabe a nós reger nossas vidas pela atividade racional e pelos atos consumados conforme a razão, que são as virtudes.

O que nos faz merecedores da felicidade são as virtudes. Porque não se trata de uma felicidade dada, mas de uma felicidade merecida.

O conceito que têm os gregos da virtude, da *arêtê*, como o de felicidade, também é distinto do nosso. A *arêtê* é uma excelência. Não é nem uma paixão nem um afeto – como a raiva, a alegria, o medo etc., mas um ato perfeito. É uma disposição adquirida, uma maneira de ser que construímos para nós.

Platão define a virtude como o que permite que algo atinja seu objetivo. Por exemplo, a virtude do olho é enxergar, a virtude de uma faca é cortar. Aristóteles estende o conceito aos seres humanos: a virtude é o estado de caráter que faz o ser humano operar bem.

Com base nesse entendimento, ele erige uma teoria das virtudes. Divide-as em virtudes dianoéticas, correspondentes à alma racional, ao intelecto; e virtudes éticas, ou virtudes da ação, correspondentes à alma apetitiva, ao controle dos desejos, das inclinações, dos afetos, das paixões.

As virtudes dianoéticas são cinco: a ciência (*episteme*), que demonstra os fatos e conduz ao conhecimento do universal; a arte (*techné*), cujo objetivo é a criação; a prudência (*phronesis*), que, baseada no bom senso e na razão, leva ao caminho do bem; a inteligência (*nous*), detentora dos conhecimentos; e a sabedoria (*sophia*), que reúne a ciência à inteligência.

As virtudes éticas são: a temperança, o pudor, a franqueza, a liberdade etc. Consistem em habilidades adquiridas para lidar com os sentimentos e os impulsos.

Um sentimento – medo, amizade etc. – pode ser forte ou fraco. A virtude está em adequá-lo à situação, está em torná-lo razoável.

Os hábitos

O que estimula o intelecto (*nous*) prático é o objeto do apetite. Aristóteles diz que não nos podemos livrar de ter impulsos e desejos – seria como treinar uma pedra para rolar morro acima –, mas podemos controlá-los.

E, para sermos virtuosos, devemos aprender as virtudes. Aprendemos as virtudes dianoéticas mediante ensinamentos. Já as virtudes éticas, nós as aprendemos da prática, dos hábitos.

Os hábitos são disposições para agir. Para adquirir um hábito, nós nos exercitamos, nos cultivamos, nos deixamos educar pela reflexão e pela repetição.

A virtude moral, que os romanos traduziram como *virtus*, a força da alma do sábio (*vir*), é uma conduta guiada pela razão e adquirida pelo exercício (*askesis*, ascese). Reside em subordinar os apetites, os desejos, as paixões à razão. É uma forma de agir voluntária e habitual, cujo princípio é a justa medida, a moderação.

O justo meio

Somos responsáveis pelas nossas virtudes e pelos nossos vícios. Eles nascem de escolhas e intenções, que devem ser justas, isto é, ponderadas. A virtude é uma qualidade potencial. Ela só é realizada quando nos habituamos a agir com justeza.

O cultivo do espírito nos ensina que as virtudes, sejam dianoéticas, sejam éticas, são regidas pela moderação, pelo justo meio. O justo meio nada tem a ver com a tendência central, com o meio-termo. É uma disposição adquirida pela reflexão e pelo hábito. Ele se mede pela equidistância, variável de indivíduo para indivíduo, de cultura para cultura, entre os extremos do excesso e da falta.

O justo meio se alcança pela ponderação e se rege pelo bom senso – o "senso comum" aos membros da coletividade. É o que permite escolhermos, cada um de nós, em sua singularidade e na particularidade de seu contexto e da sua circunstância, a ação mais sensata.

A justiça

A virtude ética por excelência é a justiça. Ser justo é estar conforme a lei dos costumes e conforme a lei da razão. O justo encontra-se na proporção. Existem duas espécies de justiça: a distributiva e a comutativa.

A distribuição de riquezas, de honras, de poderes em um Estado deve ser equânime, o justo meio estando em uma média geométrica.

A comutação, o equilíbrio entre as partes, entre as perdas e os ganhos, materiais ou não, entre os homens, deve ser recíproca, o justo meio estando em uma média aritmética.

A amizade e a bela vida

A conduta ética se realiza nas relações entre os seres humanos. A amizade, o amor *philia*, é a atividade que permite o aperfeiçoamento recíproco. É não só necessária, como nobre.

Diferentemente de uma relação interpessoal mediata, que se constitui em torno de interesses e objetivos comuns (colaboração, companheirismo, coleguismo etc.), na qual a presença do outro é passiva, a amizade é direta e recíproca. É uma escolha livre entre iguais, e expressa o bem para o outro enquanto tal.

A amizade leva ao bem coletivo, o supremo bem, objeto da política. A felicidade é o fim da sociedade e do Estado. Leva à cidadania.

A cidadania não é dada pela residência, porque os metecos e os escravos também residem na pólis. A cidadania é dada pelas ações. O cidadão é o que obra para o bem comum. É o que, bastando-se a si mesmo, trabalha para a sociedade, não para ele.

Aristóteles apresenta a ética como a primeira parte da política. A vida pública nada mais é do que a expressão do convívio razoável. O homem é um ser político: não podemos viver sem os outros.

Por isso, a virtude do cidadão é a do magistrado: deve saber obedecer para depois saber mandar. E o que conforma a cidadania é a "bela vida", a rede das amizades, dos amigos que buscam a felicidade para si e para todos.

Atualidade

O aristotelismo contemporâneo é marcado pelas posições contra as deontologias (princípios imutáveis), o racionalismo e a abstração.

Contra as perspectivas deontológicas, os neoaristotélicos argumentam que a definição do bem é inerente à condição humana em sua pluralidade. Que a vida individual e a vida social são complexas e não podem ser reduzidas a um esquema único e homogêneo.

Contra os programas racionalistas e cognitivistas, argumentam que a ética depende da sensibilidade moral. Que o bom e o justo são inseparáveis, entre si e enquanto função de uma identidade moral não derivada da fria coerência dos paradigmas teóricos.

Criticam nas perspectivas abstratas o terem perdido de vista os conceitos morais substantivos, que, de fato, empregamos. Designações que têm implicações contextuais, tanto as que repudiamos – como a "violência", a "corrupção" e a "opressão" – quanto as que queremos alcançar – como, sobretudo, a felicidade pessoal e a coletiva –, deixaram de ser discutidas enquanto conceitos filosóficos.

Discussão: o escravo por natureza

O escravo grego

O desprezo manifesto pelos gregos em relação ao trabalho vem de uma constatação lógica: o sentido que emprestam ao trabalho não é um sentido transformador, de uma atividade que se contrapõe à natureza, mas o de adequação ao que a natureza e a vida nos reservam.

Quem trabalha está sujeito à matéria, está sujeito às resistências impostas pela matéria que ele transforma. Esta sujeição, tanto a que o condiciona diretamente, quanto a que obriga a condicionar outros homens que trabalhem para ele, tira sua liberdade. Por isso, para os gregos, a existência do que hoje chamaríamos de trabalhador é depreciada.

A troca

Para Aristóteles, a escravidão é natural porque racional, e é justa porque é razoável, porque adequada às necessidades sociais. Os cidadãos atenienses podiam cuidar do governo da pólis porque os escravos trabalhavam para mantê-los. É uma troca.

Da mesma forma que a constituição perfeita "jamais fará de um operário manual um cidadão", o escravo é um predestinado. Ele não é um utensílio inerte. É um instrumento animado – com algo que o anima. Como os animais, tem alma, tem sentimentos. Como ser humano, tem raciocínio.

O instrumento

O escravo não é um animal, mas um instrumento específico, tal como o barco, que é um instrumento que serve para navegar, e o leito, que é um instrumento que serve para deitar. O leme do navio é um instrumento inanimado, mas o timoneiro – escravo ou livre – é um instrumento animado (*Política*, I, 4, 1253b). É um bem adquirido. É um objeto de propriedade (*ktema*) de outro ser humano. Pertence ao mestre, que pode utilizá-lo, mas não deve abusar dele.

Embora não seja um animal, o escravo está quase no plano de um animal. Existem homens livres e existem escravos como existem animais selvagens, que não se pode domesticar, e animais domésticos. A força física está nos animais de carga e nos escravos.

A naturalização do escravo

Para Aristóteles, é natural (racional e justo) haver comandantes e comandados. Aqueles que devem obedecer têm uma disposição natural (racional e adequada) para a obediência. Subentende-se que os escravos não têm a parte racional da alma ("alguns têm corpos livres, alguns têm alma"), por isso estão predestinados a servir.

Os argumentos de Aristóteles sobre a natureza da escravidão, olhados a partir do século XXI, não se sustentam. Mas chamam a atenção para fatos importantes.

Quando argumenta que o escravo é escravo por natureza, Aristóteles aponta, também, em outra direção: ele está dizendo que quem não é escravo por natureza não pode ser escravo. Que escravizar um homem livre é agir contranatura.

Transpondo para os dias de hoje a argumentação, significa dizer que obrigar, sob pena da execração pública e da miséria, uma pessoa autônoma, um ser humano livre, ao trabalho penoso e não criativo nos campos, nas fábricas e nos escritórios é uma monstruosidade. É considerar aquele trabalhador uma pessoa que não tem condições intelectuais a não ser para obedecer, como alguém que é um escravo por natureza, ou, pior, que é um ser livre que, contra a sua natureza, foi escravizado.

A dignidade

Um segundo ponto que merece reflexão é que o escravo é um instrumento de ação (práxis), não de produção (*poïesis*). Ele serve de instrumento, mas tem a dignidade humana. É apenas alguém como uma criança, que não pode governar a si mesmo. É um executante de serviços para o mestre que o orienta.

O mestre necessita do escravo como este do mestre. A cítara não toca sozinha. O músico sem a cítara, o mestre sem o escravo, de nada serve. O que nos leva a perguntar se a substituição dos trabalhadores pelos instrumentos de controle numérico faz dos gerentes mestres de escravos mecânicos.

Por fim, podemos considerar que, para Aristóteles, embora a faculdade de comandar seja dada pelo nascimento, nem todos os homens são capazes de se governarem, de governarem seus desejos e suas emoções. O que nos conduz a ponderar que tanto no tempo de Aristóteles quanto agora, no mundo da ambição desenfreada, do consumismo, da anestesia das drogas, quem não sabe impor a alma racional sobre a alma apetitiva, quem não sabe se governar, é um escravo dos seus desejos. É um ser sem dignidade.

REFERÊNCIAS

ARISTÓTELES. *Ética a Nicômaco*. São Paulo: Nova Cultural; 1987.

> Composta por 10 livros. Presume-se ser uma compilação de conselhos dados a seu filho. [*ethicos*, em grego, designa, também, as concepções morais que se acredita serem úteis à vida]

PARA CONHECER ARISTÓTELES

> BARNES, Jonathan. *Aristóteles*. São Paulo: Loyola, 2001.
>
> PHILIPPE, Marie-Dominique. *Introdução à filosofia de Aristóteles*. São Paulo: Paulus, 2002.
>
> VERGINIÈRES, Solange. *Ética e política em Aristóteles*, São Paulo: Paulus, 1999.
>
> Uma bibliografia completa pode ser encontrada em: <www.ucl.ac.uk/philosophy/adobedocs/AristotleNicomacheanEthicsBibliography.pdf>.

4

A economia moral do contrato

THOMAS HOBBES (1588-1679) – Foi preceptor na família Cavendish. Teve contato direto com o sistema cartesiano e a ciência de Galileu. Seus temas foram a política, a ciência, o governo, o direito. O livro mais conhecido de Hobbes é *Leviatã*, onde propõe uma teoria do conhecimento, uma teoria política, uma teoria jurídica e uma teologia.

JOHN LOCKE (1632-1704) – Estudou e ensinou em Oxford. Antiabsolutista, publicou um *Ensaio sobre a tolerância*. Médico, estudou as questões ligadas à economia política e à teoria do conhecimento. O seu *Segundo tratado sobre o governo civil* é o marco definitivo do contratualismo liberal fundado sobre a noção de propriedade.

JEAN-JACQUES ROUSSEAU (1712-1778) – Desde cedo trabalhando como preceptor, desenvolveu a teoria de que o homem é naturalmente bom, mas a vida social o corrompe. Sua obra abarca desde a forma de organizar a sociedade até a forma de educar os seus membros. Músico, dedicou-se à filosofia e foi um dos inspiradores das revoluções francesa e americana.

Premissa

A noção de contrato, de que a ética é fruto de um pacto, opõe-se às concepções do intuitivismo, do utilitarismo, do idealismo e do relativismo. Opõe-se, igualmente, às doutrinas naturalistas, que viam na sociedade e no Estado realidades espontâneas, necessárias e preexistentes. Para os contratualistas, a moral não deriva da natureza humana, da intuição, de um cálculo das consequências, de um imperativo categórico, da evolução cultural "natural", mas sim de um acordo.

A ideia de que a ordenação do convívio social só é possível como fruto de uma convenção data da Antiguidade. Na *República* de Platão (1981, II, 359 A), Glauco argumenta que a justiça nada mais é do que um pacto firmado entre egoístas racionais. Epicuro (341-270 a.C.) e Cícero (106-43 a.C.) elaboraram doutrinas de inspiração contratualista, segundo as quais os seres humanos viviam em um estado associal, da natureza, do qual saíram por impulso espontâneo, estipulando um contrato entre si (*pacto unionis*) e, em seguida, um contrato com um soberano (*pacto subjecionis*).

O contratualismo tem relação direta com a filosofia política, com a aplicação de uma fórmula que propicie a paz e a ordem. A posição contratualista que chega aos nossos dias é constituída por três correntes: a de Thomas Hobbes, a de John Locke e a de Jean-Jacques Rousseau. De cada uma dessas vertentes derivam linhas de sustentação do contratualismo moral.

Hobbes sustentou ser do interesse racional de cada indivíduo autorizar uma pessoa, o soberano, a exercer o poder político absoluto, de modo a manter a estabilidade e a harmonia social, enfatizando, assim, o pacto de sujeição. Locke enfatizou o pacto de união em que os homens sacrificam a liberdade individual para a preservação da harmonia social. Rousseau toma o contrato não como fato histórico, mas como modelo teórico de princípios de convivência social. Foi seguido por Kant, Fitche e, na atualidade, por John Rawls.

Contrato

A noção de contrato é intuitiva. *Contrahere* significa contrair, estreitar (*con* [junto] + *trahere* [puxar, trazer]). Se chegamos a um acordo nas mesmas condições que os outros o fazem, estabelece-se intuitivamente um estreitamento, uma confiança mútua e uma base de ordenação das relações interpessoais.

Mas a ideia do contrato não garante nem explica como e por que devemos manter nossa adesão quando o acordo deixa de nos convir. Dada a natureza egoísta do ser humano, a única base racional para a ética do contrato se encontra em uma hipótese: a de que os indivíduos decidem viver em sociedade submetidos à autoridade de um poder soberano que legisla e, ao mesmo tempo, os protege.

Os contratualistas sustentam que o ser humano não é exclusivamente racional, que tende a agir segundo interesses imediatos. Por isso propõem que o contrato entre livres e iguais seja garantido pela possibilidade da perda da liberdade (exclusão) e da perda da igualdade (subordinação). A garantia do contrato é dada pela alienação da liberdade, ou de parte dela, e pela expulsão, ou, em última instância, pela eliminação dos que o rompem ou fraudam.

Thomas Hobbes

Hobbes foi, antes de tudo, um filósofo político. Advogou em prol do sistema monárquico. Viveu em uma época conturbada, quando as instituições medievais desmoronavam e o mundo renascia. Envolveu-se nos grandes acontecimentos do seu tempo. Por duas vezes exilou-se na França. Esteve sempre ao lado da monarquia conservadora, mas foi um inovador na reflexão: procurou restaurar a razão perdida à vida social. Foi tocado de tal forma pela realidade que se dedicou a procurar uma solução que trouxesse paz e segurança a seus contemporâneos.

A "ciência da política" que Hobbes descreve na sua obra máxima – *Leviatã*, publicada em 1651 – propõe um equacionamento para a organização do Estado e para a vida social. Mas vai além: dá uma razão lógica à paz e uma base racional para a moralidade.

Como parte do seu trabalho de preceptor de jovens da nobreza, Hobbes teve oportunidade de viajar à França e à Itália. Entrou em contato com o círculo frequentado por Descartes e trocou ideias com Galileu. Reuniu elementos que lhe permitiram construir um método próprio, derivado dos avanços metodológicos da geometria e da física.

O método de Galileu parte de premissas (fatos, dados, informações) para deduzir o movimento dos corpos. Hobbes toma os conceitos de corpo (*body*, "matéria") e movimento (*motion*) como orientadores da sua reflexão. A sua física é a ciência dos sentidos dos movimentos da matéria e dos efeitos dos movimentos sobre a matéria. Considera dois tipos de corpos: os naturais e os sociais (os homens nas suas afecções e disposições).

Filosofia

A sua filosofia política e moral é a ciência dos movimentos da mente, da geração e das consequências dos movimentos dos espíritos como "corpos mentais". Estuda as paixões como a ira, a esperança, o medo, para informar sobre a conduta correta.

Tanto a filosofia da natureza quanto a filosofia política hobbesianas obedecem a um modelo mecanicista rigorosamente dedutivo. O núcleo da racionalidade de Hobbes é a redução dos fenômenos a uma dimensão artificial, a um modelo inteligível. Ele estabelece premissas sobre a natureza humana para deduzir como os homens se comportam e prescrever como se deveriam comportar moral e politicamente.

A progressão do pensamento é linear. Define significados precisos para os elementos que articula e deduz cadeias causais, como na geometria. A partir dos movimentos da mente, considerando os seres humanos fragmentos da matéria em movimento, criaturas sensoriais, determina como a experiência sensorial dos movimentos dos corpos engendra o movimento das "matérias" do pensamento. Os movimentos da mente são impulsionados pelo mundo físico, pelas representações sensoriais que emulam o movimento do cérebro, as "concepções da mente".

O movimento e a agitação do cérebro, que denominamos concepção, continuam até o coração, quando os denominamos paixão (Hobbes, s.d., cap. 8). O movimento do coração tende para o que o atrai e evade-se do que lhe causa aversão. Os indivíduos perseguem o que lhes parece ser o seu bem e evitam o que lhes parece ser o seu mal. Buscam a felicidade, o contínuo êxito dos empreendimentos individuais, quaisquer que sejam eles. A busca da felicidade coloca os indivíduos em permanente situação de guerra: devem assumir riscos, viver em insegurança nesse estado "natural" do ser humano.

A operação teórica de Hobbes consiste em arbitrar figuras com base em hipóteses lógicas sobre a natureza humana. A política e a ética, as ciências do justo e do injusto e do equitativo e do iníquo são tomadas como formulações artificiais, dedutíveis e modificáveis.

Moral

A filosofia moral ou a ciência dos movimentos da mente estuda as paixões como o apetite, a aversão, o amor, a benevolência, a esperança, o medo, a ira, a rivalidade, a inveja etc. e, ao fazê-lo, informa a filosofia política. A filosofia política de Hobbes, partindo das emoções humanas, procura dar conta de quais acordos são necessários entre os indivíduos e quais condutas são requeridas dos membros da comunidade para que elas durem.

Para Hobbes, os homens são constituídos por seus poderes. As faculdades espirituais (como a nobreza), corporais (como a força) ou sociais (como a fortuna) são meios de adquirir poder.

A inclinação natural do ser humano é a de tentar ampliar continuamente os seus poderes. Como os homens desejam todos a mesma coisa, convertem-se em inimigos naturais. Empenham-se em destruir-se uns aos outros. No estado natural, o homem é o lobo do homem (*homo homini lupus*), o que gera a guerra de todos contra todos (*bellum omnium contra omnes*). Nesse estado, não há lugar para o trabalho, para o comércio, para a ciência, para as artes. Não há justiça nem lei. O medo e o perigo regem uma vida humana solitária, pobre, desagradável, brutal e curta.

Hobbes identifica três causas principais de disputa: a competição, a desconfiança e o desejo de fama; e três objetivos: o lucro, a segurança e a reputação. A possibilidade de escapar da condição natural de conflitos interminável é a constituição de um acordo, em moldes racionais, de maneira a permitir que os indivíduos prosperem em segurança e sem temor de verem-se ofendidos na sua dignidade.

A tendência natural da humanidade de competir por riquezas, segurança e poder e a impossibilidade de se contentar com o que já alcançou conduz ao paroxismo da insociabilidade total. Hobbes vê no estabelecimento do contrato fundado na "lei natural" do desejo de paz a forma de escapar do caos social.

Paradoxalmente, as leis naturais, que asseguram a conservação e o progresso humanos, são, portanto, contrárias às paixões naturais. O acordo é impulsionado pelo medo, pelo desejo de viver comodamente e pela esperança de aquisição de bens espirituais e materiais, proporcionada pelo trabalho.

O contrato de Hobbes

O que em primeira instância se cede no acordo é a liberdade de prejudicar o outro. É uma renúncia. Em segunda instância, transferem-se os direitos próprios em favor de todos.

O propósito último do contrato, da *commonwealth* (algo como a comunidade para o bem comum), é o de que os homens imponham a si mesmos restrições que permitam controlar suas paixões e escapar da situação de guerra. Chegamos à *commonwealth*, à estrutura artificial da ordenação sociopolítica, naturalmente, isto é, seguindo a natureza humana de buscar a segurança e a paz discernidas pela razão.

O contrato, no entanto, só pode ser assegurado por um poder soberano (quem, homem ou assembleia, está *super nos*). O acordo é garantido pelo exercício da sujeição consentida a um poder comum: o do soberano. A condição requerida para manter a *commonwealth* é a submissão, é a abdicação dos direitos naturais – inclusive o direito à vida – em favor da ordem e da moralidade. A alternativa para a sujeição é o caos.

Na prática, a submissão a um poder soberano significa tolerar o que quer que seja que o soberano declare ser lei, mesmo se as leis parecerem onerosas. O soberano é o autorizado: o que detém a autoridade. Hobbes denomina autoridade o direito de realizar ações consentidas pelos detentores naturais dos direitos.

O soberano obedece à lei natural (divina) ao decretar a lei civil (Hobbes, 2003, cap. 26). Ele é o garante do justo e do equitativo contra o perpétuo e obstinado desejo de poder dos indivíduos.

A moralidade do contrato que decorre da reflexão de Hobbes sobre a natureza humana foi superada. Mas ao confrontar o pensamento religioso e o poder eclesiástico com a razão lógica e o poder civil, e ao propor um sentido para a moralidade – o de ordenar o convívio para a harmonia e a prosperidade –, Hobbes transcendeu tudo que se havia pensado antes da sua época.

Ele mostrou que a ordem política e a ordem moral não são dadas nem pela natureza nem pela graça divina: são criadas por uma decisão humana que institui um mecanismo formal que se autocorrige e se perpetua. Mais do que isso. Ao advogar uma ética fundada na resignação, foi o primeiro a dizer que o ser moral é o que sacrifica a liberdade de se mover sem obstáculos na direção do que deseja em prol da constituição racional da sociedade e, por consequência, da sua própria preservação.

John Locke

O médico John Locke foi um dos mais notáveis pensadores de que se tem notícia. As suas contribuições nos campos da teoria do conhecimento, da ética e da filosofia política são uma das referências do Século das Luzes. Chegaram até nós, sem perder nada do rigor e da limpidez que as caracterizam.

Locke viveu o fim da monarquia absolutista e da sua última dinastia britânica, a dos Stuarts. Foi um período marcado pelos conflitos entre a autoridade real e a do Parlamento. O tempo do protetorado de Cromwell (1649-1660). O sinal distintivo dessa época é o término da Revolução Gloriosa. Quando Guilherme de Orange tornou-se rei, em 1689, ele o fez por mandato do Parlamento, que, desde então passou a ter o poder supremo.

No mesmo navio que em que viajou Guilherme, Locke retornou do exílio. Trouxe consigo uma obra que revolucionaria o pensamento ocidental: o *Ensaio acerca do entendimento humano*. Nele, Locke lança um novo fundamento para a racionalidade, derivado de suas preocupações médicas, do *methodus medendi*: a noção de que o empirismo não destrói o valor objetivo das ideias.

Influenciado pelas concepções de Descartes (1596-1650), mas empirista, como George Berkeley (1685-1753) e David Hume (1711-1776), e amigo pessoal de *sir* Isaac Newton (1642-1727), Locke negou o inatismo, a crença de que nascemos já com as noções fundamentais do conhecimento. Indagando sobre o que significa pensar, sobre o que pode ser objeto do conhecimento, sustentou a tese de que o conhecimento deriva da experiência sensível. Fora disso, diz ele, a mente produz ideias cuja validez reside tão somente na sua compatibilidade interna.

O conhecimento, escreveu Locke no livro II do *Ensaio*, não é congênito, mas deriva da experiência e da associação. As ideias complexas nascem das ideias simples, que têm sua origem na sensação e na reflexão, ou no arranjo das duas. Da sua combinação, são gerados os modos; da sua junção, as relações; da sua abstração, os conteúdos.

O poder e a moral

Teórico da razoabilidade, Locke fundamentou a sua moral e a sua teoria política na evidência lógica a partir dos dados da experiência. No campo da moral, insistiu na singularidade da pessoa humana. Sustentou a igualdade para todos, "pagãos, judeus e maometanos" inclusive.

Separou a esfera civil da religiosa e estabeleceu limites ao poder do Estado, que não pode ir além dos interesses temporais da sociedade. Para ele, enquanto indivíduo, o homem é detentor de uma moralidade natural – outorgada por Deus, mas que não o integra a uma ordem da natureza – e que se expressa por dois poderes: o de fazer tudo que julga necessário à sua conservação e à dos outros e o de punir os crimes cometidos contra as leis naturais. Estes dois poderes ele os aliena condicionalmente ao Estado, que deve determinar as normas de proteção do bem comum (Poder Legislativo) e assegurar o cumprimento dessas normas (Poder Executivo). Desse modo, Locke subordina a política à moral.

Na filosofia política de Locke, especificamente nos dois *Tratados sobre o governo civil*, de 1690, encontra-se uma visão inteiramente nova sobre a constituição da sociedade. O primeiro dos dois tratados consiste na crítica ao absolutismo. O segundo, em uma teoria liberal do Estado. Do primeiro tratado, consta a refutação do paternalismo de Robert Filmer (1588-1653), defensor do absolutismo, segundo o qual os monarcas reinantes remontam seu poder a Adão e Eva. Ali Locke contesta que os princípios políticos sejam extraídos da Bíblia, tal como Filmer defendia. Rejeita a presunção de derivar das Escrituras a forma de governo mais recomendável, de tomar a família patriarcal como modelo da vida política e a ideia de que os homens não são livres, mas escravos da sua situação e dos seus deveres. Da mesma forma que não existem ideias inatas, sustenta Locke, não existe poder inato, exarado por Deus.

A propriedade

No quinto capítulo do *Segundo tratado*, Locke trata da propriedade, sobre a qual funda a origem da sociedade organizada. Diz ele que, no estado da natureza, pré-político, mas não pré-social, não existem naturalmente senão indivíduos. Cada um é proprietário da sua (própria) pessoa e dos bens (propriedades) resultantes do seu trabalho. A propriedade não existe sem o trabalho. Só quem trabalha a sua terra tem o direito de ser proprietário.

O homem torna-se proprietário da terra e dos bens quando os retira do estado da natureza. O direito de propriedade está condicionado ao de utilidade. Só há propriedade quando o produto do trabalho é destinado a um uso efetivo e legítimo das necessidades humanas. Estabelece-se, dessa forma, uma diferença entre o natural, que é comum a todos, mas não tem utilidade, e o transformado pelo trabalho, que é privado, mas pode ser compartilhado, tornado comum, pelo assentimento do proprietário.

Contra a ideia que Deus deu a terra aos seus primeiros ocupantes (afinal, que direito teriam os europeus de colonizar a América?), Locke sustenta que é o trabalho que assegura a passagem da propriedade de si à propriedade das coisas. Pelo trabalho, que "distingue e separa", o homem se apodera das coisas exteriores. A propriedade é anterior ao Estado e o trabalho é anterior à propriedade. O que resulta do "trabalho do corpo e a obra das mãos" é propriedade do homem (Locke, 1973, seção 27, p. 51). O que retirou da natureza, tudo aquilo que o homem transformou, foi anexado, foi excluído do direito comum dos outros homens.

O contrato de Locke

É no *Segundo tratado sobre o governo civil*, que sintetiza as tendências intelectuais dominantes no final do século XVII, que Locke estabelece os princípios básicos da sua ética.

Nos capítulos iniciais, Locke se ocupa do estado natural do ser humano (capítulo II), da guerra (capítulo III) e da escravidão (capítulo IV). O estado da natureza, tal como imaginado por Locke, é o estado dos direitos naturais (subsistir, opinar...).

A concepção de Locke difere substancialmente da de Thomas Hobbes, que pretendia justificar o absolutismo. O estado natural do ser humano não é o do estado da guerra de todos contra todos, mas o da inocência e retidão. A sociedade dos homens iguais, "vivendo juntos, de acordo com a razão, sem um superior comum na Terra" (Locke, 1973, seção 72, p. 67) ou seja, o estado onde a lei (natural) permanece na mão dos indivíduos, não da comunidade.

Para Locke, os homens nascem naturalmente livres e iguais. Somos unidos pela razão comum, que nos faz confiar (*trust*) uns nos outros. Delegamos, sem os perder, os direitos naturais à custódia de depositários (*trustees*), que não podem faltar à sua responsabilidade.

Há aqui uma distinção entre o pacto social (*community*) e o pacto de transferência do poder político ao governante, que não chega a ser propriamente um contrato, mas uma relação fiduciária: a ninguém é dado ceder mais do que tem, e ninguém tem a posse de sua liberdade para que a possa alienar a outrem (Locke, 1973, seção 240, p. 136).

A ética

O esquema geral que informa a ética derivada da filosofia política de Locke segue a mesma estrutura do dos demais contratualistas. Em um mundo supostamente anterior à sociedade, os seres humanos vivem no "estado natural", isto é, segundo a natureza que lhe é própria, outorgada por Deus. É um estado em que imperam a inocência e a retidão, características da lei natural. O indivíduo é detentor de uma moralidade inerente aos seres humanos, fundada nos direitos básicos de autoconservação.

Com a progressão do tempo, a extensão das propriedades, daquilo que é próprio a cada um, surgem os conflitos. Para superar essa situação, os homens estabelecem entre si um pacto, o contrato, em que alienam os direitos naturais a terceiros para a proteção do bem comum.

À diferença do sistema de Hobbes, forma-se, então, uma sociedade (uma associação), não uma comunidade, em que os membros, proprietários de si mesmos, preservam tudo que lhes é próprio: o fruto do seu trabalho. Nessa sociedade, os direitos naturais são conservados. Os seus membros delegam (não alienam) o arbítrio aos *trustees*. Não havendo Deus colocado nenhum ser humano acima dos outros, o contrato que celebram é entre si, não com os terceiros que têm como dever, temporário e condicional, o ordenamento da sociedade.

Atualidade

Muitos dos conceitos centrais da filosofia política de Locke permanecem até hoje: as noções de que, qualquer que seja a forma de governo, os poderes Executivo e Legislativo não devem ser controlados simultaneamente pelos mesmos indivíduos; de que todo contrato social deve estipular garantias e equilíbrios (*checks and balances*); de que o poder deve ser limitado; da prioridade do bem comum. Essas ideias, que aliam o interesse geral ao interesse particular, o levam a conceber a liberdade e a igualdade como naturais entre os seres humanos. Daí que no *Segundo tratado* Locke estabeleça, de modo positivo, como a sociedade pode se organizar a partir desses princípios, como a sociedade, a ética e o poder político derivam de um pacto entre os homens.

A noção de propriedade evocada por Locke é distinta da que temos na economia de mercado. A propriedade é pensada em conexão com a necessidade de assegurar a preservação da humanidade; isto é, em termos do bem comum e não do bem particular. De sorte que a propriedade e o trabalho são entendidos desde um ponto de vista moral.

Na perspectiva ética, seguem atuais as ideias de Locke de que a moralidade é passível de demonstração e o conceito de que o contrato é mutável conforme a época e o lugar em que é firmado.

Ainda que não se pretenda mais demonstrar as leis morais como se fossem leis matemáticas, é evidente que grande parte da ambiguidade ética que vivemos provém da imprecisão na definição de conceitos, de opiniões infundadas sobre o certo e o errado. Provém igualmente, como assinalou Locke, da má demarcação entre as fronteiras do religioso, do político e do ético.

Locke atribui à lei divina a determinação de que os homens se governem a si mesmos. Demonstrou que não podemos eximir-nos, devolvendo a Deus a responsabilidade por nossos atos. Sustentou, ademais, que a religião não é matéria civil, que não pode, como queria Hobbes, ser determinada pelo soberano. Defendeu a tolerância – o direito de cada um professar livremente as suas convicções, com base no raciocínio de que as transgressões dos mandamentos religiosos, como a gula ou a preguiça, são da esfera do privado desde que não atentem contra o direito dos demais.

Como vimos, ele atribuiu à lei civil a autoridade de governar a sociedade. Mas limitou essa autoridade à representação da maioria, ao poder legitimamente outorgado pela sociedade. Com isso, demonstrou que não podemos eximir-nos da responsabilidade por erros e desvios dos governantes que escolhemos.

Por fim, ao atribuir ao contrato livremente pactuado a lei moral, Locke evidenciou o viés relativista de qualquer ética racional. Mostrou que a ética não tem como deixar de variar conforme a época e o lugar em que o contrato moral é estabelecido. Que, fora da esfera particular do natural ou da esfera privada dos mandamentos divinos, a separação entre o que é vício e o que é virtude é de responsabilidade dos seres humanos que se associaram para estabelecê-la.

Jean-Jacques Rousseau

Uma das figuras de proa do Iluminismo francês, Jean-Jacques Rousseau jamais se pretendeu filósofo. Teve uma trajetória errática. Músico e copista, compôs óperas de sucesso. Foi um dos grandes romancistas da sua época. Escreveu peças de teatro.

A caminho de visitar o seu amigo Denis Diderot, um dos enciclopedistas, aprisionado em Vincennes por sua *Carta sobre os cegos para os que veem* (Diderot, 1988), Rousseau tomou conhecimento de um prêmio oferecido para o melhor ensaio sobre a questão de se as ciências e as artes haviam desenvolvido a moral. Havendo vencido o concurso com um ensaio que sustentava que as ciências e as artes haviam corrompido a moral, ele dedicou o resto da vida ao estudo e ao desenvolvimento de ideias sobre a ética, a política e a sociedade.

Rousseau foi um filósofo existencial. Refletiu sobre a vida, sobretudo a sua própria vida, expondo o seu caráter na obra biográfica *Confissões*, publicada postumamente. Tinha repugnância pela sistematização conceitual. Não pretendeu montar um sistema explicativo do mundo. Aventureiro, experiente, acreditou, contra o otimismo dos filósofos enciclopedistas, que a sociedade, a cultura e a civilização degradam o homem.

Desigualdade e sensibilidade

Desde o primeiro *Discurso*, o sistema de pensamento de Rousseau contém uma antropologia fundada nas motivações humanas. Ele parte dos afetos e das paixões – da sensibilidade – para erigir o edifício teórico que propõe a renaturalização do homem e a reordenação da vida social (*Emílio*, IV, 600).

Ao longo da sua trajetória intelectual, não mudará a sua convicção de que o progresso, ao contrário do que se pensava na época, é negativo para a vida moral e para a liberdade. O progresso torna a sociedade egoísta e corrupta. Promove a desigualdade, sustentando privilégios como a riqueza e o poder. Cria convenções e instituições que asseguram esses privilégios. A matriz de todo mal da sociedade é a opressão derivada da conservação do poder e da acumulação de riquezas que decorre da renda sem o trabalho.

Dessa constatação deriva o caminho proposto por Rousseau para vencer a corrupção moral: o do critério absoluto, não condicionado, da eticidade, da expressão racional da vontade de todos. Essa vontade geral informaria a fundação de uma nova ordem no mundo, a recriação da sociedade, mediante um novo contrato social, e o restabelecimento da natureza humana, mediante a reeducação dos jovens.

Examinando a natureza humana, Rousseau (1993b, III, p. 125-126) conclui que há dois princípios naturais, anteriores à razão: a conservação, ou o amor de si mesmo, e a compaixão, ou o amor aos outros. Estes princípios se contradizem. É a razão que, mediando a passagem dos princípios individuais para os da sociabilidade, pode prover a reordenação do mundo.

É pelo uso da razão que verificamos que o princípio da conservação, o amor a nós mesmos, só pode ser efetivado mediante a generalização, mediante o amor à humanidade. É pelo uso da razão que verificamos que o princípio da compaixão, o amor aos outros, só pode ser efetivado mediante a socialização, mediante os sentimentos sociais (Rousseau,1999, 1, 8, III, p. 364). É da razão que decorrem os acordos (o contrato) e as ações (a educação) que podem restituir a humanidade ao homem.

O estado da natureza

Rousseau concebe o processo civilizador em três estágios. No estado da natureza primitivo, o ser humano teria sido regido pela "piedade natural", pela bondade, pela meiguice no trato com os outros. O segundo estágio seria o do selvagem, como os que foram encontrados no Novo Mundo. Nesse ponto, o ser humano teria encontrado um equilíbrio entre a "indolência do estado primitivo" (indolência aqui tem o sentido original de ausência de dor, de insensibilidade) e as agruras da convivência humana. Por último, quando a cobiça e o direito de propriedade passaram a reger as relações humanas, o homem selvagem se teria tornado "cruel e sanguinário" devido aos atritos sociais que atingiram os bens e a dignidade.

O esquema geral de explicação da moralidade e da política está contido na obra máxima de Rousseau: *O contrato social*. O ponto inicial de Rousseau é similar ao dos demais contratualistas, mas essa similaridade é puramente formal. Praticamente só concorda com Hobbes e com Locke na ideia da necessidade lógica de haver um pacto que ordene a vida em comum.

Para Rousseau, o estado natural é a condição primitiva, em que o animal homem não conhece a sociabilidade. O estado civil – a sociedade – é uma inevitabilidade. Ocorre porque os homens têm de se unir por interesses egoístas. Para se protegerem das catástrofes naturais, para produzirem e armazenarem, para se defenderem dos outros homens. É nos núcleos sociais primitivos de proteção, de conservação de si, que se desenvolvem a linguagem, a técnica, as artes, o trabalho e, também, as paixões.

No estado natural há desequilíbrio, não desigualdade. As desigualdades surgem como consequência da apropriação dos bens naturais individuais, da dominação. Nos núcleos primitivos se instalaram as relações desiguais resultantes da busca do supérfluo, que permitiram a alguns se apossar dos bens (terra), obrigando os demais a vender o próprio trabalho para sobreviver. Foi o selvagem degradado que construiu o homem civilizado. É sobre esta base que se constitui o estado civil, garante prepotente da manutenção do *status quo*.

O estado da natureza não é um dado histórico, é um limite. O dado histórico para Rousseau é o estado de selvageria, que existe de fato, historicamente. A passagem da fronteira em que a individualidade absoluta se torna inviável econômica e politicamente determina a instalação da sociedade de opressores e oprimidos.

É dessa sociedade desnaturada, da realidade sociopolítica em que vivemos, que aí está, que Rousseau propõe refundar a sociedade com base no único critério que pode ser considerado moralmente absoluto: o da vontade geral.

A vontade geral

A vontade geral é a soma das vontades particulares, é a vontade de todos. Expressa a ideia de que a liberdade moral e civil só pode ser sustentada por instituições erigidas segundo princípios determinados por cidadãos livres e iguais entre si. Tem como objeto o bem comum, isto é, as instituições e as leis que protegem os direitos individuais à vida, à propriedade, ao respeito etc.

Para alcançarmos a sociedade ideal, é preciso pôr um freio ao desregramento, à iniquidade. É preciso recuperarmos a pureza natural do ser humano.

Não se trata de uma nova forma de governo. A degenerescência moral deriva dos desejos de riquezas e poder, do conflito entre a vontade particular e a vontade geral. Os governos, mesmo os governos democráticos, podem representar apenas a vontade coletiva. A vontade geral deve ser a expressão lógica dos sentimentos, dos desejos de todos. Ela deve ser formalmente estabelecida em um acordo também geral, em um pacto racional, naquilo que Rousseau denominou contrato social.

O contrato de Rousseau

O contrato fornece a base sobre a qual se pode decidir acerca de uma legislação justa e articular as ideias da liberdade moral (autonomia individual) e do bem comum. É o instrumento em que cada um renuncia à liberdade natural, não em favor de um soberano (*pacto subjecionis*), não em favor dos seus iguais (*pacto unionis*), mas em favor da vontade geral.

O soberano – o Estado – é o guardião dessa vontade. O poder soberano é inalienável, indivisível e único: é o Estado com todos os seus poderes executivos, legislativos e judiciários. Tem como função, como destino, acatar, defender o que é de todos: a vontade geral.

Mas se o Estado representa o poder soberano, ele não detém, em si, a soberania. Para Rousseau, o soberano é o próprio povo. Aqui reside a primeira diferença fundamental da filosofia política e da ética rousseauniana. Enquanto o centro de referência de Hobbes é o indivíduo que aliena a sua vontade ao soberano, e o de Locke é o indivíduo que aliena os seus direitos aos *trustees*, o centro de referência de Rousseau é a coletividade. Não o indivíduo, mas a sociedade.

A segunda diferença basilar do pensamento moral e do pensamento político de Rousseau, que o coloca e muito adiante do seu tempo e da sua circunstância, é que, para ele, o contrato não é o início fantasioso, pretérito, da vida social, mas a possibilidade de reiniciar. O contrato social de Rousseau é a proposta presente de regeneração, de reconstrução de um Estado onde imperem a liberdade e igualdade.

A educação

A educação é o instrumento de regeneração do homem. O contrato, o instrumento de recriação da sociedade em novas bases. No que respeita à educação, Rousseau inova ainda mais do que o fez na filosofia moral e na filosofia política. Entre outras ideias, prega que a educação deve ser livre e fundada no exemplo. Que nada é ensinável diretamente, tudo deve ser descoberto pelo educando. Sobretudo as verdades morais devem ser apreendidas, não ensinadas como doutrina inquestionável.

A ideia que rege a educação é a da recuperação da vida natural, da sociedade saudável, perdida no processo cultural. A educação não deve reproduzir a cultura, mas criar modelos de vida novos. Nada deve ser ensinado. Tudo deve ser descoberto pelo exemplo. Emílio não retorna ao estado da natureza, senão que percorre de novo o processo civilizador. Mas esse é um percurso depurado dos enganos e artificialismos que vieram a dar na sociedade corrompida que aí está.

O processo educacional consiste em uma reeducação, em deixar a criança ser um Robinson Crusoe (1719) sem Sexta-Feira. Ela aprenderia a sobreviver sem auxílio de outros e só procuraria o convívio social quando fosse auto-suficiente, quando não precisaria mais submeter-se para sobreviver. A ideia é que a criança seja separada da sociedade corrompedora.

Contra o eficientismo da pedagogia da sua época (que ainda se mantém, como equívoco, na nossa), Rousseau pretendeu que o processo educacional fosse lento e refletido. Os devaneios não seriam uma perda de tempo, mas uma forma de chegar a pensar e ser algo mais do que uma marionete na mão dos poderosos e do sistema.

Os deveres do ser humano

A linha de raciocínio de Rousseau é contínua desde os *Discursos* até as últimas obras. O ser humano é naturalmente bom, mas foi corrompido pelas instituições sociais. O problema moral é o da restituição do homem à sua natureza. Isso se faz retornando ao que há de humano no homem, os sentimentos. São os sentimentos que apreendem a vontade geral, não a razão raciocinante, como, mais tarde, e largamente baseado em Rousseau, proporá Kant.

Rousseau influencia diretamente uma série inumerável de filósofos. Kant, por muitos considerado o filósofo por excelência, chamou-o de "Newton do mundo interior". Das ideias de vontade geral, de vontade livre (autonomia) e de uma lei superior, lógica, idealista, não empírica, que regule o convívio, é que Kant deriva o imperativo categórico. Hegel e, acima de tudo, Marx utilizarão os conceitos fundamentais de trabalho e transformação social como base dos seus edifícios conceituais.

Mas a influência do pensamento de Rousseau não se dá somente sobre os que lhe sucederam imediatamente. São dele as ideias que animam discussões contemporâneas como a da divisão do trabalho enquanto mutilação e perda da independência, de que a religião é pessoal e interior e que, portanto, todo poder religioso, inclusive o da Igreja católica, é ilegítimo e deve ser despojado.

É de Rousseau a ideia de que instituições como a família e a propriedade, tidas como eternas e naturais, são, na verdade, históricas e convencionais.

A concepção de uma ética concertada, fundada no acordo firmado livremente entre seres racionais, chegará ao nosso século, trazida pela mão de um pensador da envergadura de John Rawls. Mas a maior contribuição de Rousseau ao espírito humano não precisa ser renovada ou retocada. É a simples ideia de que, no trato das questões sociais, não devemos tentar perpetuar o *status quo*, mas antes devemos continuamente elaborar modelos novos e aperfeiçoamentos que tornem mais humana a regulação da convivência.

Referências

Hobbes

HOBBES, Thomas. *Leviatã*. São Paulo: Martins Fontes, 2003.

_____. *The elements of law, natural and politic*. [1. ed. 1640]. Electronic Text Center, University of Virginia Library, s.d. Disponível em: <www.etext.lib.virginia.edu>.

Para conhecer Hobbes

TUCK, Richard. *Hobbes*. Rio de Janeiro: Loyola, 2001.

SKINNER, Quentin. *Razão e retórica na filosofia de Hobbes*. São Paulo: Unesp, 1999.

Locke

LOCKE, John. *Ensaio acerca do entendimento humano*. [1. ed. 1690]. Trad. E. Jocy Monteiro. São Paulo: Abril Cultural, 1973. (Coleção Os pensadores).

_____. *Carta sobre a tolerância*. [1. ed. 1689]. Trad. E. Jocy Monteiro. São Paulo: Abril Cultural, 1973. (Coleção Os pensadores).

_____. *Segundo tratado sobre o governo civil*. [1. ed. 1690]. Trad. E. Jocy Monteiro. São Paulo: Abril Cultural, 1973. (Coleção Os pensadores).

Para conhecer Locke

AYERS, Michel. *Locke*. São Paulo: Unesp, 2000.

YOLTON, John W. *Dicionário de Locke*. Rio de Janeiro: Zahar, 1996.

Platão

Platón. *Obras completas*. Madrid: Aguilar, 1981.

Rousseau

ROUSSEAU, Jean-Jacques. *Discurso sobre a ciência e as artes*. São Paulo: Martins Fontes, 1993.

_____. *Discurso sobre a origem e os fundamentos da desigualdade entre os homens*. São Paulo: Martins Fontes, 1993.

_____. *O contrato social*. São Paulo: Martins Fontes, 1999.

_____. *As confissões*. Rio de Janeiro: Tecnoprint, 1965.

PARA CONHECER ROUSSEAU

CASSIRER, Ernst. *A questão Jean-Jacques Rousseau*. São Paulo: Unesp, 1999.

DENT, N. J. H. *Dicionário Rousseau*. Rio de Janeiro: Zahar, 1996.

5

A economia moral do dever

IMMANUEL KANT (1724-1804) – Kant nasceu em Königsberg, na antiga Prússia Oriental, hoje incorporada à Rússia com o nome de Kaliningrado. De família humilde, recebeu uma educação baseada no pietismo, uma confissão protestante sustentada na leitura direta da Bíblia. Estudou, e posteriormente ensinou, na Universidade Albertina, que seguia a orientação de Wolff, numa derivação rigorosa do sistema de Leibniz.

Professou as mais diversas disciplinas, da geologia à lógica. É autor, por exemplo, de uma *Teoria do céu*, (2004) que contém propostas sobre os anéis de Saturno e sobre a gravitação que se verificaram corretas. Como docente, foi venerado pelos alunos por sua capacidade intelectual, seu descortino e, também, por sua simpatia. Contam que, quando estudante, ganhou algum dinheiro jogando bilhar.

Foi um dos maiores, senão o maior filósofo desde os gregos. Morreu aos 80 anos, sem nunca ter saído da sua cidade natal.

Filosofia crítica

A obra de Kant é vasta. Tem como temas centrais a apreciação crítica das condições de possibilidade do conhecimento humano, da capacidade de julgar e da forma como nos devemos conduzir, isto é, da ética.

A primeira Crítica, a da "razão pura" (1781), que trata das condições de possibilidade e dos limites da capacidade cognoscitiva do ser humano, tornou-se um dos marcos fundamentais do pensamento ocidental. A esta obra, seguiu-se uma explicação mais simples das suas ideias, com os *Prolegômenos a toda metafísica futura que se possa apresentar como ciência* (1783), onde

Kant dá crédito a David Hume por tê-lo "despertado do sonho dogmático" da filosofia de Wolff.

Uma primeira aproximação ao pensamento kantiano nos leva à questão de por que Kant alcançou criar uma forma de refletir inteiramente revolucionária: o pensamento crítico. Por que, e como, ele se propôs criticar a razão pura, a razão prática e a capacidade de julgar.

O termo /criticar/ tem uma acepção filosófica diversa da conotação corrente, de desdizer, de falar mal. Significa separar o que é bom do que não é. Vem de *krínein*, decidir, julgar. Tem a mesma raiz grega de *critérion* (padrão), de crise, de decreto, de discernimento. Etimologicamente, criticar significa separar o provado do não provado.

A filosofia crítica que Kant inaugura é o resultado de uma separação: do que é verdadeiro e útil ao raciocínio daquilo que não o é. Deriva de três fontes: o racionalismo dogmático, o empiricismo cético e a física matemática.

Kant se encontra intelectualmente na confluência dessas três grandes ordens de pensamento. Na juventude e no primeiro termo da maturidade, ele aprendeu e ensinou a filosofia na tradição racionalista de Descartes, de Espinosa e, principalmente, de Leibniz, que afirma que o conhecimento é produto unicamente da razão. Por volta dos 40 anos de idade, ele tomou contato com a filosofia empirista, na tradição de Bacon, de Locke e, principalmente, de Hume, que afirma que o conhecimento decorre da sensibilidade.

A filosofia que Kant elabora resulta, em grande medida, de uma síntese dessas formas de pensar. Do racionalismo dogmático de Leibniz e do empirismo cético de Hume. Mas o que levou Kant a realizar um dos avanços mais audaciosos da filosofia em todos os tempos foi o impulso da filosofia natural, da ciência física de Newton.

As formulações de Newton foram possíveis graças à aplicação das matemáticas ao mundo natural. São até hoje apreciadas pelo rigor e pela beleza dos seus enunciados. A física matemática exerce tal fascínio que, em um dado momento no século XVIII, pareceu a todos que o universo poderia ser explicado em fórmulas.

Para Kant, não foi diferente. A precisão e o rigor da física matemática levaram-no a constatar as insuficiências da metafísica. Despertaram nele a ambição de aplicar o processo argumentativo lógico-matemático ao que transcende ao mundo natural, a superar o dogmatismo racionalista e o ceticismo empírico pela aplicação de um raciocínio newtoniano à metafísica, aos temas como o da liberdade, o da alma, o de Deus.

O sono dogmático

Kant havia percorrido um largo caminho antes que o empiricismo de Hume chamasse a sua atenção para as arbitrariedades do racionalismo. Um caminho de reflexão, espelhada nas chamadas obras pré-críticas, e um caminho no tempo: a primeira das Críticas, a da razão pura, foi publicada quando ele já contava 57 anos.

Ele descreveria mais tarde, nos *Prolegômenos* (1974a), como a leitura de Hume o despertou de um "sono dogmático", da rigidez e da arbitrariedade do racionalismo. O choque intelectual foi tão tremendo que decorreram quase 11 anos entre a tese inaugural e a publicação da sua maior obra, a *Crítica da razão pura*.

As dificuldades teóricas que teve de superar foram imensas. As posições do racionalismo dogmático e do empirismo cético são inconciliáveis. O racionalismo sustenta que todo conhecimento deriva da nossa capacidade intelectiva. O empirismo, que todo conhecimento deriva das representações ocasionadas por afecções sensíveis.

Acordar do sono dogmático significou, para Kant, não uma combinação dessas ordens de pensamento, mas uma superação. Significou, em primeiro lugar, integrar as duas perspectivas: dar-se conta de que o conhecimento deriva da intelecção, mas se dá sobre representações do sensível. Em segundo lugar, ir além, constatar que todo conhecimento verdadeiro, como o conhecimento matemático, decorre da intelecção, seja das coisas sensíveis, seja das coisas do suprassensível, mas que esta intelecção só é logicamente válida se se der com base em princípios racionais, isto é, não dogmáticos.

O método

O pensamento crítico pretende, em primeira instância, determinar as condições de possibilidade do conhecimento. Criticar, separar o que é conhecimento do que não é. Estabelecer os limites além dos quais não é possível conhecer e, com isso, determinar o que é possível conhecer.

Kant procede com a metafísica como Newton havia procedido com a natureza: descobrindo os princípios, as leis que regem e limitam o seu conhecimento, fazendo com que a razão se volte sobre si mesma. Refletindo sobre a reflexão. Perguntando-se sobre o que, efetivamente, é possível conhecer na forma pura e inquestionável como ocorre com o conhecimento matemático.

Ora, as matemáticas se estabelecem sem o concurso da experiência sensível. No campo da física matemática, a razão opera segundo leis invariantes, de acordo com os princípios que conferem ordem ao mundo. Esta forma de conhecimento é estranha ao método do racionalismo dogmático, que se cifra na aplicação de axiomas não verificados empiricamente. É, igualmente, estranha ao método do empirismo cético, que se resume em questionar sistematicamente, sem partir de conceitos.

O método que Kant desenvolveu consiste em integrar e superar essas duas formas de pensamento. Em proceder de acordo com princípios rigorosamente deduzidos, em determinar as fontes de conceitos que serão utilizados e em fixar um cânone contra o risco de extensão para além do conhecimento verdadeiro.

A base do seu raciocínio é a evidência de que o conhecimento efetivo é incondicionado, e o incondicionado não pode se dar, logicamente, no interior da experiência. Ele partiu da constatação de que não é possível conhecer objetos não sensíveis por meio da sensibilidade; de que eles só podem ser conhecidos como ideias, por meio da razão.

E o que vem a ser a razão? A razão vem a ser a capacidade de alcançar o conhecimento, a faculdade que unifica o conhecimento nas ideias. Graças à razão, podemos entender. O entendimento é uma atividade, um processo mediante o qual se ordenam os dados na consciência (*in-tendere* = ter dentro da consciência).

O método é composto de uma "analítica transcendental", que tem por objeto a análise dos conceitos e dos princípios e condições em que os conceitos podem ser relacionados. E de uma "síntese transcendental", que consiste em juntar o múltiplo, sejam representações empíricas, sejam representações "puras" (do espírito). O processo analítico é subtrativo, subtrai o que não é possível conhecer. O procedimento sintético é aditivo, é uma função da imaginação, que liga elementos em uma síntese (sinopse) e forma o conhecimento.

O conhecimento

Para Kant, o conhecimento é constituído pelo sentido que a razão dá à experiência. Existem dois troncos do conhecimento humano: a sensibilidade e o entendimento. Mediante o primeiro, se nos dão os objetos. Mediante o segundo, pensamos.

O conhecimento se compõe de juízos, afirmações nas quais de algo se diz algo. Enunciados lógicos, teses que são verdadeiras ou são falsas. Todo juízo é redutível à formula *S é P*.

Existem juízos que são analíticos. São universais e necessários. Fundam-se na identidade, não estendem o que já sabíamos. Esses juízos se dão *a priori* a experiência. Isto é, não dependem de experimentarmos para sabermos que são verdadeiros. Um exemplo de juízo analítico é a afirmação de que o triângulo tem três lados.

Existem juízos que são sintéticos. São particulares e contingentes. Fundam-se na experiência. Estendem o que já sabíamos. Esses juízos se dão *a posteriori* a experiência. Precisamos experimentar para saber se são verdadeiros. Um exemplo de juízo sintético é a afirmação de que o calor dilata os corpos. A dilatação não está contida no conceito de calor. Sabemos que é assim porque experimentamos.

A negação do juízo analítico é logicamente impossível. Mas a negação do juízo sintético não supõe contradição.

Kant busca um conhecimento novo, que seja sintético, mas que não possa ser negado como verdadeiro. Ele se pergunta como seriam possíveis esses juízos *a priori*, isto é, necessários e universais, mas que fossem sintéticos, que constituíssem conhecimento.

Ele se faz essa pergunta porque os juízos matemáticos são sintéticos *a priori*. O problema que ele se coloca é o de saber se os juízos metafísicos também o seriam. Para responder a esta questão, Kant propõe uma cadeia causal que parte da sensibilidade, a faculdade das intuições, para chegar ao entendimento, a faculdade dos conceitos.

Conceitos e categorias

O conceito (*Begriff*, tomar para si) é o produto da concepção, é a representação que nos fazemos. Despidos do acidental e do particular nos objetos, os conceitos definem as essências, o que é universal, o que compreende os objetos reunidos em classes com traços comuns.

O problema de Kant é o de saber como podemos chegar aos conceitos a partir de intuições, a partir dos objetos sensíveis (*aisthetá*) e dos objetos inteligíveis (*noetá*). Em outros termos, é saber como é possível chegar aos conceitos sem ter, previamente, um conceito daquilo sobre o que estamos refletindo.

Kant o resolve demonstrando que o entendimento constitui para si, para o seu uso, conceitos puros, conceitos não contaminados pela experiência. Conceitos que permitem conceitualizar, que são instrumentos da razão. Ele os denomina categorias.

Para submeter ao tribunal crítico os objetos sensíveis (da natureza) e os objetos suprassensíveis (da metafísica), a razão precisa desses instrumentos, de conceitos prévios, de princípios criados e aceitos por ela mesma.

A razão é uma faculdade legislativa. Ela estabelece leis e julga, ela critica, de acordo com estas leis. Para entender, a razão aplica princípios, leis que ela mesma criou. A razão só entende aquilo que ela produz. Só entendemos *a priori* das coisas o que nós mesmos nelas pomos. Essas leis são conceitos puros da razão, são as categorias. As categorias nos informam como os objetos são estruturados e ordenados.

Quais são essas categorias? Pois as categorias são cada um dos conceitos fundamentais do entendimento puro. Como o conceito de unidade, o conceito de totalidade, de relação etc., que são formas *a priori*, capazes de constituir os objetos do conhecimento. Quando pensamos um objeto, nos perguntamos e nos respondemos utilizando essas categorias.

O pensamento

O pensamento é a nossa capacidade racional. Ele estabelece relações entre as intuições e os conceitos. E estabelece essas ligações através das categorias. Para apreender um objeto, seja do sensível ou do suprassensível, ele precisa de conceitos prévios, universais, de categorias para que possa pensá-los.

O ato do entendimento consiste em julgar. O juízo é a unificação do múltiplo. A atividade do entendimento é a faculdade de julgar segundo a sensibilidade e, também, segundo um raciocínio lógico, segundo a razão. Pensar é unir representações em uma consciência. Pensar é emitir juízos, é julgar.

Figura 1
Conhecimento

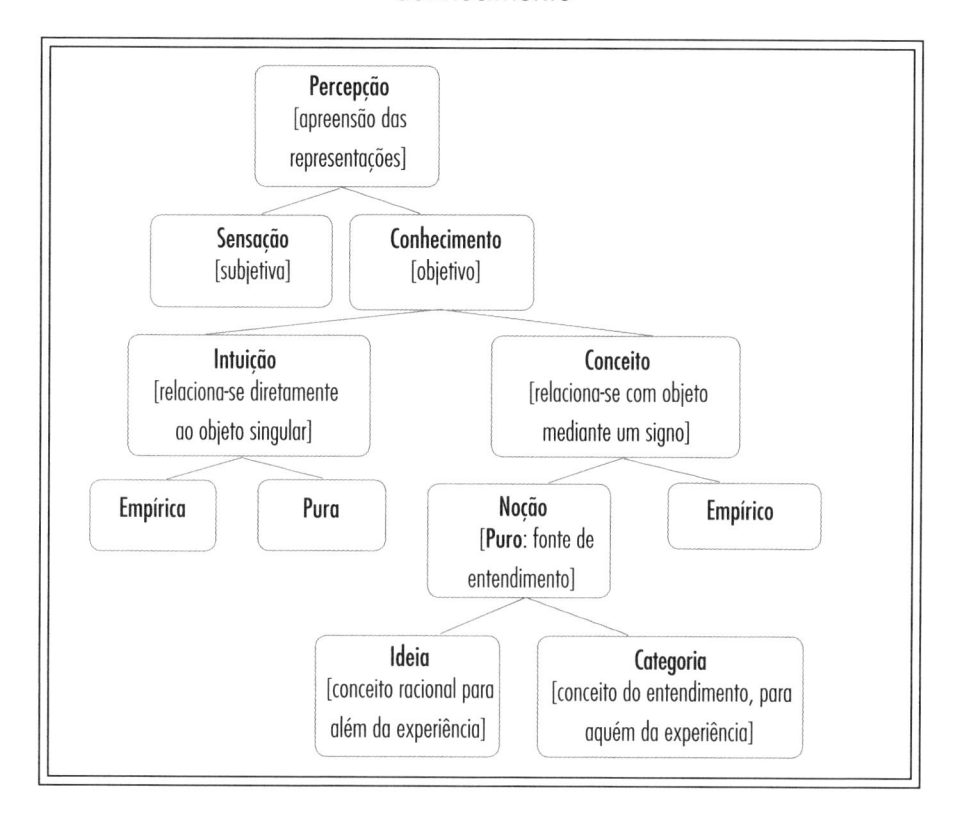

```
                    Percepção
                [apreensão das
                 representações]
                  /          \
          Sensação         Conhecimento
         [subjetiva]         [objetivo]
                            /          \
                     Intuição          Conceito
            [relaciona-se diretamente  [relaciona-se com objeto
              ao objeto singular]       mediante um signo]
               /         \                /          \
         Empírica      Pura          Noção         Empírico
                                 [Puro: fonte de
                                  entendimento]
                                   /        \
                               Ideia       Categoria
                        [conceito racional para  [conceito do entendimento,
                          além da experiência]   para aquém da experiência]
```

Temos, então, os objetos sensíveis e os objetos suprassensíveis que intuímos. A intuição é uma operação. O ato do espírito que toma conhecimento diretamente de uma individualidade. Refere-se ao sentido, que é a faculdade da intuição na presença. Refere-se, também, à imaginação, que é a faculdade da intuição na ausência, de forma que a razão se lança já não sobre os objetos em si, mas sobre os objetos capturados pela sensibilidade segundo as formas *a priori* da intuição, os fenômenos, os objetos tal como se nos manifestam à consciência, para entendê-los.

No ato de pensar, o objeto é capturado pelos sentidos, pela sensibilidade que os representa no espaço e no tempo. A sensibilidade é objeto do entendimento, que faz uso de categorias para determinar o que a sensibilidade capturou. O entendimento, por sua vez, é objeto da razão que o conceitualiza sob a forma de ideias.

Quadro 1

Filosofia crítica: resumo

Coisas-em-si (número)					
Caos de sensações					
Sensibilidade (intuições)	Formas *a priori* da sensibilidade	Espaço			
		Tempo			
Entendimento (conceitos)	(Fenômeno)	Quantidade	Unidade	*Singular*	
			Pluralidade	*Particular*	
			Totalidade	*Universal*	
	Categorias do entendimento	Qualidade	Realidade	*Afirmativo*	
			Negação	*Negativo*	
			Limitação	*Infinito*	
		Relação	Causalidade	*Categórico*	
			Substância	*Hipotético*	
			Comunidade	*Disjuntivo*	
		Modalidade	Possibilidade	*Problemático*	
			Existência	*Assertórico*	
			Necessidade	*Apodíctico*	
Razão (ideias)	Ideias da razão pura	Deus Alma Liberdade Mundo			

(A coluna "Intelecto" abrange Sensibilidade, Entendimento e Razão)

A revolução copernicana

A forma de Kant resolver o problema do conhecimento, embora possa parecer conservadora, é inteiramente revolucionária. De um lado porque supera o dogmatismo racional e o ceticismo empírico. Ela afirma e sustenta o conhecimento sem pressupostos dogmáticos e sem abdicar da compreensão. De outro, porque, da mesma forma que Copérnico tirou a Terra do centro do universo, Kant tirou a centralidade do objeto, colocando no seu lugar a razão. São as categorias do entendimento que se lançam sobre os objetos, e não o contrário.

Não podemos alcançar as coisas em si mesmas. A coisa-em-si, o númeno (do grego *noúmena*, usado por Platão ao falar da ideia, daquilo que é pensado), é incognoscível. Do ponto de vista do entendimento, uma coisa em si é absurda: é uma coisa da qual não se pode falar. O que alcançamos entender são os fenômenos, os objetos tal como se apresentam à nossa mente, algo que projetamos no espaço-tempo.

O fenômeno é composto de matéria e forma(Kant, 1989:62). A matéria é o objeto. A forma é imposta pelo sujeito pensante ao objeto. Que formas o sujeito pensante lança sobre o objeto? As formas *a priori* da sensibilidade, ou intuições puras, são o espaço e o tempo. São recebidas passivamente. As formas *a priori* do entendimento são as categorias. Elas constituem a parte ativa do conhecimento. Possibilitam as operações lógicas de diferenciação, relação etc. que permitem formar as ideias.

Terceira antinomia

Com Kant e a partir dele, a questão da filosofia passa a ser o conhecimento. A primeira Crítica, a da pura razão, trata do que é possível conhecer e de como conhecemos com certeza. Das conclusões a que chega, a que diz respeito mais diretamente à ética é de que não é possível conhecer com certeza as grandes questões metafísicas, que os problemas de Deus, da alma imortal, da liberdade, do sentido do mundo são inalcançáveis cientificamente. A metafísica não constitui conhecimentos inquestionáveis como os físico-matemáticos. Os seus objetos são atemporais e aespaciais. São objetos que podem existir e que, de fato, existem, ao menos no nosso pensamento, mas que não podem ser conhecidos cientificamente.

A base do seu conhecimento é o fato de que não podemos conhecer a liberdade em si, a alma em si. Podemos apenas estabelecer a ideia da liberdade, a ideia da alma. Kant demonstra isto relatando antinomias ou paralogismos da razão.

Uma antinomia é uma figura retórica, que data dos céticos, na qual argumentos contrários são apresentados lado a lado. Consiste em uma contradição entre duas proposições igualmente críveis, lógicas e coerentes, mas diametralmente opostas. Esta figura é utilizada para demonstrar que os limites cognitivos foram atingidos. Se há antinomia, então o conhecimento não é mais possível.

Kant utiliza a forma antinômica para mostrar a razão humana fazendo inferências opostas, mas igualmente justificáveis, o que assinala que a razão foi estendida para além das suas possibilidades.

São quatro as antinomias discutidas no capítulo II da *Crítica*:

1. O mundo tem um começo no tempo e é limitado no espaço. / O mundo não tem nem começo nem limites no espaço: é infinito tanto no tempo quanto no espaço.
2. Tudo no mundo é simples. / Tudo no mundo é complexo. (Toda substância composta, no mundo, é constituída por partes simples e não existe nada mais do que o simples ou o conjunto do simples. / Nenhuma coisa, no mundo, é constituída por partes simples, nem no mundo existe nada que seja simples.)
3. A liberdade existe como causa livre de uma série de eventos. / Tudo acontece no mundo segundo as leis da natureza. (A causalidade segundo as leis da natureza não é a única de onde podem ser derivados os fenômenos do mundo no seu conjunto. / Há ainda uma causalidade pela liberdade que é necessário admitir para o explicar.)
4. Existe um ser necessário (Deus). / Não existe um ser necessário. (Ao mundo pertence qualquer coisa que, seja como sua parte, seja como sua causa, é um ser absolutamente necessário. / Não há em parte alguma um ser absolutamente necessário, nem no mundo, nem fora do mundo, que seja a sua causa.)

A terceira das antinomias da razão é a da causalidade por liberdade. Coloca o problema de saber se há uma causa necessária que determine a série causal do que existe no mundo, ou, se esta causa não existe, se tudo corre de forma livre. A tese é a de que a liberdade tem existência efetiva. A antítese, que é justamente o contrário, que a causalidade está de acordo com as leis da natureza, que não existe liberdade, já que tudo acontece no mundo em concordância com a natureza.

A chave da antinomia está em que, quando se busca saber o que é a liberdade, a razão entra em conflito com ela mesma. A liberdade se encontra para além da experiência possível. De um lado existe a tese, a ideia racionalista da liberdade incondicionada, de que se fosse condicionada não seria livre. Neste caso, a liberdade é uma causa livre, absolutamente espontânea, não deturpada pela natureza. De outro, existe a antítese, a ideia de que a liberdade não pode ser verificada, que é uma ilusão da razão. Neste caso, a liberdade, como tudo no mundo, não é uma causa livre: é condicionada pelas leis da natureza, porque a liberdade, não podendo existir fora do mundo, tem de ser inerente a ele.

A liberdade

Da discussão dessa antinomia surgirá a demonstração da necessidade de construir a moralidade fora dos limites da experiência.

Na perspectiva moral, a antinomia se entende, *grosso modo*, da seguinte forma: a causa dos objetos morais é a natureza? Se for este o caso, se não somos livres para escolher, então não pode haver mérito, dolo ou culpa. Se não for este o caso, se somos livres para decidir, então a moralidade é uma construção da razão. Ambas as proposições, uma cética, outra dogmática, são plausíveis e defensáveis logicamente. Mas são contraditórias e nenhuma delas pode ser demonstrada pela experiência.

As proposições são antinômicas porque a liberdade não possui existência fenomênica, não se encontra submetida às categorias do espaço e do tempo. Kant entende a liberdade como "a faculdade de iniciar por si mesma um estado" (Kant, 1989:462), de forma que ela só pode ser determinada por si mesma.

A liberdade, no sentido kantiano, não é idêntica à indeterminação, no sentido de que se pode livremente fazer o que se quer. Não é o livre-arbítrio, é a condição, racionalmente determinada, de se agir livremente, isto é, sem causas externas.

A causalidade por liberdade pertence ao universo inteligível, distinto do universo da natureza. A metafísica não é possível como ciência, mas seus enunciados oferecem referências universais. Se ela não pode ser conhecimento teórico, científico, ela pode perfeitamente informar a razão prática, os princípios da ação, as razões que determinam a vontade.

A crítica teórica dá aos objetos da experiência, inclusive a nós mesmos, o valor de meros fenômenos. Mas uma coisa são as ideias da razão teórica ou cognoscitiva. Outra, as ideias da razão prática, que se refere ao agir. A questão da liberdade não é da esfera da razão pura, mas da razão prática. As ideias da razão prática não são teorias derivadas de fenômenos, mas princípios de ação derivados da reflexão. Dizer que a liberdade é fundamentada em si mesma é dizer que é fundamentada na razão

A razão prática

Na razão prática, o conhecimento humano deixa de lado o mundo exterior e se volta sobre si mesmo. Ele se vê como um ser da natureza, como fenômeno, mas, também, como objeto puramente inteligível. Não somente algo capturado pelos sentidos, mas também algo capturado diretamente pelo entendimento.

A razão teórica está restrita à ordem do ser, ao que é. A razão prática se orienta para o que deve ser, para o que, mesmo não tendo acontecido, deveria acontecer. A razão prática proporciona realidade a um objeto do suprassensível da categoria da causalidade: a liberdade.

A liberdade é a condição da ética. Se não temos liberdade de escolha entre o bem e o mal, entre o correto e o equivocado, o problema moral deixa de existir. A liberdade requer da razão que ela autodetermine os seus objetos, não teóricos, mas atuantes.

Na esfera da razão prática, o sujeito racional se coloca como a causa incondicionada das suas ações. A razão é a causa e o critério para pensarmos nossas ações no mundo. Diferencia a ação causada por impulso da ação pensada livremente. A razão nos diz como se deve agir. Ela nos informa sobre o nosso dever.

A razão prática dá o sentido moral, a orientação da conduta, de como se deve agir de acordo com ela mesma, a razão. No mundo fenomênico as ações são livres, mas as ações humanas se relacionam com uma causa inteligível no sujeito: a razão, não com as consequências dos atos.

As ideias da razão nos permitem dar sentido às nossas ações. Elas nos informam sobre a moralidade das nossas intenções prévias. Para que possa pensar os objetos da moral – a liberdade, o bem etc. –, há que defini-los como conceitos universais da razão. É desta necessidade lógica que nasce a ética kantiana.

Ser livre não é deixar de seguir regras. Ser livre é ater-se a limites determinados livremente, sem interferências externas, pela razão. Na *Crítica da razão pura*, Kant demonstrou que não é possível conhecer a liberdade, mas demonstrou também que é possível pensá-la.

A ética

A primeira incursão de Kant na determinação da moral livremente pensada é a *Fundamentação da metafísica dos costumes* (1785), que, partindo de juízos comuns para determinar o princípio que fundamenta a moral, contém a essência do sistema moral kantiano. O sistema foi posteriormente ampliado na *Crítica da razão prática* (1787), que expõe a ética a partir da função prática da razão, e se completou com a *Metafísica dos costumes* (1797), que trata do direito e das virtudes.

Kant deriva a doutrina do direito e a doutrina das virtudes da liberdade de vontade e do seu correlato: o dever. Os deveres dados por leis externas constituem a doutrina do direito. Os deveres dados pelas leis da razão constituem a doutrina das virtudes, que expõe os direitos para com o eu, os deveres para com os outros e de como a virtude pode ser aprendida e ensinada.

Essas obras tratam da razão em seu uso prático, a razão livre, capaz de provocar a vontade de agir. Indicam como o agir moralmente correto pode se dar com base na razão, com base em uma vontade que seja racional.

Kant sustentou que a ação moral, ao contrário do que a maioria dos filósofos desde Aristóteles havia proposto, não decorre de princípios empíricos, como o do amor de si (a felicidade), de conceitos teleológicos, como o de "Bem". Ela decorre de fundamentos racionais, de conceitos deontológicos, como o de "dever". Para que tenhamos certeza de que uma conduta é eticamente certa, é necessário lastreá-la em princípios teóricos, formais, derivados da razão.

Princípios como estes podem ser estabelecidos exclusivamente distinguindo-se e combinando-se mandamentos, que valem para cada sujeito em particular; e leis, que valem objetivamente, para qualquer ser dotado de razão. A eticidade derivaria de máximas, ou de uma máxima, que pudesse ser validada como se fosse uma lei natural. Que fosse como uma lei da física – universal, lógica – e que pudesse informar a vontade particular sobre o que é racionalmente certo fazer.

O cerne da ética kantiana é a conciliação da vontade com a racionalidade. O problema de como libertar a vontade dos impulsos do sentimento. Kant tinha ciência de que o ser humano é refém da sua sensibilidade, dos seus afetos, das suas emoções, das suas inclinações. Que não podemos contar com uma vontade pura, com uma vontade santa, quando agimos. Ele sabia não ser possível mudar a natureza humana. O que ele propôs não foi isto. Foi encontrar uma forma de representar o que, idealmente, deveria ser o agir absolutamente correto, absolutamente racional.

Kant não discorreu sobre as nossas ações, mas sobre os nossos deveres.

O dever se expressa sob a forma de uma ordem, de uma máxima convertida em lei, que vem no tempo imperativo, que é um imperativo. Um enunciado como esse afirma taxativamente que é nossa obrigação agir desta ou daquela forma.

Esse imperativo não pode ser um conselho, uma advertência, algo que seguimos ou não, segundo nossas inclinações. Não pode ser uma regra que afirma que seria bom, ou prudente, ou conveniente, agir desta ou daquela forma. Esse imperativo tem de ser categórico, uma máxima indiscutível: a representação do dever, a fórmula de uma obrigação incondicionada.

Bastam esses pressupostos, da razão, da universalidade, da vontade pura, da máxima que é como uma lei, perfeitamente lógicos, perfeitamente simples, para que Kant formule o imperativo categórico. Ele reuniu esses elementos e chegou à fórmula que diz que o agir correto é aquele que a nossa vontade pode querer, racionalmente, que valha como se fosse uma lei universal da natureza.

O problema ético

Para que possamos compreender e aplicar adequadamente a fórmula do imperativo categórico, é necessário nos determos em alguns dos seus pontos essenciais.

O primeiro deles é o da sua origem. Kant chegou à discussão da moralidade partindo da questão do conhecer. Na *Crítica da razão pura*, ele havia se preocupado em responder uma questão essencial. Ele havia se perguntado: o que podemos, efetivamente, conhecer? E havia respondido que podemos conhecer efetivamente poucas coisas e, principalmente, que não podemos conhecer com certeza absoluta a metafísica.

Daí, dessa limitação da possibilidade de conhecer, Kant se perguntou sobre o que existe para além do conhecer. Ele verificou que existe a vida. O que é uma resposta genérica, insatisfatória. Foi preciso continuar, perguntar-se quais os princípios que regem a vida. Pois os princípios que regem a vida são os que separam o bem do mal, são os princípios morais.

Então, como havia desenvolvido os princípios da razão teórica, da essência das coisas e do seu conhecimento, Kant tratou de encontrar os princípios da moralidade na razão prática, nos princípios que orientam a conduta racional.

A razão do agir

A sua argumentação decorre das constatações da primeira Crítica: a lei moral não pode ser obtida a partir da experiência. Toda experiência é particular e contingente. A lei moral, que deve ser universal e necessária, só pode derivar da razão.

Ora, somente o ser humano é dotado de razão para distinguir se suas intenções e vontades são boas ou são más. As pessoas têm uma dignidade especial, baseada na capacidade de raciocinar, de julgar. Cada ser humano é detentor de razão, e da razão advém o fundamento do seu dever e do seu direito moral.

Ao criticar a razão pura, Kant estabeleceu que o fundamento é construído segundo categorias e princípios que são princípios da própria razão. Isto é, não contaminados pela sensibilidade, pela experiência. O conceito que vai orientar a moral tem de ser deste tipo. Não pode ser empírico, porque seria condicionado, seria marcado pelo momento e pelo lugar em que fosse concebido. Não seria válido para toda a humanidade. Também, para ser puro, o princípio não poderia decorrer dos desejos, das vontades particulares, contaminadas pelos interesses e inclinações.

De modo que, para se chegar a uma fórmula absolutamente racional sobre o agir correto, deve-se responder a duas questões articuladas. Primeira, o que, no âmbito único da razão, isto é, anteriormente a qualquer experiência, pode fundamentar o dever moral? Segunda, como é possível assegurar-se de que o juízo moral é despido de qualquer interesse?

A vontade boa

Para a primeira questão, a de saber o que, antecedendo a experiência, pode fundamentar a lei moral, Kant ofereceu a resposta de que só sobre uma vontade pura, uma intuição do bem, independente de qualquer experiência e, mesmo, de qualquer reflexão, pode erigir-se o moralmente correto.

Para a segunda pergunta, sobre como ter certeza de que a vontade que anima a ação é pura, é desinteressada, Kant ofereceu a resposta de que a adequação universal do juízo é a garantia de sua correção. Isto é, que a vontade que rege o juízo moral não pode ser a de um, nem a de muitos, mas tem de ser a vontade de todos; tem de ser a vontade decorrente de um julgamento que possa ser universal.

O ser humano tem faculdades, tem sensibilidades, tem uma série imensa de atributos. Mas se procurarmos algo que seja inerente ao ser humano e que possa ser bom em si mesmo, vamos deparar-nos com uma dificuldade quase intransponível.

De um lado, temos o que o ser humano efetivamente faz; de outro, temos o que ele quer fazer. Ora, algumas das nossas ações são refletidas, são pensadas, mas a maioria, sabemos, é irrefletida. Agimos automaticamente ou fazemos o que nos parece mais certo, o que nos parece apropriado. Sobre estas ações, não se pode prescrever nada. Mas temos as ações que o ser humano quer fazer: a intenção por que se faz ou por que se omite. E sobre a intenção, a vontade, que esta sim, deriva necessariamente da razão, da consciência moral, podemos emitir o juízo de que é boa ou é má.

A consciência da lei moral é um fato, não um produto da razão. Não faz sentido, por exemplo, afirmar que a inteligência é boa. Como outras capacidades e atributos, ela depende do uso que dela faremos. O mesmo se passa com a capacidade de julgar ou com o domínio de si. Existem talentos do espírito, como a coragem e a consistência de propósitos. Existem dons da sorte, como a saúde e a beleza. Esses talentos e dons não derivam da vontade, não são constituídos pela vontade boa. Esses talentos, dons, faculdades e atributos são bons quando e se estão a serviço de algo que os antecede, alguma coisa que tenha um valor em si mesma: um querer, uma vontade incondicionalmente boa. Pois é sobre esta vontade ideal, boa em si mesma, que a moralidade pode e deve ser construída.

O valor moral de um ato deriva da intenção, desta vontade. Se existe um princípio que anima a intenção, aí a intenção tem validade moral, ela vem do entendimento, ela pode ser boa ou ser má. Coisas como a felicidade, a saúde, a riqueza, a beleza podem ser boas ou más. Depende de como são empregadas e do mérito de possuí-las. A vontade escapa a esta relatividade. É um produto da razão.

A intenção que anima o gesto ou o pensamento deve conformar-se sempre às leis racionais: leis práticas, absolutamente necessárias. Não pode ser fruto de uma inclinação, que deriva da sensibilidade. Para derivar da razão, tem de ser um princípio, uma lei, como a lei da natureza, como as leis da física, que são necessárias: são e não podem não ser. A vontade pura não pode ser um efeito, uma consequência: as consequências são incontroláveis.

Temos, então, estes postulados lógicos: a moralidade tem de derivar da razão e não da sensibilidade; como tal, tem de estar baseada em uma vontade boa, uma intenção despida de interesses; tal intenção tem de ser um princípio, uma lei acima de todas as leis.

A questão, agora, é saber em que consiste esta lei.

O imperativo

Uma lei, como as leis da física, para ser aplicável às ações humanas deve ter duas características. A primeira é a de que não pode ser condicionada pelo objeto a que se aplica. Tem de ser do tipo: "o calor dilata os corpos", uma lei que vale para qualquer corpo em geral, não somente para alguns corpos. A segunda característica dessa lei é que deve ser imperativa. Deve ser do tipo: faz isto!

Kant chama esta modalidade de lei de "imperativo categórico", diferenciando-a do imperativo meramente hipotético, isto é, da lei condicionada.

Os imperativos hipotéticos estão referidos ou bem à prudência ou a alguma técnica ou habilidade. Os imperativos hipotéticos prudenciais aconselham. Ensinam que, para obter tal ou qual resultado, devemos proceder desta ou daquela maneira. Por exemplo, que se quisermos emagrecer, devemos exercitar-nos, ou se quisermos ser benquistos, não devemos humilhar os outros. Os imperativos hipotéticos técnicos nos dão regras. Por exemplo, a regra de que se quisermos enriquecer é preciso gastar menos do que ganhamos, ou a regra de que devemos agir bem em relação aos outros se quisermos que eles ajam bem em relação a nós.

Esses conselhos e essas regras são úteis, mas não são absolutos, não são categóricos. Não são como as leis da física. São condicionados pelos conteúdos a que se referem. É possível emagrecer sem fazer exercícios, ou ser benquisto mesmo humilhando os outros, como também é possível enriquecer tendo gastos maiores do que os ganhos, tendo sorte, por exemplo; ou ser vítima de infâmias mesmo tendo agido sempre corretamente.

O dever

Para ser categórico, o imperativo deve ser incondicionado e invariável. Tem de ser aplicável a qualquer conteúdo, tem de ser formal, tem de ser uma fórmula. A moral não pode ser extraída da experiência, pois o seu objeto é o ideal, não o real, o que deve ser, não o que é. O imperativo categórico diz como eu devo, como todos nós devemos agir, qual o nosso dever.

E o que é o dever moral? É a necessidade de cumprir uma ação por respeito a uma lei dada pela razão. Não é uma causa nem um conceito empírico, mas uma ordem *a priori*, uma ordem da razão. É o domínio da vontade psicológica (desejo) pela vontade livre de contaminações, de interferências, pela vontade pura, racional.

O cumprimento do dever moral se realiza mediante a imposição da vontade inteligível sobre a nossa sensibilidade. Devemos agir por dever, por obrigação racional, não conforme o dever, por obrigação social, política, da sensibilidade, das emoções. Por exemplo, o mercador que age lealmente age conforme o dever: ele tem interesse em ser bem-conceituado, em ser tido por honesto. Ele agiria por dever se cobrasse o preço justo sem se importar com a situação e com as consequências. Mesmo a pessoa amável não age por dever. O amor é uma inclinação, não pode ser controlado e tem a intenção da reciprocidade. O amável espera ser amado.

Figura 2

Classificação das ações

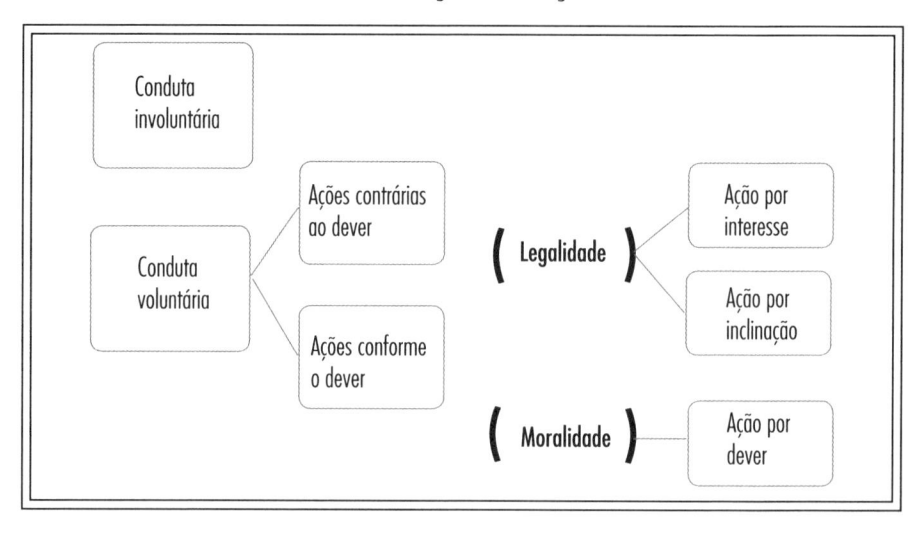

```
Conduta involuntária

Conduta voluntária ─┬─ Ações contrárias ao dever ─┐
                    │                              ├─ ( Legalidade ) ─┬─ Ação por interesse
                    └─ Ações conforme o dever ─────┘                   └─ Ação por inclinação

                                                    ( Moralidade ) ──── Ação por dever
```

Universalidade

Kant se perguntou se não seria possível que o conceito simples de imperativo categórico fornecesse a fórmula da lei moral. E constatou que isso seria possível se o imperativo pudesse ser universalizado. Isso o levou a um raciocínio inevitável: se é uma vontade boa, pura, que anima a lei universal, esta vontade também faz com que cada um de nós, dotado de razão, tenha de querer que a lei seja universal. Daí o imperativo: "procede apenas segundo aquela máxima, em virtude da qual podes querer ao mesmo tempo que ela se torne em lei universal". Completa Kant (1974b:421), como se a "ação devesse ser erigida por sua vontade, em lei universal da natureza", como acontece com as leis da física.

Para testar a validade de uma conduta, simulamos que a prescrição que ela encerra se torne obrigatória. A universalidade nos permite testar o nexo das nossas ações, verificar se elas são logicamente concebíveis ou racionalmente desejáveis.

Por exemplo: imaginemos que eu me encontro em uma dificuldade momentânea. Digamos que não tenho como entregar uma mercadoria ou um trabalho no prazo a que me comprometi. Se, para me livrar da dificuldade, digo que entregarei a mercadoria ou o trabalho ao término do prazo, sabendo, no entanto que isto não é possível, incorrerei em descrédito.

Pois bem, apliquemos o teste da universalidade a essa conduta. Se declararmos ser lícito fazer promessas mentirosas, isso teria de ser mandatório; teria de ser uma obrigação irrecusável fazer promessas que não pretendemos cumprir. Ora, se fosse assim, o descrédito também se universalizaria: ninguém mais acreditaria em ninguém; já não haveria vantagem alguma em mentir, e a lei universal "todos devem mentir para todos" se destruiria a si mesma. Por isto, por este motivo puramente racional, determina-se que mentir é um procedimento absolutamente incorreto.

A universalidade faz com que o imperativo seja formal, seja aplicável a qualquer e a toda situação. Mais do que isso: faz com que os resultados da sua aplicação sejam absolutos. É irrelevante o conteúdo material das ações. A história, as tradições, os costumes, tudo que é condicionado segundo o espaço ou o tempo é inútil para a determinação do caráter moral de uma ação.

Não se pode derivar a moral de exemplos, isto é, não se pode tirar lições do mundo empírico, mas, partindo da razão, podemos estender essa necessidade de o imperativo ser categórico. O objeto da ética é o ideal, o dever ser. A regra moral tem de ser aplicável a qualquer situação. O que o imperativo implica é que nenhuma intenção ou ação lastreada em um propósito, desde a do religioso extremamente pio que espera ir para o paraíso, até a do empresário que quer ser visto como "correto", tem validade moral.

Autonomia e liberdade

Do imperativo derivam diretamente as noções de autonomia e de liberdade. Para que o imperativo seja efetivamente categórico, isto é, perfeitamente racional, despido de todas as influências externas da sensibilidade, das inclinações, dos afetos, a vontade que anima tem de ser autônoma. A vontade autônoma é aquela que é independente dos motivos materiais, que é determinada unicamente pela razão. Isto é, livre, liberta de condicionantes.

A ética resultante do imperativo é imparcial. Sendo a razão universal, uma classe de conduta que é correta (ou incorreta) para mim não pode ser correta (ou incorreta) para algum outro. Quando parece ser assim, é porque existe alguma diferença entre os dois casos que não seja o fato de que eu e esta outra pessoa temos uma razão inferior ou superior um em relação ao outro.

A ética kantiana do dever, também denominada universalismo ou absolutismo ético, afirma que determinadas classes de ação são objetivamente erradas ou objetivamente certas, independentemente dos seus fins ou circunstâncias.

A razão ordena que a ação seja pensada por dever a ela, razão, e não por inclinações ou interesses. Devemos obedecer à lei moral, ao imperativo, porque somos nós mesmos, os seres dotados de razão, que nos damos esta lei. Como nós os seres racionais que a formulamos e somos ao mesmo tempo destinatários e legisladores.

O ser humano é uma pessoa única, portadora da lei moral e capaz de autonomia, por isto é digno de respeito, por isto é dotado de uma dignidade e não de um preço, ao contrário das coisas que têm preço porque têm equivalentes. De modo que o imperativo pode também ser formulado da seguinte forma: "Age de modo que tomes a humanidade, tanto em sua pessoa como na pessoa de qualquer outro, sempre e simultaneamente como um fim, nunca simplesmente como um meio" (Kant, 1974b:231).

A comunidade das pessoas que obedecem à lei moral é definida por Kant como o "reino dos fins" porque o respeito por si e pelos outros é o conteúdo último, o fim, do imperativo. As fórmulas do imperativo não são prescrições do tipo faça isto e não faça aquilo. Elas não têm um conteúdo predeterminado: são um instrumento de ordenação racional das ações. Elas nos dizem que sempre que estivermos diante de uma lei prática que sejamos capazes de universalizar sem entrar em contradições lógicas, sempre que nos possamos reconhecer ao mesmo tempo como legisladores e destinatários desta lei, estaremos diante de uma norma justa.

Para além da perfeição teórica das suas formulações, a crítica kantiana tem o mérito de expor cruamente as contradições e os absurdos do mundo contemporâneo. Demonstra como e por que são neutras ou moralmente negativas práticas como o apreçamento segundo as "leis" do mercado, a diligência no trabalho, a construção da imagem social positiva, a fidelidade às organizações, e qualquer outra ação interessada, mesmo que este interesse seja unicamente o de alcançar a vida eterna.

Referências

KANT, Immanuel. *Prolegômenos a toda metafísica futura que possa se apresentar como ciência*. Trad. Tânia Maria Beernkopft. São Paulo: Abril Cultural, 1974a.

_____. *Fundamentação da metafísica dos costumes*. Trad. Paulo Quintela. São Paulo: Abril Cultural, 1974b.

_____. *Critica de la razón práctica*. Madrid: Espasa-Calpe, 1984. [Tradução para o português: Crítica da razão prática. São Paulo: Martins Fontes, 1984.]

_____. *Crítica da razão pura*. Trad. Manuela Pinto dos Santos e Alexandre Fradique Mourão. Lisboa: Fundação Calouste Gulbenkian, 1989.

_____. *Teoria do céu*. Trad. Graça Barroso. Lisboa: Ésquilo Edições/Multimédia, 2004.

Para conhecer Kant

CAYGILL, Howard. *Dicionário Kant*. Rio de Janeiro: Jorge Zahar, 2000.

PASCAL, Georges. *O pensamento de Kant*. Petrópolis: Vozes, 1983.

WALKER, Ralph. *Kant e a lei moral*. São Paulo: Unesp, 1999.

6
A economia moral da utilidade

JEREMY BENTHAM (1748-1832) – O formulador da doutrina utilitarista foi Jeremy Bentham, jurisconsulto educado em Oxford, que fez publicar, no longínquo ano de 1789, *An introduction to the principles of morals and legislation*. Filho de um grande advogado, iniciou seus estudos aos quatro anos de idade, trabalhou como advogado e consultor jurídico. Publicou vários estudos sobre as leis e os governos. Extremamente inventivo, cunhou o termo "internacional".

JOHN STUART MILL (1806-1873) – Stuart Mill foi um homem extraordinário. Prodígio, como Bentham, aprendeu grego aos três anos de idade. Aos 17, conhecia filosofia e literatura, especialmente a literatura clássica. Conhecia também química, botânica, psicologia e direito. Nessa idade começou a trabalhar na Companhia das Índias Orientais, onde ficou até se aposentar. Emigrou depois para Avignon, onde morou até a sua morte, exceto pelo período de dois anos, na ocasião em que foi membro do Parlamento britânico.

A utilidade

O utilitarismo é a convicção de que o julgamento moral deve ser fundado na busca do maior bem para o maior número possível de pessoas.

Para entendermos o que vem a ser o utilitarismo, devemos começar com o conceito que intitula essa ordem de pensamento moral.

O termo /utilidade/ vem do grande filósofo escocês David Hume (1711-1776). Para Hume, o motivo que levou os seres humanos a abandonar o "estado da natureza" foi o de encontrar formas de tornar a vida pessoal e a vida social mais suportável, senão mais aprazível. Buscamos naturalmente, isto é, seguindo a nossa natureza, os meios e as ações que fossem mais eficazes para esse fim. Pois o termo /utilidade/ é a denominação encontrada por Hume para a resultante desse processo de domesticação do ser humano, em que construímos "virtudes artificiais" capazes de tornar tolerável a vida social.

Hume dá duas acepções para a utilidade: uma prática, quando trata do exercício da política e afirma que a utilidade é tudo o que conduz a um fim proposto; outra moral, quando trata da formulação da política e define a utilidade como o que conduz à felicidade. Para ele, a benevolência, a amizade, a justiça, a conduta pessoal e social são medidas por sua utilidade. Dela decorrem os sistemas morais.

É este último conceito que Bentham sustenta ser o único capaz de informar a moral racional. A utilidade resume o que é eficaz para obter o máximo de felicidade. Bentham recebe outras influências. Outras ideias de Hume e, também, do pensador francês Claude-Adrien Helvétius (1715-1771), que primeiro formulou a "lei moral do interesse" e a noção de que só o cálculo dos efeitos e a experiência permitem fixar a lei. É muito influenciado pelo pensamento de William Godwin (1756-1836), seu contemporâneo, que havia tomado de Hume a noção de que o sentimento, e não a razão, é o motor das ações, e de Locke a ideia de que as distinções morais são produto da razão.

Godwin foi quem sintetizou a ideia da moralidade como sistema de conduta determinado pela consideração do bem geral. O bem geral é o raciocínio que está por trás do princípio de equidade, isto é, de que todos devemos ser tratados de forma igual, a menos que se encontre um fundamento na razão para se demonstrar o contrário. Esse princípio – que hoje pode parecer trivial, já que o acerto da igualdade em relação a sexo, cor da pele, idade etc. se tornou familiar à quase totalidade das correntes éticas – na época estava longe de ser universalmente aceito.

O utilitarismo se opõe frontalmente às doutrinas não consequencialistas, que sustentam que determinados atos são certos ou errados em si mesmos (como roubar e mentir), e não pelas consequências que acarretam. Bentham pensava que os direitos humanos não poderiam ser decretados, inventados ou fantasiados. Os direitos, dizia ele, são elaborações humanas. Existem direitos reais, não direitos idealizados. Ele daria, obviamente, apoio a direitos referentes às liberdades negativas (não ser isso ou aquilo, como os direitos de não ser torturado, de não ser tolhido na expressão etc.). Mas nunca aos referentes às liberdades positivas (ser isso ou aquilo, como o direito ao emprego, à alimentação, à moradia etc.) que, para ele, não passavam de idealidades e, por isso mesmo, seriam incontroláveis e violadas em toda parte.

Os dois senhores

Distanciando-se do idealismo, do naturalismo, do contratualismo e das correntes de fundo religioso, Bentham perguntou-se por que, afinal, os homens seríamos obrigados a cumprir compromissos morais. Não é, em absoluto, a formalidade do que vai escrito solenemente em algum lugar que nos obriga, responde ele. O que nos obriga é a coerência lógica. O que nos pode obrigar a agir moralmente somos nós mesmos, a nossa consciência e, mais do que isso, a nossa conveniência.

A primeira frase do primeiro capítulo dos seus *Princípios* diz isso: "A natureza dispôs a humanidade sob o governo de dois senhores soberanos, o prazer e a dor. É por eles, e só por eles, que podemos determinar o que devemos fazer".

Aceita a verdade dessa assertiva, decorre, lógica e necessariamente, que a obediência às normas de conduta social é devida na medida em que pode acarretar mais prazer do que a desobediência. É essa a chave que o leva a constituir a teoria da utilidade. É essa chave que conduz Bentham a lutar por reformas que levassem da ficção à experiência, da suposição aos fatos, do direito natural à justiça ativa. Dessa assertiva decorre a fórmula máxima do utilitarismo: eticamente correto é o que proporciona "o maior bem para o maior número possível de pessoas".

A linha de sustentação da proposta utilitarista é não só racional, como direta. Assenta-se no argumento egoísta psicológico, que pode ser formulado da seguinte maneira: eu trato dos meus interesses e não encontro razão para tratar dos seus. Encontre somente um motivo para que eu me dedique aos seus interesses, que eu o farei, desde, é claro, que esse motivo seja do meu interesse.

O que Bentham afirmou é que esse motivo existe e que pode ser demonstrado racionalmente. A sua argumentação é simples.

Primeiro, ele pergunta: se existe um direito ou um dever que seja natural, por que ninguém é capaz de dizer qual seja? Ou, em outros termos, se existem tais direitos e deveres, por que motivo cada filósofo, cada pensador, cada ser humano, intimado a fazer uma lista deles, fará uma lista diferente? A resposta, insofismável, é que tais direitos e deveres não existem naturalmente, não passam de nomes genéricos, de convicções particulares.

Em segundo lugar, ele pergunta: o que pode ser o interesse máximo de cada um? Responde que todos os seres de sensibilidade – ele incluía os animais – sofremos e temos prazer e que preferimos o prazer ao sofrimento (a célebre primeira frase dos *Princípios*).

A partir dessas constatações – de que não existe nem pode existir uma moral natural e de que o prazer é o eixo da vida sensível –, Bentham conclui que a única determinação racional do comportamento moral da humanidade, a chave do eticamente correto, é o prazer, a satisfação dos desejos de todos, ou pelo menos da maioria.

A lógica, resumida, do raciocínio é a seguinte:
- todo mundo deseja sua felicidade (hedonismo psicológico);
- é desejável que todo mundo busque sua própria felicidade (hedonismo ético egoísta);
- é desejável que todo mundo busque a felicidade de todo o mundo, incluída a sua (hedonismo ético universal).

Na passagem da segunda para a terceira proposição, a premissa egoísta é convertida em um postulado altruísta.

Como isso é possível é a maior dificuldade teórica enfrentada pelo utilitarismo ético (pelo utilitarismo econômico também, diga-se). Note-se que, em inglês, há uma distinção entre a utilidade (*usefulness*, material) e o "utilitarianismo" (*utilitarianism*, moral).

A explicação que se infere de Bentham, e que depois será aprimorada pelos utilitaristas contemporâneos, é de que progredimos do hedonismo egoísta ao universal de um lado porque a felicidade individual será impossível em um mundo de infelizes; de outro, porque o prazer que auferimos ao obedecer às normas de convívio social é sempre maior do que o prazer que podemos auferir em desobedecê-las.

Ou, dizendo melhor, porque a dor que sofremos como consequência de ferir as normas de convívio é maior do que a dor da disciplina para não as ferir.

Para o utilitarismo, as ações particulares são objetivamente erradas ou certas dependendo dos seus fins e circunstâncias. As normas referidas a classes de ação são provisórias (por exemplo, furtar é errado, mas não para um faminto), isto é, não existe nada que, *a priori*, possa informar com segurança sobre a correção de uma ação.

O utilitarismo de Bentham não é o mesmo, é claro, que temos hoje em dia. Mas as suas características fundamentais aí estão, e são estas:

- as nossas ações são valorizadas não por si mesmas, mas pelas consequências que podem acarretar;
- a medida das consequências das nossas ações é a sua utilidade, no sentido de utilidade como um bem em si mesmo;
- o bem em si é a felicidade – entendida como satisfação das necessidades e interesses humanos;
- o elemento afetado por nossas ações pode ser um indivíduo ou uma comunidade, (entendida como o somatório dos interesses dos indivíduos que a compõem);
- o conteúdo da felicidade cabe a cada indivíduo eleger;
- o que vale é a felicidade geral, isto é, a felicidade de todos os afetados pela ação.

Raciocínios claros e simples, mas que levam a algumas dificuldades lógicas. É sabido que grandes multidões têm prazer em ver outros assumir riscos, como nas corridas de automóvel e nos esportes radicais. O utilitarista clássico apoiaria atos cada vez mais perigosos, desde que o risco fosse assumido por poucos e gerasse prazer para muitos. Também apoiaria o espetáculo do suicida que, ao ameaçar jogar-se de uma janela, reúne imediatamente pessoas que têm prazer sádico em se horrorizar com a possibilidade de assistir a um suicídio. Um utilitarista clássico apoiaria igualmente que os poucos ricos fossem espoliados dos seus bens, desde que estes bens fossem utilizados para mitigar os sofrimentos dos muitos miseráveis.

Desenvolvimento: John Stuart Mill

Para resolver essas e outras objeções, o utilitarismo teve de progredir depois de Bentham. A avaliação dos prazeres e das dores foi deixada de lado em favor do cotejo situacional. Quer isso dizer que os utilitaristas mais modernos tratam de comparar uma situação, presente e futura, em sua totalidade perceptível, com outra situação, também presente e futura, e não somar ou calcular o prazer ou a felicidade. Sustentam, por exemplo, que é preferível um mundo em que todos possam alimentar-se e vestir-se decentemente a um mundo em que só alguns possam alimentar-se fartamente e vestir-se luxuosamente (como este em que vivemos, aliás), mas propõem caminhos comedidos para que se alcance esse ideal.

Creio que ninguém discordará de que podemos atribuir a maior parte desse desenvolvimento a John Stuart Mill.

O utilitarismo tem nessa figura vitoriana, nesse *gentleman*, a chave da sua continuidade. Discordava amavelmente de Kant. Logo no começo da sua obra máxima, denominada justamente *O utilitarismo*, sendo ele o inventor do termo, Mill argumenta que, em Kant, a moral não mostra o caminho da felicidade. Que, ao contrário, o que Kant propõe é a autonegação, a submissão ao racional que nos fará dignos da felicidade, mas que não nos conduzirá necessariamente a ela. Para Kant, virtude e felicidade são coisas absolutamente distintas. Para Mill, como para Platão e para Epicuro, não.

Para além de Bentham

Mill começa o seu trabalho com uma crítica ácida a Bentham. Acusa-o de insensibilidade, de incompreensão e, até, de infantilismo (Mill, 2000). A primeira falha no procedimento de indução, apontada por Mill em Bentham, é a de não ter-se dado conta de que o ser humano pode perfeitamente passar do propósito egoísta ao ideal altruísta sem sofrer sanções outras que não as da sua consciência. Para Mill, o ser humano não é somente racional, como, também, sensível.

Ele conciliou o pensamento de Bentham com algumas ideias positivistas – embora discordasse de Comte sobre muitos pontos, principalmente no que se refere à emancipação feminina, que defendeu ardorosamente. Mill ajustou e expressou de forma rigorosa ideias não só de Bentham, como de Adam Smith e de Ricardo. Distinguiu a produção, submetida às leis naturais, da distribuição, submetida às leis humanas, e separou o útil (*useful*) do expediente (*expedient*): útil é o que permite contribuir para a felicidade geral, enquanto o expediente é o que serve ao fim pessoal.

Enquanto a utilidade para Bentham confunde felicidade e prazer – consistindo o utilitarismo em um hedonismo –, para Mill é preciso separar a felicidade do prazer. A utilidade é a felicidade. Mais do que isso. O prazer é necessário para a felicidade, mas não é suficiente.

O /bem/ a ser maximizado transcende o simples prazer. Não é dado pelo sentimento, pela intuição ou pela subjetividade, mas sempre racionalmente. Decorre de uma decisão fundada no máximo de informações e consistente com os valores básicos do respeito à vida, à liberdade, ao conhecimento, a tudo que supomos ser intrinsecamente bom.

O utilitarismo ideal

Stuart Mill propõe uma correção para as implicações absurdas da posição utilitarista clássica, colocando no lugar do prazer a felicidade, os prazeres do intelecto: o conhecimento, a liberdade, a apreciação artística etc. Passa do utilitarismo hedônico a um utilitarismo que poderíamos chamar de ideal. Ao deslocar o foco do prazer (hedonismo) para a felicidade (eudemonismo), o utilitarismo elimina absurdos como os que examinamos antes: o fato de pessoas correrem riscos ou darem espetáculos de terror não deriva de valores intrinsecamente bons, não pode racionalmente conduzir à vida, à liberdade, ao conhecimento.

Mill sustentou que o senso moral existe. Que existem prazeres altos e prazeres baixos. E que é a qualidade dos prazeres que conta, não a sua quantidade. Valem os prazeres que são exclusivos dos seres humanos, como queria Aristóteles. O que importa é a qualidade dos prazeres, entendidos como prazeres espirituais, virtuosos.

O que Mill faz notar é que a identidade entre a utilidade e o prazer não se verifica. Por exemplo, uma operação cirúrgica é, ou pode ser útil, mas dela não tiramos nenhum prazer. Afirmar que uma coisa é útil significa dizer que essa coisa tem valor, mesmo que o seu valor seja meramente econômico, não que dá prazer.

Mill inverte a chave do utilitarismo. O utilitarismo deixa de ser o "algebrismo moral" de Bentham, para elevar-se a uma apreciação dos valores, a um julgamento não do prazer, mas dos tipos de prazeres sobre os quais é lícito afirmar que podem levar à felicidade.

Trata-se de uma opção lógica. Em face da impossibilidade de se determinar *a priori* o curso de acontecimentos resultantes de muitos dos nossos atos, Mill pondera que devemos concentrar-nos no bem-estar público. Isso significa que devemos perguntar-nos sobre o resultado das nossas ações em termos de acréscimo ou decréscimo das enfermidades, da criminalidade, da fome e assim por diante.

Temas utilitaristas

Podemos representar os caminhos do utilitarismo em um contínuo bidimensional, que vai, no eixo das abscissas, do hedonismo de Bentham ao idealismo mais romântico, e no eixo das ordenadas, do utilitarismo puro do ato ao normativismo mais intransigente. Nos tópicos a seguir, apresentamos algumas das particularidades e contribuições do conjunto das posições utilitaristas.

Sympatheia e liberdade

No campo da metaética, que é o campo da discussão dos conceitos éticos, temos um legado utilitarista, ou melhor, a recuperação de um legado, muito interessante que é o do conceito de *sympatheia*.

A *sympatheia*, /empatia/ no português atual, é outra ideia recuperada por Hume, que não foi um utilitarista. Significa a identificação que sentimos pelos outros, no lugar dos outros. É algo presente na natureza humana. A *sympatheia* informa a noção, essencial ao utilitarismo, de que cada interesse vale independentemente de sua qualidade moral ou estética e independentemente de quem seja o seu depositário.

Para Bentham, a *sympatheia* é a fonte das virtudes. A virtude é o sacrifício de um interesse menor a um interesse maior. As virtudes primordiais são a prudência (a máxima utilidade individual) e a benevolência (a máxima utilidade social).

Outro ideal presente no utilitarismo é o da liberdade. Em Mill, a felicidade está intimamente ligada à liberdade. É que sem liberdade não podemos ser felizes e a falta de liberdade dos outros, a infelicidade alheia, nos tolhe a possibilidade da nossa própria felicidade. Para os utilitaristas, a liberdade é sempre preferível à igualdade e a felicidade pessoal não pode existir se a felicidade de todos não for garantida.

Atos, normas e pessoas

Um dos problemas que o utilitarismo teve de superar foi o da impossibilidade da deliberação recorrente sobre as ações particulares. Parece óbvio que, se não for possível acumular o conhecimento sobre o certo e o errado, se a cada momento tivermos de medir as consequências dos nossos atos, não faremos outra coisa na vida.

Os diversos partidários do utilitarismo procuraram soluções diferentes para o problema. De um lado, temos os partidários do utilitarismo "puro" que julga cada ato *per se*. De outro, temos os que acreditam que, para garantir a felicidade geral, é preciso haver normas que não possam ser transgredidas. O "utilitarismo do ato" tira as conclusões sobre o certo e o errado para cada ação determinada. O "utilitarismo da norma" procura determinar as consequências da aplicação habitual de uma regra.

O utilitarismo da norma (*rule-utilitarianism*) superaria dificuldades como a da obrigação de espoliar os poucos ricos para favorecer os muitos que têm pouco, e a que deriva da impossibilidade prática de decidirmos, a cada ação, quais as consequências remotas que as nossas decisões podem acarretar.

No utilitarismo da norma, o bem deve ser julgado segundo a bondade ou a maldade das consequências não de um ato, mas da regra que informa a decisão, isto é, de acordo com a norma segundo a qual todo mundo deveria executar uma ação em circunstâncias análogas.

Essa seria uma distinção simples se os utilitaristas da norma não se dividissem, eles também, em duas facções. Uma facção, mais modesta, argumenta que, se em muitas ocasiões verificamos que efetuar ou deixar de efetuar uma determinada ação produz maior felicidade, então podemos indicar essa ação como recomendável sob a forma de uma regra geral. Por exemplo, tendo observado que a propaganda enganosa é ruim tanto para os consumidores quanto para a imagem das empresas, estabelecemos uma regra geral proibindo ou tentando limitar a mentira na publicidade.

A outra facção do utilitarismo da norma propõe regras gerais, não retiradas da experiência, isto é, não derivadas do utilitarismo do ato, para regular a conduta humana. É um cálculo genérico sacado em abstrato. Por exemplo, estimamos que as consequências de desrespeitar as leis, mesmo quando as leis são injustas e absurdas, podem causar mais infelicidade do que felicidade. Consideramos, isto é, representamos para nós, sem experimentá-las, as sanções possíveis, a emulação para que outros tomem a lei em mãos, a perda do nosso direito de protestar quando outros desrespeitarem a lei, o enfraquecimento do estado de direito quando menosprezamos a lei etc. e, então, estabelecemos a norma, genérica, de que não devemos desrespeitar as leis.

No primeiro caso, temos normas logicamente posteriores às ações, para as quais é fácil encontrar justificativas – no utilitarismo do ato – para exceções. No exemplo tradicional de uma pessoa inocente que é condenada, a norma "a lei acima de tudo" pode, e deve, ser desrespeitada. No segundo caso, temos normas anteriores às ações, para as quais é logicamente impossível encontrar exceções: no exemplo do condenado, a pessoa condenada injustamente deve sofrer em benefício do sistema judicial como um todo.

Uma norma utilitarista se configura da seguinte maneira: não quebre promessas porque, em geral, esta é uma ação que tem más consequências. Isso é inteiramente diferente de afirmar que nunca devemos quebrar uma promessa. O utilitarismo da norma diz que devemos conduzir-nos de acordo com regras que acarretam as melhores consequências para o maior número possível de pessoas. Tais regras proveem do que:

- intrinsecamente parece ser correto (proteger a vida);
- habitualmente consideramos correto (não assassinar);
- sistematicamente consideramos racionalmente bom (refrear o que ameaça a vida).

Retomando o nosso exemplo referente aos ricos e pobres, o utilitarista moderno diria que, embora possa parecer correto tirar dos ricos para dar aos pobres, as consequências da aplicação sistemática deste procedimento acarretariam consequências como o desinteresse em acumular riquezas, o desinteresse em se dedicar à produção e problemas como o da arbitragem técnica na distribuição das riquezas e a enorme burocracia necessária à justiça e ao controle desta arbitragem. Acarretariam, enfim, um desastre econômico e social. Por esse motivo, os utilitaristas propuseram mecanismos de justiça econômica e social, como a utilidade marginal decrescente (taxação progressiva, tributação e justiça distributiva), o cooperativismo, a igualdade social entre homens e mulheres.

As organizações e os negócios

No que se refere ao julgamento moral dos atos nas organizações, o utilitarismo determina que cada diretriz econômica ou administrativa oriente ações que resultem em benevolência nos estágios socioeconômicos subsequentes. Dá como razão para o autocontrole ético na escolha de um curso de ação a ideia de que, em última instância, procedendo livremente de acordo com a minha vontade, eu acabo por me prejudicar. Ou, em outros termos, o utilitarismo sustenta que é do interesse dos negócios promover a felicidade de outros tanto quanto da minha organização.

Somos parte de uma sociedade complexa, formada por milhões de indivíduos e por inúmeras organizações, que nos proporcionam uma série de confortos e facilidades. Vivemos uma vida "civilizada" dependente da ordenação social que é do interesse de cada um e do interesse das organizações manter. Isto é, obedecemos às regras do convívio porque nos queremos beneficiar dos frutos da cooperação. Para analisar a moralidade de uma decisão gerencial, primeiro devemos avaliar os vários cursos de ação disponíveis. Em seguida, quem será afetado por essa ação e quanto de bem ou de mal ela pode causar. E, finalmente, escolher o curso de ação que irá produzir o maior bem para o maior número possível de pessoas dentro e fora da organização.

No que diz respeito à economia e ao nível mais estratégico das organizações, já mencionamos que Bentham era um entusiasta do mecanismo livre-cambista imaginado por Adam Smith, o pai da economia liberal. Lembremos que, para Adam Smith, a riqueza é medida pela possibilidade de pagar pelo trabalho dos outros ou pelo seu produto, o que dá no mesmo. Bentham sustentou que o princípio da utilidade substitui a noção da propriedade natural (via herança) pelo direito à subsistência. Sendo a propriedade um direito adquirido, o trabalho (a produção) deixa de ser uma obrigação e passa a ser a base da subsistência e da acumulação.

Dificuldades

Como qualquer corrente ética, o utilitarismo é problematizável. Perguntamo-nos sobre quem determina o que é bom para mim, para cada um de nós, para todos nós. Será a maioria? Será a mão invisível do mercado corrigida pela mão visível do Estado (do legislador)? Serão os improváveis indicadores desenvolvidos por Bentham? Perguntamo-nos, também, sobre o que vale mais: o maior bem ou o maior número? Gostaríamos, além disso, de saber como conhecer os desejos de cada um e de todos. Finalmente, perguntamo-nos como seria possível prever o bem; estimar o que nos traria a felicidade, o prazer não hoje, mas no futuro.

A equidade utilitarista suscita um problema lógico de alguma complexidade. Uso o exemplo criado pelo prêmio Nobel de economia, Amartya Sen. Imaginemos que a equidade consista em dividir um bolo entre todas as pessoas. Quanto maior a fatia, maior a utilidade. O objetivo do utilitarismo é o de maximizar o total das utilidades, independentemente da repartição. Isso implica encontrar a igualdade da utilidade marginal (o ganho em utilidades) de todos os envolvidos. Para que haja uma distribuição equânime, o ganho de utilidade marginal dos ganhadores deve ser igual à perda dos perdedores, isto é, deve-se "atribuir um peso igual aos interesses de todas as partes". A par da dificuldade teórica de se determinar tal distribuição, há aqui uma suposição inverossímil: a de que diferentes pessoas considerem homogeneamente todas as utilidades, de que as utilidades não difiram de pessoa a pessoa.

O utilitarismo da norma também não deixa de apresentar dificuldades práticas. Entre elas, as de alterar a norma estabelecida cujas circunstâncias em que foram formuladas já não correspondem ao aqui e agora (por exemplo, a regra que dá o direito de as pessoas terem e portarem armas de fogo) e o seu corolário, ou seja, a dificuldade de elaborar normas que beneficiem as sociedades futuras.

Outra dificuldade com reflexos imediatos sobre a administração e a economia é a da passagem do prazer desejado à asseveração do que possa vir a ser desejável. Por que motivo alguém um dia supôs que escolheremos de forma correta – a famigerada escolha racional – escapa totalmente à compreensão. A escolha racional é um artifício de cálculo, algo que utilizamos na economia e na gestão quando nos falta o conhecimento adequado sobre a conduta humana – isto é, sempre. Além disso, o que fazer com as exceções? Mesmo quando consideramos os prazeres vulgares, haverá gente, como os ascetas, os puritanos, que não os têm, que alimentam outros tipos de desejos. Haverá, certamente, intelectuais com outras ambições.

O saldo

Às críticas ao utilitarismo, os que se filiam a essa corrente de pensamento respondem que, ainda que possam restar pontos de discussão, o utilitarismo da norma garante, em última instância, que os atos que podem gerar vantagens ilícitas terminam por ser invalidados já que, lógica e empiricamente, geram utilidades negativas. Dizem mesmo que o tão frequentemente lembrado sacrifício de poucos em benefício de muitos gera utilidades negativas, porque, primeiro, essa utilidade é buscada no sacrifício de outrem e, portanto, fere o princípio da *sympatheia* e, segundo, os muitos beneficiados sentem-se inseguros: despertam para a realidade de que todos, de uma forma ou de outra, somos parte de alguma minoria.

Em que pese à crítica e aos passos em falso do utilitarismo ético, o saldo que deixa – que tem deixado, porque o utilitarismo está bem vivo – é positivo. Não há dúvida de que Bentham e seus seguidores contribuíram para a quantificação e para a consequente proteção do anonimato no sistema de representação política. Também procuraram sempre demonstrar que a utilidade privada e a utilidade pública podem coincidir.

Mill, e todos os utilitaristas depois dele, julgaram a liberdade individualista uma fraude. O insulamento individualista trai o espírito de quem se priva do convívio e quebra a passagem ao hedonismo universal, sem o qual o hedonismo pessoal é ilusão que não se firma. A liberdade física e do espírito é a essência do ideal utilitarista. Por isso, os partidários dos totalitarismos econômicos, seja o comunismo de caserna, seja o liberalismo incondicional, apesar das origens que ambos têm nas ideias de Bentham, Adam Smith, Mill e Ricardo, repudiam o utilitarismo de estrita observância.

O utilitarismo encerra não só uma teoria do valor – seja ele o prazer, a felicidade ou o indefinido bem –, como também uma teoria da distribuição do valor. Desde Bentham, e variando os utilitaristas, a dor – que é a sanção do utilitarismo – é considerada em dimensões que incluem não só a dor física ou natural, mas a culpa ou a dor psicológica e espiritual, a pena ou a dor política e legal, o remorso ou a dor moral e coletiva, a contrição ou a dor religiosa e transcendental.

Por último, resta a esperança utilitarista, e, na verdade, não se trata mais do que uma esperança: a de que a humanidade, havendo ao longo de toda a sua existência experimentado a felicidade da estima e a dor do antagonismo, venha um dia a perceber que a cooperação gera maiores e mais duradouras utilidades do que o conflito.

Referências

BENTHAM, Jeremy. *Introdução aos princípios da moral e da legislação*. São Paulo: Abril Cultural, 1984.

MILL, John Stuart. *A lógica das ciências morais*. São Paulo: Iluminuras, 1999.

_____. *O utilitarismo*. São Paulo: Iluminuras, 2000.

Para conhecer melhor o utilitarismo

MARCONDES, Danilo. *Textos básicos de ética:* de Platão a Foucault. Rio de Janeiro: Jorge Zahar Editores, 2007.

MATTOS, Laura Valadão. *Economia política e mudança social:* a filosofia econômica de John Stuart Mill. São Paulo: Edusp, 1998.

PELUSO, Luís Alberto (Org.). *Ética e utilitarismo*. Campinas: Alínea, 1998.

7

A economia moral do relativismo

O conceito

Relativismo é a concepção segundo a qual não é possível estabelecer unicamente mediante a razão ou o cálculo das consequências que um preceito ético seja melhor do que outro.

O relativismo moral abarca uma gama considerável de correntes de pensamento. Embora existam muitas diferenças entre essas correntes, duas noções fundamentais lhes são comuns. A primeira é a de que os valores são relativos a alguma circunstância ou ponto de vista individual, cultural, temporal ou conceitual. A segunda noção sobre a qual concordam os relativistas de todas as extrações é a de que nenhum ponto de vista tem como ser considerado racionalmente superior aos demais.

Existem três vertentes doutrinárias relativistas: a descritiva, a metaética e a normativa.

Relativismo descritivo ou cultural é a doutrina de que a diversidade das épocas, das sociedades e dos indivíduos confere valores morais específicos, não transferíveis a outras épocas, sociedades e indivíduos. Tem sua raiz na experiência vivida. Ganhou força considerável ao longo do último século, graças ao desenvolvimento das "ciências da cultura": a antropologia, a sociologia e, em grande medida, a história, e de ramos da psicologia que estudam a conduta moral das sociedades e dos indivíduos. Estes saberes levam a concluir pela inexistência de um princípio moral universal, uma vez que, até agora, ninguém conseguiu identificar alguma prática moral que tenha sido adotada universalmente.

Metaética (segmento da filosofia que se ocupa da determinação do significado dos julgamentos morais e dos seus métodos de justificação) relativista é a doutrina de que não existe uma verdade única nem uma moralidade que possa ser mais bem fundamentada. A metaética relativista tem raiz na filosofia, mas se baseia no relativismo descritivo.

Relativismo normativo ou da não intervenção é a doutrina de que é ilegítimo emitir juízo ou interferir sobre práticas morais de outras épocas, sociedades e indivíduos. O relativismo normativo encontra-se grandemente difundido. Reflete a atitude antimetafísica do século XX. A tese central é a de que os princípios e julgamentos éticos são referidos às pessoas e às culturas, de forma que as ações particulares são erradas ou certas unicamente em relação a um determinado código moral. Por exemplo, o que eu considero furto, uma pessoa de uma cultura ou de uma época diferente da minha consideraria apropriação legítima; o máximo entendimento que poderíamos alcançar seria o de concordarmos em discordar.

Podemos reduzir o espectro dos diferentes relativismos a duas posições coexistentes. Uma, destrutiva ou negativa, limita-se a descrever como e por que as regras morais são condicionadas. Outra, construtiva ou positiva, propõe uma racionalidade para essas regras morais, isto é, um entendimento lógico do condicionamento da norma moral.

No resumo que apresento a seguir, assinalei com um *[N]* as posições negativas, com um *[P]* as proposições de superação da relatividade absoluta dos juízos morais e com um *[A]* as posições atenuadas das várias correntes e autores relativistas.

O argumento sofístico

[N] A tradição relativista filosófica tem sua origem mais remota no pensamento sofístico, resumido na conhecida assertiva de Protágoras (Abdera, c. 481 a.C.), o adversário de Platão, que afirmou que "o homem é a medida de todas as coisas, das que são enquanto são e das que não são enquanto não são".

Para os sofistas, o momento essencial do conhecimento é o ser humano que sente e pensa. Cada objeto, seja ele moral ou não, pode suscitar raciocínios contraditórios. Como somos o eixo de alcance do certo e do errado, a moral, como a virtude, deverá ser compatível com aquilo que somos. Deverá variar de acordo com a geografia humana, com a cultura a que pertencemos, e com a nossa história no processo de sua evolução.

Os sofistas dão o marco essencial do relativismo, que perdura até hoje: não existem valores absolutos, nem coisas boas ou más por si mesmas, isto é, independentes das circunstâncias, das exigências ou das finalidades subjetivas.

Para conhecer mais

ROMEYR-DHERBEY, Gilbert. *Os sofistas*. Lisboa: Edições 70, 2000.

O argumento cético

[N] O argumento dos céticos se resume na afirmação de que não existem parâmetros (paradigmas) que nos permitam julgar que um valor é melhor do que outro.

Os céticos afirmaram que todas as coisas são incertas e indiscerníveis, por isso se deve abster de opinar (afasia) e suspender todo o discurso positivo (*epoqué*). Na esfera prática, da moral, deve-se cultivar a imperturbabilidade (*ataraxia*).

Os primeiros céticos nada postulavam. Limitavam-se a criticar as posições e os argumentos dos que pretendiam fundamentar a moral. Afirmavam não existir conhecimentos ou justificações que dessem sustentação a princípios morais objetivos, e que os juízos morais são baseados em preferências.

A sua argumentação se apoia em sete questionamentos, referidos:

- *ao relativismo cultural*, que questiona sobre quem poderia afirmar que um traço cultural determinado, por exemplo, a poligamia, não é correto para a cultura que o pratica;
- *ao subjetivismo*, que argui sobre a entidade externa que poderia julgar o que se passa na nossa mente, a não ser a divindade. E sobre quem pode provar que, em existindo um Deus ou deuses, ele(s) se ocupa(m) de nós individualmente;
- *ao contraintuicionismo*, que duvida que alguém possa afirmar honestamente que intuiu (não que crê) que a moral é universal;

- *ao conhecimento metafísico*, que questiona sobre se alguém pode afirmar com segurança conhecer o mundo espiritual;
- *à gnosiologia*, que pergunta sobre qual a faculdade que nos permite conhecer com certeza o mundo espiritual;
- *ao conhecimento relacional*, que duvida que o mundo espiritual (o mundo dos fenômenos) se relacione com o mundo objetivo de forma a poder orientar uma ética válida para todos;
- *à pressão societária*, que questiona sobre quem está isento da pressão pela objetivação, isto é, quem pode garantir que a moral não deriva da pressão societária para tornar a norma vigente objetiva.

Os argumentos, ou tropos, que utilizaram percorreram toda a história do pensamento e são defensáveis até hoje. Os tropos são "vozes figuradas", como a metáfora, a metonímia, a hipérbole, a sinédoque, de que os céticos fazem uso para justificar a suspensão do julgamento, da opinião e das sensações.

Enesidemo de Cnossos (século I a.C.) classificou o caráter relativo dos juízos em 10 tropos, que pretendem ser impossível o julgamento equânime em função das diferenças:
- entre os homens;
- entre as representações que fazemos da realidade;
- entre as situações em que nos encontramos;
- entre as circunstâncias;
- entre as posições em que nos situamos (intervalos ou distâncias);
- entre os modos como os objetos são misturados (inter-relacionados);
- entre as grandezas e estruturas;
- entre as relações;
- entre as frequências (frequentações);
- entre os costumes.

Esses argumentos foram acrescidos pelos cinco tropos de Agripa (século I), referidos:
- à dissonância (diversidade de opiniões);
- à regressão ao infinito;
- à relação sujeito-objeto;

- aos não demonstráveis;
- ao dialelo (círculo vicioso).

[A] O argumento cético se atenua entre os modernos. Basicamente se volta para a orientação da moral no reconhecimento do conveniente e do oportuno, segundo o número de razões (argumento probabilístico) que sustentam nossas crenças. Mas tanto a posição dos sofistas quanto a dos céticos irá reaparecer nas diversas argumentações que atravessam a história do pensamento moral.

PARA CONHECER MAIS

LANDESMAN, Charles. *Ceticismo*. São Paulo: Loiola, 2006.

SMITH, Plínio Junqueira. *Ceticismo*. Rio de Janeiro: Zahar, 2004.

MONDOLFO, Rodolfo. *O pensamento antigo*. Trad. Lycurgo Gomes da Motta. São Paulo: Mestre Jou, 1971.

O argumento metafísico

[N] Desenvolvido pelos modernos Nicolau de Cusa (1401-1464) e Giordano Bruno (1548-1600), o argumento metafísico reza que não se pode fundamentar a moral porque a finitude da mente humana não pode alcançar a infinitude do universo.

Nicolau de Cusa é autor da imagem mais forte na demonstração de que o conhecimento perfeito do que quer que seja é impossível: a de que o conhecimento é como um polígono que, por mais que seja ampliado e por mais que se acresçam lados à sua figura, jamais chegará a ser um círculo.

REFERÊNCIA

BRUNO, Giordano. *Sobre o infinito, o universo e os mundos*. São Paulo: Nova Cultural, 1973.

O argumento psicológico

O argumento psicológico, apresentado por Montaigne e, depois, por Hume, é o de que o ser humano não pode transcender a si mesmo, a suas limitações, inclinações e afetos pessoais e sociais.

Introspectivismo

[N] Michel de Montaigne (1533-1592) viveu em uma época convulsionada por guerras e por descobertas. O colapso do horizonte cultural o convenceu de que o mundo humano é instável por natureza. De que a mutabilidade típica da condição humana não lhe permite alcançar verdades e virtudes definitivas. Ele criticou a arrogância da razão antropocêntrica e eurocêntrica, bem como o pedantismo livresco do seu tempo.

[P] Contra toda a convicção absoluta, Montaigne admitiu o conteúdo estável e positivo da autoconsciência como "lei natural da conduta" em contraposição às leis, às convenções e à religião. Propôs uma ética baseada na introspecção e na reflexão sobre a experiência vital.

REFERÊNCIA

MONTAIGNE, Michel Eyquem de. *Os ensaios*. São Paulo: Martins Fontes, 2000.

Subjetivismo, projetismo

David Hume (1711-1776), jurisconsulto, dedicou-se à teoria do conhecimento, à filosofia política e moral e à história. As suas obras principais são *Investigação sobre a natureza humana* e *Uma investigação sobre os princípios da moral*, que reelaborou e aprimorou até o final da vida. Exerceu influência sobre todas as correntes éticas que se lhe seguiram, principalmente a do universalismo kantiano.

Empirista cético, Hume apontou as contradições da filosofia racionalista e inatista. Inspirado por Locke, radicaliza o seu empirismo a ponto de questionar a prevalência da razão em relação às paixões, posição que havia predominado desde Platão até Descartes.

Hume verificou que a razão não tem nenhuma força motriz. Que aquilo que chamamos de "eu" não passa de um emaranhado de percepções. Que são os desejos e os instintos, os interesses emotivos, afetivos, passionais e egoístas ligados à conservação, que animam as decisões morais.

[N] Por isso, ele negou a possibilidade de resolver as contradições entre juízos de valor mediante equações lógicas. Descrente da "razão prática", da fundamentação racional de uma ética, postulou um "ceticismo mitigado", a

aceitação da subjetividade, das sensações, como critério de verdade. A sua posição foi a de um subjetivismo fundado em um "projetismo", a ideia de que os julgamentos não podem ser factuais porque eles envolvem uma projeção das nossas atitudes subjetivas.

O subjetivismo é a doutrina de que o julgamento moral é uma descrição dos sentimentos (x é bom = eu gosto de x). Hume sustentou que, uma vez que os julgamentos morais influenciam nossas ações e nossos sentimentos, eles devem ser emocionais e não somente racionais.

Hume pensava que um julgamento racional pode ser moralmente bom, mas seus efeitos podem ser perversos, como quando se diz a verdade a uma criança imatura ou a um adulto afetivamente frágil. Pensava, igualmente, que um julgamento moral psicologicamente realista pode ser condenável, como quando, por exemplo, diz-se a verdade somente em função das circunstâncias ou da posição e da capacidade do interlocutor. Concluiu daí que o juízo moral deve ser feito com base no sentimento.

[P] A partir da constatação de que as paixões e volições não derivam do juízo racional, não sendo possível, portanto, encontrar nele o seu fundamento, Hume propôs que se buscasse a fonte da moral nos sentimentos. Pensava que a análise dos nossos sentimentos nos faz respeitar as ações virtuosas e rechaçar as viciosas. Que não podemos ficar indiferentes ao que se passa com nossos semelhantes porque existe um efeito de "simpatia" (*sympatheia*, empatia) natural, decorrente da similaridade dos sentimentos.

A etimologia do termo (/*sym*/, o mesmo, como em sinônimo, /*pathos*/, paixão, comoção, emoção, dor) é indicativa desse sentimento ou atitude. A *sympatheia* (devemos utilizar o termo dessa forma, para não confundi-lo com o entendimento vulgar de /simpatia/ no português atual) é a ideia de que a simpatia pela sorte dos outros é um sentimento natural na humanidade. A virtude que está para além de todo sentimento egoísta porque nos refletimos nos outros (hoje diríamos que nos identificamos) como seres que padecem e se alegram como nós.

Somos naturalmente solidários em relação à espécie. Sentimos pelos outros, no lugar dos outros a dor, a vergonha, a alegria. É algo presente na natureza humana. Em termos morais, a *sympatheia* é a superação do egoísmo presente em todo individualismo. No egoísmo ético, o que vale sou eu; no altruísmo, o que vale são os outros; na *sympatheia*, o que vale é todo mundo, eu incluído.

A objeção imediata ao subjetivismo é a de que os sentimentos não são confiáveis. Uma pessoa que gostasse de ferir os outros concluiria que ferir os outros é correto. Contra essa objeção, a posição de Hume seria a de que o sentimento negativo de ferir os outros, como o de se ferir, não é empático, não se presta à *sympatheia*.

Não é o caso de "seguir os sentimentos", mas de ser um "observador ideal", isto é, o mais imparcial e o mais informado possível. Os sentimentos devem ser compartilhados (não serem parciais) e o julgamento não pode ser baseado na ignorância, seja factual, seja a dos sentimentos alheios.

A empatia se converte em critérios, históricos e circunstanciais, de justiça, de respeito às instituições e à dignidade humanas. A ética seria condicionada pelo espaço e pelo tempo em que vivemos. Derivaria do nosso interesse, ou melhor, do nosso instinto de sobrevivência material, espiritual e, também, social.

REFERÊNCIAS

HUME, David. *Investigação sobre o entendimento humano*. Lisboa: Edições 70, 1989.

_____. *Uma investigação sobre os princípios da moral*. Campinas: Unicamp, 1995.

_____. *Tratado sobre a natureza humana*. São Paulo: Unesp, 2001.

PARA CONHECER HUME

AYER, Alfred. J. *Hume*. São Paulo: Loyola, 2003.

QUINTON, Anthony. *Hume*. São Paulo: Unesp, 1999.

SMITH, Plínio Junqueira. *O ceticismo de Hume*. São Paulo: Loyola, 1995.

O argumento da imperfeição

[N] Idealizador do positivismo, Auguste Comte (1798-Paris, 1857) reconheceu unicamente as ciências autônomas (matemática, física, química e biologia) como fontes legítimas do saber humano. Fundador da sociologia, a ciência empírica dos fenômenos sociais, sustentou que ela não pode validar os julgamentos morais porque estes dependem de faculdades intelectuais imperfeitas (não "científicas") que modificam os fenômenos que analisamos.

O pensamento humano teria evoluído em estágios. O estágio teológico e o metafísico foram superados pelo estágio científico, que corresponde ao reconhecimento das ciências autônomas como prevalecentes sobre a metafísica. A orientação científica seria a de descobrir "leis" que regulam a vida em comum a partir da descrição dos fatos, daquilo que está posto (do latim *postus*, assentado).

[P] A sociologia, disciplina fundada por Comte como "ciência empírica dos fenômenos sociais", mostra, mediante o estudo da "estática social", a regência do princípio de solidariedade como essencial para a coesão dos sistemas sociais. Já o estudo da "dinâmica social" demonstra a continuidade e a tradição das sociedades. Daí o positivismo "científico" pregar a harmonização como princípio da ação social do homem civilizado, de modo que a solidariedade e a continuidade, a ordem e o progresso levarão à passagem da moralidade abstrata para a moralidade concreta, cientificamente ordenada.

Referência

COMTE, Auguste. *Curso de filosofia positiva*. São Paulo: Abril, 1983.

O argumento histórico

[N] As várias correntes históricas sustentam que em cada período, em cada comunidade, as virtudes e os vícios foram e são diferentes. A tortura, os trabalhos forçados, a falta de liberdade de pensamento e expressão e o antissemitismo constituíram, há alguns séculos, atributos do catolicismo, tanto quanto, mais recentemente, foram característicos do nazismo. Hoje são inteiramente rechaçados, o que não quer dizer que amanhã continuarão a sê-lo. De sorte que a ideia de que seriam possíveis juízos morais "puros" ou absolutos na determinação de um curso de ação estratégica é praticamente insustentável na atualidade.

O argumento histórico tem sido evocado segundo diversos critérios. Os mais frequentes são referidos a seguir.

Ruptura

[N] Na visão do evolucionismo histórico de Herbert Spencer (1820-1903), quando uma sociedade se corrompe, os diversos poderes que a sustentam se

dissolvem em uma unidade desorganizada de entidades sociais fluidas e em conflito. Um equilíbrio, inclusive o equilíbrio moral, só é encontrado pela adaptação dos indivíduos à nova realidade.

[P] De modo que não há continuidade que garanta princípios morais permanentes ou imutáveis. Eles são relativos e resultantes de um processo de acumulação histórica.

Organicidade

[N] Oswald Spengler (1880-1936) sustentou que todos os valores e certezas são históricos e passageiros porque as sociedades obedecem a uma lógica orgânica. O conjunto das suas manifestações, a *Kultur*, funciona como uma vida que tem uma estrutura orgânica. Tal como um ser vivo, o "mundo histórico" se manifesta mediante fenômenos únicos e irrepetíveis.

Nessa perspectiva, cada povo tem uma existência concreta (sangue, solo, raça) e uma existência espiritual (língua, pensamento, cultura) únicas, que indicam um "destino" manifesto. As civilizações não se edificam uma sobre as outras. São estados originários, com uma moral própria. As culturas não se interpenetram: vivem o seu momento biológico e falecem. Não por acaso a obra máxima de Spengler, *Decadência do Ocidente* (1918), foi um dos esteios inspiradores do nazismo.

REFERÊNCIA
SPENGLER, Oswald. *Decadência do Ocidente*. Rio de Janeiro: Zahar, 1964.

[N] Georg Simmel (1858-1918) sustentou que os valores são históricos, que o desenvolvimento da civilização é irredutível à causalidade natural. A "compreensão" histórica revela uma multiplicidade de esferas, tais como a religiosa, a científica e a moral, que coexistem "organicamente", isto é, se articulam coerentemente umas com as outras.

[P] Os valores e interesses são potencializados em cada época e circunstância em favor da autoproteção e da autorreprodução da vida. O espírito deve superar a simples existência, procurando realizar plenamente a sua individualidade, o que só se completa na morte, já que só pode morrer aquilo que é único e irrepetível.

Conceitualismo

[N] Wilhelm Dilthey (1833-1911), a partir da distinção entre o mundo histórico-social e o mundo histórico-natural, examinou os requerimentos para a compreensão individual e social do homem, simultaneamente sujeito e objeto de estudo. Concluiu que a moral parte da unidade interior imediata do sujeito histórico concreto.

Dilthey superou o relativismo histórico primário, demonstrando como diversas "concepções de mundo" implicam valores e perspectivas distintas.

O argumento pragmático

[N] Charles Sanders Peirce (1839-1914) colocou o argumento original de Protágoras no centro do pragmatismo. Rejeitou a possibilidade da certeza moral, e, por consequência, de qualquer dogmatismo em termos éticos. A sua meta foi encontrar mecanismos de refinamento do controle que possamos ter sobre os nossos atos.

Para os gregos, um argumento era pragmático quando partia de princípios que são próprios do objeto, quando se fundamenta na própria natureza da coisa considerada. No pensamento alemão do século XVIII, o conceito ganhou contornos mais definidos. O termo pragmático passou a se referir ao raciocínio baseado em fatos positivos e às explicações através de causas contingentes, que não têm o sentido das gêneses progressivas.

Peirce entende o pragmatismo (*pragmaticism*) como a doutrina segundo a qual a verdade de uma proposição consiste em, partindo de fatos objetivos, ser útil ou satisfatória para quem a interpreta e avalia. Metodologicamente, o pragmatismo de Peirce sustenta que o conceito que temos de um objeto é a soma dos conceitos de todos os efeitos decorrentes das implicações práticas que podemos conceber para o referido objeto.

[P] Nessa perspectiva, a resposta às questões e dilemas morais reside na avaliação das consequências da alternativa de ação adotada. Essas alternativas não são passíveis de generalização, como no utilitarismo, senão que são particulares, tomadas dentro da visão (pragmática) de uma vida social mais justa e confortável.

Falibilismo

[N] William James (1841-1910) sustentou que a verdade e a realidade se encontram ao término de um longo processo de investigação sujeito a interpretações, a reinterpretações e a falhas.

[P] A conduta ética correta é a orientada para a satisfação do máximo possível de demandas da consciência por um mundo que seja o melhor imaginável. O "bem" é aquilo que a tradição dá como tal e que a consciência reconhece e aprova. O ato moral é aquele que dá lugar a consequências práticas satisfatórias em relação às exigências mais profundas dos indivíduos.

REFERÊNCIA

JAMES, William. *Pragmatismo e outros textos*. São Paulo: Abril, 1979.

Humanismo

[P] Ferdinand Schiller (1864-1937) toma o modelo de Protágoras para fundamentar um pragmatismo "humanista". Nesse modo de ver, o ser humano transforma o mundo segundo seus sentimentos e objetivos em uma unidade progressiva e histórica. Nela, os impulsos para a ordem (fáusticos) e para a desordem (mefistofélicos) se opõem e são superados pela força redentora de Deus.

Ficcionismo

[N] Hans Vaihinger (1852-1933), na sua filosofia do "como se" (1911), sustentou que tomamos as representações éticas como se fossem verdades, como se não fossem ficções, que correspondem às necessidades vitais de ordem e de sentido.

Instrumentalismo

[N] John Dewey (1859-1952) toma de James a ideia de que os conceitos nada mais são do que instrumentos finalísticos. As representações, tais como os símbolos e os enunciados, são utensílios, cujo valor deriva da aplicabilidade

ao propósito a que servem. A investigação filosófica não descobre a verdade, apenas unifica as proposições e as situações conflitantes.

[P] O pensamento moral é estruturado pelas relações meio-fins e meio-consequências. Não há fins inalteráveis – o entendimento do que venha a ser a felicidade, a paz, a serenidade etc. muda com o contexto. Tampouco há bem em si mesmo, bem intrínseco. Todo bem é extrínseco e relativo aos meios, fins e consequências morais envolvidas na ação.

A solução dos conflitos morais está em realizar o ideal de cada um sem prejuízo dos demais. Isso é possível ajustando-se o desejado ao desejável. O desejável é estabelecido e modificado em função das consequências individuais e sociais que pode gerar. A experiência compartilhada e a paz social são os guias dessas modificações.

O argumento perspectivo: a virtude sem moralismos

Friedrich Wilhelm Nietzsche (1844-1900) estudou em Bonn e em Leipzig. Foi professor de filologia clássica na Universidade da Basileia. Desde a sua primeira obra, *O nascimento da tragédia*, reinterpretou e criticou a filosofia tradicional. Influenciado por Arthur Schopenhauer (1788-1860), Nietzsche formulou uma filosofia da contestação e da proposição de "afirmar a vida". Investigou a origem e a hierarquia dos valores. Concluiu que os valores são produzidos, são criações do ser humano. Por isso, negou que a moral, na forma de conjunto de preceitos socialmente estabelecidos, possa ser fundamentada.

[N] Nietzsche procurou demonstrar que não existe uma verdade básica. Que todos os valores e crenças são priorizados segundo os condicionamentos psicológicos e sociais que nos dominam. São configurações, provisoriamente estáveis, das relações de força tanto internas quanto externas ao ser humano. Joguetes dessas forças, vivemos imersos em uma sociedade cuja história é não linear e transitamos pela vida erraticamente.

A moral é uma ilusão. Repousa sobre noções imaginárias (Deus, alma, espírito, vontade livre...). É resultante de um sistema de julgamentos de valores, mas os valores derivam das condições particulares da existência, de modo que não existem fenômenos morais, mas interpretações morais de fenômenos. A base dessa interpretação não é racional, mas emocional, psicológica.

Não há atos livres e espontâneos. A moral é um sintoma dos afetos mórbidos e das paixões egoístas. Não é a consciência moral que nos incita a agir, são determinadas condições que afetam a consciência moral. Embora existam ações e intenções morais, não há nada que se contraponha à força propulsora dos instintos, à realização dos desejos. Os pressupostos da ética racionalista, de que o ser humano age de acordo com a razão e segundo uma vontade "boa", não têm como ser sustentados.

A moral é simples interpretação (discurso codificado) de vontades, pulsões, afetos. Os preceitos cristãos, o idealismo, o cientificismo positivista são racionalizações. O cristianismo provocou uma desvalorização sistemática da vida neste mundo em função da promessa de outro mundo. O idealismo colocou os valores fora do nosso alcance e fez falsos raciocínios. Kant pressupôs o que devia provar: que somos capazes de emitir juízos racionais sobre valores. O cientificismo social nos faz viver uma falsa espiritualidade, uma moral do ressentimento e da restrição.

[P] Nietzsche não diz que se deva combater a moralidade e incentivar a imoralidade. O que ele nega é a determinante lógico-racional do que venha a ser moral ou imoral. Para ele, a ética integra as "condições de existência". Não podemos recusá-la. Podemos, e devemos, procurar outras condições de existência.

À moral do cristianismo (dos fracos), à moral da racionalidade e à moral idealizada, Nietzsche contrapõe "virtudes", expressas em aforismos, em que define as diferenças entre o bem e o mal, os deveres, a felicidade etc.

O bem e o mal não têm fundamento possível. O que existe é o bom e o mau. O bom é o que é útil à vida, o que eleva no homem a "vontade de poderio". A vontade de poderio é o desejo de viver a vida plena, de ter a saúde física e espiritual preservadas, de ter uma existência relevante para si e para os outros.

A felicidade é o crescimento desse poderio. Isso nada tem a ver com a dominação. Mas com a superação de uma "vontade serva", escrava das condições. A felicidade não se identifica com as manifestações da força ou da dominação, que traem uma mentalidade e um ideal fracos.

A vontade de poderio não se dá sobre objetos ou sobre coisas, mas sobre o poder de agir e de viver integralmente. Não se dá sobre os prazeres, os afetos, os poderes, mas sobre o aumento da força sobre estes prazeres, afetos, poderes. "Força" aqui tem o sentido de capacidade de afrontar a realidade interior e exterior, de enfrentar os conflitos, o caos, o enigma do futuro, aquilo que Nietzsche chama de "a vida".

O dever moral não é a tranquilidade passiva do cumprimento de obrigações, mas a proação. Não se baseia no ressentimento, mas na realização das possibilidades. A vontade do virtuoso é o que aumenta o seu poder sobre as fraquezas, sobre a moral, o moralismo, os preceitos piegas e interesseiros.

A moral que Nietzsche propõe não tem a ver com o pudor, mas com a integridade. É a moral da vontade de potência, da ação, não da restrição. Ela se opõe aos preconceitos, às hipocrisias, ao modelo moral imposto pelos fracos (o da vida ilibada do cristianismo burguês), ao ideal do racionalismo, à imposição de ídolos. O sentido (significado e direção) da vida moral deve ser instituído a cada instante, mediante a edificação de uma existência em que cada momento deve ser repleto de sentido.

Nietzsche sustentou que o real é um jogo de formas ilusórias. Não pode prover a verdade absoluta ou a moral. Só a autoafirmação do sujeito interpretante pode encontrar a eticidade. Contra a moral que domestica, que constrange, ele propõe a afirmação de si, a criação dos valores, a moral que define o ser humano pelo que ele é capaz de fazer, por sua potência. As interdições morais, o ideal ascético, são secundários em relação à verdade que serve à vida plena. Mediante a crítica (a "vontade de verdade"), podemos ultrapassar a indolência em que vivemos, ir além do legado, transmutando todos os valores, "transvalorizando", erigindo uma nova forma de ser e de viver, colocando, no lugar dos valores fundados na renúncia, novos valores, fundados na aceitação entusiástica (dionisíaca) da vida.

REFERÊNCIAS

NIETZSCHE, Friedrich Wilhelm. *Além do bem e do mal, prelúdio a uma filosofia do futuro*. São Paulo: Cia. das Letras, 1992.

_____. *Genealogia da moral, uma polêmica*. São Paulo: Cia. das Letras, 1998.

PARA CONHECER MAIS

BOEIRA, Nelson. *Nietzsche*. Rio de Janeiro: Zahar, 2002.

GIACOIA, Oswaldo. *Nietzsche*. São Paulo: Publifolha, 2000.

MARTON, Scarlet. *Nietzsche:* das forças cósmicas aos valores humanos. Belo Horizonte: UFMG, 2000.

O argumento não cognitivo

Ludwig Wittgenstein (1889-1951), engenheiro, filho de um industrial extremamente rico, educou-se em Viena e em Cambridge. Dedicou-se à filosofia analítica, especialmente à teoria do conhecimento e à teoria do significado. Revolucionou o pensamento da segunda metade do século XX e ainda hoje seu pensamento alimenta polêmicas e exerce influências.

[N] Ao individualizar as condições em que uma proposição pode ser sensata, Wittgenstein mostrou a impossibilidade de se expressarem os enunciados característicos da ética. A sua posição foi a de um ceticismo fundado na reflexão profunda sobre os limites e restrições da linguagem.

Wittgenstein considerava o mundo uma "totalidade de fatos" em que só o que admite representação inequívoca são os fatos particulares. Em que tudo que não está referido a fatos, particularmente os discursos sobre valores, não pode ser enunciado.

O objeto de Wittgenstein é a lógica. Ele não foi um filósofo moral. Mas, mediante a análise lógica, demonstrou, ou procurou demonstrar, a impossibilidade de se estabelecer, articular e comunicar valores. Utilizando a técnica da sobreposição de enunciados sobre a moral, ele mostrou que não há nesses enunciados nenhum elemento universal e nenhum elemento essencial que não possa ser retirado ou modificado. Chamou a atenção para o fato de a interpretação, a explanação e a justificação somente serem bem-sucedidas quando podemos captar a mensagem sem a mediação dos signos (palavras, símbolos, sinais) que foram usados na sua transmissão, o que não é possível quando se trata de valores.

Os valores podem ser agregados a fatos, mas não podem ser representados isoladamente. A ética, como a estética, se refere a valores absolutos, não agregados a fatos particulares. O bom e o belo não podem ser entendidos, expressos e transmitidos em si mesmos. Dependem da qualidade dos nossos sentimentos e desejos, da forma como a totalidade do mundo se nos apresenta, não empiricamente, mas espiritualmente, enquanto "estados da mente".

Como, pergunta Wittgenstein, podemos expressar logicamente emoções tais como a de "sentir-se culpado" ou o estado mental de "[sentir-se] absolutamente seguro"? Para expressá-los, nós usamos símiles, alegorias. Dizemos "culpado como se tivesse feito algo errado" ou "matado alguém"; seguro "como uma rocha". Sem estes signos, estas alegorias, as ideias morais não fazem sentido. A linguagem é de tal modo instável, condicionada e cambiante, que aniquila a nossa capacidade de expressar para nós mesmos e, portanto, para os outros, aquilo que é essencial: valores como o bem, a verdade etc.

[P] Ao longo da sua vida, Wittgenstein preocupou-se com as questões morais, mas a honestidade intelectual que o caracterizou impediu que os poucos aforismos que dedicou ao tema, que a conferência pronunciada em Cambridge em 1929 e que as anotações dos seus alunos deixassem de girar em torno do mesmo argumento conclusivo: o de que não é possível expressar o sentimento moral em termos capazes de fundar uma ética.

A filosofia moral de Wittgenstein foi a de um relativismo metaético restrito. O propósito da ética, como da filosofia em geral, não poderia ser o da justificação nem o da fundamentação, mas o da obtenção da clareza, da lucidez nos julgamentos. O método que desenvolveu foi o de identificar as condições em que podemos sustentar ideias e concepções, não o caminho de formular princípios normativos que possam validar ou invalidar nosso comportamento.

Para Wittgenstein, a natureza da ética era espiritual, privada, relativa ao indivíduo. Pensava que cada um de nós pode, e deve, adotar uma base moral, seja ela qual for. Ele mencionava Nietzsche, mas adotou a moral cristã, embora fosse de origem judaica, para orientar a sua conduta.

REFERÊNCIAS

WITTGENSTEIN, Ludwig. *Tratado lógico-filosófico*. Lisboa: Edições Gulbenkian, 1995.

_____. *Investigações filosóficas*. Petrópolis: Vozes, 1996.

_____. *Da certeza*. Lisboa: Edições 70, 2000.

PARA CONHECER WITTGENSTEIN

CHAUVIRÉ, Christiane. *Wittgenstein*. Rio de Janeiro: Zahar, 1991.

GLOCK, Hans-Johann. *Dicionário Wittgenstein*. Rio de Janeiro: Zahar, 1998.

MONK, R. *Wittgenstein*. São Paulo: Cia. das Letras, 1995.

O argumento emotivista

Importante por sua influência sobre o pensamento econômico e estratégico contemporâneo nos Estados Unidos, Charles Leslie Stevenson (1908-1979) é o autor da teoria do emotivismo, doutrina segundo a qual os juízos morais expressam apenas as emoções de quem os profere e têm como objetivo influenciar as outras pessoas.

O emotivismo afirma que os julgamentos morais são emocionais, expressam o que sentimos e, portanto, podem, racionalmente, ser verdadeiros ou falsos (x é bom = eu aprovo x).

Partindo da tese fundamental do empirismo lógico – irredutibilidade dos termos éticos a significados descritivos –, Stevenson procedeu à interpretação da linguagem moral; investigou o significado emocional das "atitudes" que derivam das "crenças" daquele que julga moralmente.

Sustentou que a linguagem moral tem a capacidade e a função de mudar as atitudes dos interlocutores, mediante a força psicológica inscrita nos termos éticos. Por exemplo, a expressão "isto é bom" significaria de fato "eu aprovo isto" (proposição declarativa), ou "faça assim" (proposição imperativa), ou "eu sinto que as características disto o fazem ser bom" (proposição circular: o bom é o que eu acho bom).

Stevenson se perguntou a que propriedade nos referimos quando dizemos que algo é bom ou correto. Concluiu que certamente não nos referimos a uma descrição. As sentenças morais não descrevem: expressam emoções e convidam os outros a compartilhá-las. As proposições morais têm um caráter persuasivo. São emitidas no propósito, consciente ou não, de alterar ou de reforçar a opinião alheia. Por exemplo, quando alguém afirma que "a democracia é...", o que pretende é aproveitar-se da sugestão positiva que o termo democracia tem. Quando digo "a desigualdade é ruim", cativo emocionalmente o interlocutor para o que venha a dizer depois, mas estou emitindo somente uma crença, ao contrário de quando digo que a desigualdade é inevitável ou que nada se faz para reduzir a desigualdade.

Relativização

Relativismo não significa "não ter opinião" ou "não ter política alguma" a respeito do que é ético. É antes uma posição racional, segundo a qual toda avaliação é uma avaliação relativa a um ou outro padrão determinado. Mas por se ater à ideia de padrão móvel ou variável, o relativismo, mesmo na sua forma mais "técnica", da relatividade dos julgamentos morais, leva a uma série de contradições e polêmicas.

Uma tentativa de esquematizar essas polêmicas foi desenvolvida pelo antropólogo Clifford Geertz, a partir da consideração de que o antirrelativismo louva-se na afirmativa de que há padrões que não variariam segundo as culturas. De um lado, porque haveria algo de essencial no ser humano biológico, uma "natureza humana"; de outro, porque compartilharíamos todos a mesma razão, haveria algo presente na mente de todos nós.

O antirrelativismo naturalista considera o ser biológico, o animal por baixo da pele, para quem a cultura seria apenas um verniz, a capa variável. A sua base encontra-se na genética, no criacionismo e, paradoxalmente, na teoria evolucionista. As diferenças entre os códigos de conduta aceitos, nessa perspectiva, seriam superficiais, enquanto a identidade no *homo* natural é profunda. Esse ser natural, ou o que há de natural em nós, é o que fundaria a moral, pelo mesmo motivo que funda as sociedades: por uma necessidade inerente ao ser humano. Daí existiria um padrão universal de conduta, o padrão humano, enquanto as variações ou são superficiais ou se devem a enfermidades sociais que dão origem às "sociedades desviantes".

O antirrelativismo racionalista considera o ser racional, as estruturas da razão, comuns a todo ser humano. Tem sua base na linguística, na psicologia cognitiva e nos modernos estudos sobre a teoria da informação. Procura demonstrar que muitas disposições motivacionais são culturalmente invariantes, isto é, que existem universais cognitivos (regularidades de desenvolvimento e de processos), um cerne cognitivo comum (cinco dicotomias espaciais: esquerda/direita, em cima/embaixo etc.; uma tricotomia temporal: antes, ao mesmo tempo, depois; e duas distinções categóricas: humano/não humano, eu/outro).

Em contraposição a esses argumentos, os relativistas sustentam que o naturalismo origina-se na ideia, não comprovada empiricamente, do "desvio social", enquanto o racionalismo baseia-se na ideia, também não comprovada empiricamente, da existência de um "pensamento primitivo" (primário).

De fato, qualquer que seja a crítica que se possa fazer ao relativismo, há que se considerar que a solidez da sua posição não é aparente. Ela deriva, em primeiro lugar, do fato de que ninguém seriamente, isto é, cientificamente, conseguiu provar que o condicionamento cultural é uma falácia.

Em segundo lugar, de que o antirrelativismo, quer do tipo "natureza humana em geral" ou do tipo "mente humana universal", não encontra sustentação empírica. Mesmo porque, dos fatos indiscutíveis de que pertencemos à mesma espécie biológica e de que temos estruturas mentais iguais não decorre que a moralidade derive da "natureza única" ou da "condição mental idêntica".

Por fim, no corpo da metaética persiste o argumento de que não se pode fundamentar uma ética absoluta porque não há como determinar uma valoração de princípios. Todos os princípios tendo igual valor, não seria possível estabelecer uma hierarquia que fosse universal, isto é, uma hierarquia de princípios que não fosse culturalmente condicionada. A consequência lógica consiste em que, não sendo possível garantir que uma cultura é "melhor" ou "mais avançada" do que as demais, qualquer tentativa de universalização dos valores morais implicaria fazer prevalecer uma cultura sobre a outra sem que tenhamos uma base lógica para isso. Seria impor o julgamento moral tendo por base este mesmo julgamento, o que é racionalmente inaceitável.

O relativismo sempre existiu. Teve grandes defensores, como Protágoras e Montaigne. Mas só se tornou uma doutrina dominante na sociedade contemporânea. Alguns autores atribuem essa prevalência à valorização do igualitarismo, individualista ou coletivista, na filosofia política. A igualdade implica o direito de preservar e promover a identidade da pessoa e do grupo a que pertence. O relativismo seria um instrumento ideológico na luta pelo reconhecimento das minorias culturais e identitárias.

As objeções naturalistas e racionalistas não se sustentam logicamente. Afirmam não só que o primeiro *Homo sapiens* pensava e sentia de maneira inteiramente diversa do último *Homo erectus,* como que este primeiro ancestral pensava e sentia de modo idêntico a como nós, após milênios de evolução cultural, pensamos e sentimos hoje.

Também é verdade que em toda cultura existem irracionalidades. Por exemplo, um empregado que executa a mesma função que um colega, em uma mesma organização, ao longo de um mesmo período, atingindo os mesmos resultados, e verifica que este colega obtém uma remuneração maior do que a sua, entenderá que seus direitos foram violados. No entanto, se este colega for mais antigo no posto, ou mais experiente, ou tiver uma formação mais avançada, o empregado aceitaria como justa, ou pelo menos justificável, a retribuição diferenciada. Mas esta é uma postura inteiramente irracional, seja em uma empresa ou no exercício da função pública, seja do ponto de vista da economia de mercado ou do ponto de vista do sistema coletivista de produção.

Outra verdade é que os sistemas de valores mudam com o tempo. A guerra é tida hoje como anormal, mas não foi o caso na época de Aristóteles. Nos Estados Unidos a proteção social é infinitamente menos valorizada do que aqui ou na Europa. As ideias que fazem sentido no aqui e agora não são as mesmas que faziam sentido antes e em outro lugar.

Objeções ao relativismo

Ao contrário do que se imagina, nem todos os cientistas sociais são relativistas éticos. Por exemplo, o psicólogo moral Lawrence Kohlberg pensa que a posição relativista é imatura, típica de quem não ultrapassou os estágios básicos da evolução moral.

Os estágios psicológicos do desenvolvimento propostos por Kohlberg são:
- punição-obediência: /mau/ é o que é punido;
- recompensa: /bom/ é o que satisfaz os desejos;
- aprovação paterna: /bom/ é o que agrada aos pais;
- aprovação social: /bom/ é o que é socialmente aprovado (como a roupa, a música, as aspirações do grupo etc.).

Kohlberg, como outros psicólogos que propõem estágios diferentes ou negam a cientificidade dos estágios, pensa que para além da aprovação social sobrevém o ceticismo, seguido ou não pela adoção de um posicionamento não relativista.

O fato é que, em que pese a todos esses argumentos, algumas objeções ao relativismo ético devem ser consideradas. As principais são as que se seguem.

- Qual o limite da sociedade? As pessoas com as quais nos relacionamos? A comunidade, o conjunto de habitantes de uma mesma área? A nação, o agrupamento político? As pessoas que têm os mesmos costumes?
- Quem representa a cultura? Ou melhor, quem fixa o padrão que, em cada circunstância, separa o certo do errado?
- O que interessa à ética não é construir pontes, estabelecer normas comuns às sociedades, sabidamente diferentes?
- Alguns atos hediondos para a maioria das culturas são aprovados em alguns lugares e épocas, como o infanticídio foi na Roma antiga e ainda hoje é praticado em alguns lugares. Qual a base para sustentarmos que o infanticídio é correto para aquelas sociedades e épocas?
- O princípio da tolerância, defendido pelos relativistas, é um valor moral objetivo ou é uma preferência individual ou uma preferência social?
- Por que razão não poderiam existir valores objetivos? O fato de não se ter documentado a existência de valores objetivamente certos ou errados, independentemente do que alguém possa pensar ou sentir, prova que eles não existem?
- E as sociedades multiculturais, como a brasileira, estariam privadas de possuir uma ética?
- Há formas (pluralistas) de resolver as diferenças morais sem que seja necessário postular valores objetivos?

8

A economia moral da intuição

GEORGE EDWARD MOORE (1873-1958) – G. E. Moore foi a maior expressão contemporânea do intuicionismo ético. Professor de filosofia e lógica no Trinity College de Cambridge, publicou artigos que contribuíram para reduzir a influência do idealismo alemão sobre o pensamento anglo-americano. O seu livro *Principia ethica* (1903) é considerado um marco na filosofia analítica (Moore, 1974). Fez época ao denunciar a presunção dos idealistas de analisar o inanalisável.

A intuição

O intuicionismo é a convicção de que as verdades morais são conhecidas sem mediação. De que sobre essas verdades intuídas construímos os julgamentos morais. A intuição é o conhecimento claro e imediato de objetos pertencentes à realidade concreta, a uma instância intelectual ou a uma dimensão metafísica. É a percepção direta, sem a mediação do conhecimento discursivo, de um objeto e das suas relações.

Na filosofia antiga e medieval, a intuição foi entendida como a forma de conhecimento da divindade (a intuição de Deus). As concepções atuais da intuição foram instituídas por Kant, que distingue a intuição sensível – de natureza passiva e receptiva, referida à apreensão imediata do objeto – da intuição intelectual – de natureza ativa e construtiva, referida à criação mental dos objetos. Kant atribui caráter divino à intuição intelectual, mas o idealismo posterior a ele a referiu ao Eu que se conhece e se põe a si mesmo como objeto.

Os intuicionistas éticos defendem a ideia de que as verdades morais presentes na nossa mente são objetivas e evidentes, como a verdade matemática de que, se $x = y$, então $y = x$. O ponto central do intuicionismo de Moore é o da irredutibilidade dos valores morais. Ele critica como "falácia naturalística" a tentativa de alcançar uma definição última dos valores morais.

O argumento lógico de Moore é o de que o que quer que pensemos equivaler a /bem/ e a /bom/ não é um substituto razoável para a compreensão desses entendimentos. Ele separa as questões de significado das questões substantivas. Trata-as como questões abertas (*open questions*). Por exemplo, se dizemos que o bem é o socialmente aprovado, teremos de aceitar que o racismo, a crueldade e a violação das mulheres são ou foram bons em si mesmos, uma vez que em várias sociedades, em momentos históricos diversos, esses foram atos aprovados. Se, por outro lado, afirmamos que o bem é o socialmente desejável, teremos de definir o significado de desejável, o que nos remeteria para outras definições e assim indefinidamente (regressão ao infinito), ou recairemos em uma circularidade, afirmando que o desejável é o desejável.

A falácia naturalística consiste na tentativa de estabelecer o que é o bem. Moore sustenta que isso é impossível, que o bem é indefinível. Ele mostra que qualquer equacionamento do tipo bom = desejável é absurdo porque supõe que tudo que é desejável é bom. Se nos perguntamos o que o termo /bem/ significa, a única resposta que obteremos é a de que o bem significa o bem. Porque o conceito de bem é um conceito simples, no sentido de que não podemos parti-lo ou analisá-lo nem referi-lo a outro conceito. O termo /bom/ denota uma propriedade única (*sui generis*), não natural, que só pode ser conhecida por uma intuição racional. Conceitos como /bem/ e /bom/ não podem ser reduzidos a uma propriedade que não seja ela mesma (bom = bom).

Senso comum e análise

Moore é um dos expoentes da filosofia analítica. Seu método consiste, primeiro, em pôr em evidência a "estranheza" do pensamento filosófico. As questões que coloca contra o idealismo, por exemplo, são do tipo: como é possível duvidar da existência material das coisas se eu vejo a minha mão e posso movê-la? Em seguida, Moore dá um tratamento analítico ao objeto. Procede a um esforço de redução de enunciados complexos a considerações de enunciados mais simples, até o aparecimento de elementos irredutíveis.

Moore é extremamente cético em relação aos argumentos filosóficos. Pensa que conduzem à incerteza e à imprecisão. O senso comum, diz ele, é a fonte do moralmente correto. O esforço analítico deve ser dirigido a dotar de rigor e a precisar os conceitos que utilizamos cotidianamente. Os nossos juízos ordinários, no entanto, não são suficientes para alcançar o eticamente correto. Não nos revelam o sentido dos conceitos. Por isso a verdade só pode ser alcançada pelo tratamento epistemológico das proposições morais.

Nem todos os valores são evidentes em si. Somente aqueles que podem ser considerados intrinsecamente bons (bons em si mesmos), como o conhecimento, por exemplo, ou intrinsecamente maus, como a ignorância ou a dor. Em síntese, o intuicionismo defende que:

- as concepções do bom e do correto não são analisáveis em termos de conceitos não morais;
- os princípios primeiros da moral são proposições autoevidentes;
- o acordo moral, a ética, funda-se no acordo razoável acerca de proposições autoevidentes.

A forma proposta por Moore é a de um utilitarismo idealizado. Encontrando-se o que é /bom em si/, é preciso descobrir qual a conduta que permite obter o /bem/ como resultado. Intuído o valor moral, analisadas as consequências possíveis de uma determinada ação, devemos proceder sempre de forma a proporcionar o maior bem possível.

O intuicionismo ético teve e tem enorme aceitação porque corresponde ao senso comum, àquilo que a maioria das pessoas considera "ético", como verdades evidentes, como os direitos à vida e à liberdade. As postulações principais de Moore, de que o "bem" é indefinível, de que existem verdades morais objetivas, de que essas verdades são evidentes para uma mente dotada de razão, e de que devemos pensá-las em função das consequências que acarretam são perfeitamente sustentáveis.

Objeções

Embora a maioria das pessoas possa concordar que a liberdade ou o prazer são intrinsecamente bons, isso não prova que eles o são. Quem consideraria positivamente a liberdade do criminoso ou o prazer do sádico? Além disso, o que uma pessoa toma como evidente em uma cultura e circunstância determinada pode não o ser para outra pessoa em outra cultura e em outra circunstância.

Moore rejeita tanto o relativismo cultural (uma coisa é certa porque é socialmente aprovada) como o subjetivismo (uma coisa é certa porque sentimos que é certa). O que sustenta como evidentemente lógico, como verdade objetiva não demonstrável, é que o amor e a liberdade são sempre certos, como o ódio e opressão são sempre errados. Mas não deixa claro como poderíamos estabelecer a hierarquia dos valores, saber o que vale mais.

Ele atribui ao amor e à arte a prevalência sobre os demais valores. A sua argumentação é extremamente complexa, mas mesmo que esteja certo quanto à prevalência desses valores, como determinar, por exemplo, a hierarquia dos valores positivos? Pensemos na internet: o que vale mais, o conhecimento verdadeiro ou a liberdade de expressão? Ela deve ser controlada? Caso o conhecimento verdadeiro valha mais, quem irá estabelecê-lo?

REFERÊNCIA

MOORE, George Edward. *Principia ethica*. Trad. João Luiz Baraúna. São Paulo: Abril Cultural, 1974.

9
A economia moral do pluralismo

O nosso tempo tem sido pródigo em demonstrar a subjetividade e a incerteza de tudo que se acreditava objetivo e demonstrável. Dificilmente, hoje em dia, alguém pode ignorar a evidência das variações de julgamento inerentes às distinções entre as classes sociais, mesmo que discorde da abordagem marxista. Como é quase impossível, depois de Freud, negar o papel do inconsciente na formação de nossas crenças e convicções. Ou deixar de considerar que os juízos que proferimos são condicionados pela estrutura da linguagem, ainda que desconheçamos os trabalhos de Wittgenstein.

A partir da segunda metade do século XX, a ideia de que as correntes racionalistas e o relativismo não têm como dar conta de um dos propósitos basilares da ética – a normatização do convívio entre pessoas e grupos diferenciados – emprestou centralidade e relevância à discussão sobre os modos e os meios de se atingir esse objetivo. Trouxe à discussão ética o pluralismo, a convicção de que é possível congregar e hierarquizar valores de grupos identitários geográficos, históricos, culturais, distintos.

Muitos pensadores ao longo dos séculos e na atualidade, ainda que convencidos da impossibilidade de um fundamento universal para a ética, procuraram determinar o que é moralmente aceitável. Não se ocuparam de como as pessoas se comportam, senão que tentaram estabelecer regras de como os indivíduos e as sociedades devem comportar-se em relação à sua cultura e à sua circunstância. Propuseram soluções morais dentro de uma perspectiva pluralista.

O pluralismo não é uma posição ética, mas uma posição sobre a ética. Ser pluralista é pensar que todas as filiações morais são igualmente válidas, igualmente contraditórias e igualmente infrutíferas; que o caminho da moralidade está em buscarmos o convívio no desacordo.

Embora sustentado por intelectuais e cientistas de várias extrações e índoles, o pluralismo ético não corresponde a uma corrente de pensamento definida. Não propõe regras, mas estratégias, formas de harmonizar valores e interesses, não os fundando na razão, seja ela teórica ou prática, mas apoiando-os na razoabilidade. Não procurando verdades axiológicas, mas preferências consensuais, ainda que temporárias.

O argumento de fundo da posição pluralista é o de que não se pode fazer ciência moral como se fora ciência natural. As ciências naturais são descritivas. A ciência moral é prescritiva. A prova racional ou empírica não tem valor prescritivo, não informa sobre o que se deve fazer. Não é possível fundar um princípio ou um sistema de valores na pura razão ou na experiência. No entanto, é possível concluir pela validade objetiva de um princípio ou de um sistema.

Uma proposição ou uma teoria são objetivamente válidas quando e se são fruto de uma cadeia argumentativa sólida. Por exemplo, a filosofia política não pode provar que a democracia é a melhor forma de governo. Mas pode sustentar que os argumentos racionais alinhados em favor da democracia são mais sólidos, mais numerosos e mais qualificados do que os argumentos contrários.

Da mesma forma, os pluralistas, embora não possam, nem queiram, fundamentar sua posição em princípios, como fazem os racionalistas, nem demonstrar descritivamente a validade dos seus argumentos, como fazem os relativistas, creem poder legitimamente estabelecer preceitos morais objetivamente válidos, lastreados em valores espaço-temporalmente contingentes, com o objetivo de assegurar e promover o convívio harmônico no interior de grupos identitários e no encontro entre esses grupos.

Contra o relativismo

O pluralismo moral deriva diretamente do relativismo. Mas, ainda que recusem a possibilidade de uma teoria unificada em torno de um projeto racional singular, os pluralistas sustentam haver restrições racionais que demarcariam a conduta "correta", "adequada", ou, no mínimo "conveniente".

À diferença dos relativistas, que referem a posição ética ao tempo, ao lugar, ao contexto, à sensibilidade, à história social e pessoal, o pluralista não procura outras referências que não sejam as da conciliação entre posições ou tendências racionalistas e relativistas, contingencialistas e universalistas.

Sabidamente, a grande preocupação dos que se opõem ao relativismo é a de que podemos cair na armadilha de pensar que tudo é relativo. Mas, sem negar a argumentação relativista sobre o arbitrário cultural – a cada cultura os seus valores –, nem a fundamentação metaética que argui a não objetividade dos fundamentos dos valores condicionados espaço-temporalmente, os pluralistas ou, pelo menos, linhas de pensamento dos pluralistas, sustentam que nós não somos obrigados a escolher entre o relativismo e a racionalidade.

Isto é, que o critério da universalidade não é o único critério aplicável aos julgamentos morais. Que é perfeitamente racional julgarmos que um ato ou uma intenção é melhor do que outro ato ou intenção sem que para isso necessitemos de um parâmetro, seja ele incondicional, seja relativo. Que é perfeitamente legítimo fixarmos proposições não paramétricas, não assentadas em um ponto imóvel, mas paradigmáticas, modelares, exemplares.

O relativismo assinala as diferenças entre as normas morais. Nega a existência de valores comuns. Mas não prova a inexistência de princípios morais comuns. O relativismo normativo assevera que não há como valorizar racionalmente princípios diferentes. Que princípios diferentes têm o mesmo valor. Mas não prova que não haja princípios valorizados por todas as culturas. O relativismo metaético sustenta que não existem métodos transculturais de provar cientificamente a validade de um sistema moral ou a sua prevalência ante os demais sistemas. Mas não demonstra a impossibilidade da existência de valores e princípios compartilhados por todos.

Os pluralistas sustentam que agrupar e hierarquizar preceitos não depende de um valor supremo ou de uma teoria hegemônica. Diferem dos relativistas na medida em que, enquanto estes sustentam que a verdade e a validade de um julgamento moral são relativas ao grupo identitário em que a pessoa está incluída, não existindo critérios externos de demarcação dos valores envolvidos, os pluralistas arguem que, embora a validade dos argumentos morais seja irredutível a um fundamento único, ela não é infinita.

Sentimento moral

O pluralismo não é um convencionalismo. Os pluralistas pensam que vivemos em um mundo caracterizado pelo "politeísmo dos valores", tanto da perspectiva do desaparecimento de valores que sejam comuns a todos os grupos e sociedades, quanto da perspectiva da profusão de valores que coexistem dentro desses grupos e sociedades. Mas que esse politeísmo não significa que não subsistam valores comuns. Não valores que possam ser convencionados, como pregam os primeiros contratualistas, mas valores reais, encontráveis em muitos, senão em todos os grupos identitários. Para os pluralistas haveria valores, principalmente interdições, compartilhados. Valores essenciais à proteção, promoção e florescimento dos grupos, das comunidades, das sociedades.

A ideia de que a identidade pessoal se constitui em função de uma "cultura" singular não implica descartar por princípio toda possibilidade de apreciação pelo observador externo das práticas e das instituições de culturas diversas da sua. Os pluralistas argumentam que, embora o relativismo seja um fato, o sentimento moral dos indivíduos é o de que os valores que lhes são caros são compartilhados por todos.

Na há, evidentemente, como provar que assim seja. Mas, para os pluralistas, não se trata de construir uma doutrina moral, uma ética diferente das que a filosofia propõe. O que pretendem é, objetivamente, alcançar um dos propósitos fundamentais da ética: a norma de orientação do convívio entre identidades e grupos identitários diversos.

Acreditam que isso possa ser feito não pela teorização axiológica, mas pela ordenação da pauta das restrições morais acordes com a percepção moral compartilhada. Pretendem construir uma solução operatória, uma ética interina, fundada no sentimento moral, não na razão.

Valores comuns

Os relativistas afirmam que os valores vividos pelos agentes sociais não passam de ilusões, que os universalistas denominam de puro emocionalismo, os utilitaristas de fantasias e que Marx chamou de "falsa consciência". Mas, da mesma forma que não há como provar que os sentimentos morais sejam irracionalidades, não há como provar que não sejam comuns, inerentes à espécie humana, ou, pelo menos, inerentes aos seres humanos que coexistem no mundo de hoje.

Os sociólogos, politicólogos, economistas, todos os que trabalham com a opinião pública sabem, e podem provar facilmente, que fenômenos como a concentração das riquezas, a desigualdade de oportunidades, a corrupção, a fraude são tolerados somente até o ponto em que afetam a eficácia dos sistemas produtivos, das estruturas de poder, do arcabouço social. É nesse sentido, do óbvio, o entendimento dos pluralistas de que o moralmente aceitável está intimamente ligado ao bem dos grupos identitários culturais, comunitários, em contato. Os membros do grupo estão unidos por sua história, por suas crenças, por seus valores. O moralmente correto é o que propicia o bem comum, o bem da comunidade. O argumento de fundo é o de que alguns desses valores são, necessariamente, compartilhados por todos os grupos que integram uma mesma comunidade identitária.

Os exemplos e as razões para que seja assim são fartos. A corrupção política é um fato em muitas regiões e países. Algumas pessoas nesses países são favoráveis a ações corretivas enérgicas, mesmo violentas, contra a corrupção. Outras pensam que a educação ou a redistribuição de riquezas anulará ou atenuará a corrupção; outras, que o controle constante ou aleatório solucionaria o problema; outras, ainda, que não há nada a fazer, que é preciso conviver com a corrupção. O que ninguém nega é que, para todos os grupos, a corrupção é uma coisa nefasta.

O ponto em comum dos pluralistas é o de que a moralidade foi desenvolvida para promover e para proteger os interesses básicos de bem-estar e florescimento dos grupos sociais. Sustentam que existem argumentos razoáveis em favor do compromisso moral. Embora neguem que haja uma moralidade única, afirmam que alguns valores morais são mais defensáveis, ou mais úteis às sociedades e aos indivíduos em geral, do que outros. Por exemplo, o cuidado com as crianças e os jovens (para que possam desempenhar adequadamente a sua parte na cooperação social, inclusive em relação aos mais velhos); a reciprocidade na prestação de apoio material e espiritual (base da manutenção e da reprodução da estrutura social); a condenação da crueldade (que não traz nenhum benefício social).

O fato de haver diferenças entre os grupos identitários não prova que os julgamentos são verdadeiros ou falsos. Em outros termos: o fato de que os julgamentos sejam diferentes não prova que os princípios sejam diferentes.

Dificilmente encontraríamos hoje grupos que não tenham sentimentos de proteção da juventude, de responsabilização das autoridades públicas e dos dirigentes empresariais; de rejeição dos mecanismos de privilégios (autoproteção econômica dos governantes e dirigentes), ou de repúdio ao "silêncio do Estado" sobre o peso infligido às gerações futuras, por exemplo.

Fórmula

Não há, propriamente, uma fórmula pluralista única de estabelecer o padrão moral. Para determiná-lo, devemos ver-nos como parte de um todo social, refletir sobre o tipo de relação que queremos e de como poderemos alcançá-la. Desse modo, descobriremos quais as virtudes a serem incentivadas e quais os vícios a serem combatidos nessas relações.

O pluralismo moral se distingue na medida em que contraria a possibilidade de que dois juízos normativos distintos ou opostos a respeito do mesmo ato venham a ter a mesma validade. Concede que julgamos os outros de acordo com os nossos padrões, e que não há como julgá-los de acordo com os padrões deles, ou como ter certeza de que compartilhamos os mesmos valores. Mas propõe moralidades fundadas na cooperação social. Éticas referenciadas não a um parâmetro, mas à sobrevivência.

Os critérios que propõe são os mais variados, mas podem ser divididos em três grupos: os práticos, os lógicos ou "científicos", os culturais.

Segundo os critérios práticos, a validade de uma norma seria dada pelas necessidades e interesses sociais da comunidade ou das comunidades histórico-sociais em contato. A norma é dada pelas possibilidades contingentes. A origem das condutas aceitas estaria fundada em questões práticas de sobrevivência da sociedade. Por exemplo, a manutenção dos anciãos ou da vida dos prisioneiros só se tornou moral quando foi economicamente possível. De acordo com esse argumento, a origem das condutas aceitas (não mintas, não roubes etc.) está vinculada à necessidade que têm as sociedades de se protegerem delas mesmas e de protegerem as relações que mantêm entre si.

Segundo os critérios lógicos ou "científicos", a validade da norma é dada pela não contradição com uma norma fundamental ou com o valor principal do código vigente em uma sociedade; por sua compatibilidade com os conhecimentos científicos mais atuais. De acordo com esse argumento, ideias que discriminam as pessoas por serem mulheres, ou pertencerem a outras raças, ou por serem habitantes das regiões atrasadas, não são válidas por não corresponder ao que a ciência mais atual apurou.

Segundo os critérios culturais, a validade da norma é dada pelo sentido histórico ascensional da moral em uma perspectiva evolucionista dialética, de forma que é possível deduzir-se logicamente por uma norma "melhor" ou "mais avançada" do que as outras. A racionalidade está na consideração das três justificações simultaneamente, sob a égide da última, isto é, da ideia de que a ética evolui, devém.

Quaisquer que sejam os critérios, o pluralismo moral tem avançado substancialmente. De um lado porque o relativismo, embora seja a única corrente ética que se prova empiricamente, não resolve o problema da ordenação do convívio. De outro lado, porque contribui para superar a circularidade cética ("não existe moral absolutamente válida que possa servir de fundamento a uma moral absolutamente válida").

Os pluralistas pensam que o fato de não se ter encontrado até hoje uma ética universal não quer dizer que ela não possa existir ou que isto seja relevante. Não contestam a veracidade dos argumentos das correntes filosóficas racionalistas, contratualistas, consequencialistas, relativistas. Apenas denunciam sua insuficiência, sua inutilidade prática.

Os principais representantes do pluralismo ético "pertencem", de alguma forma, a uma dessas correntes. São eles Richard Rorty, o representante contemporâneo do pragmatismo, e o também contemporâneo John Rawls, que renovou o pensamento contratualista e que examinaremos à parte.

O pragmatismo antiessencialista de Rorty

Richard McKay Rorty (1931-2007) foi o renovador da filosofia do pragmatismo na virada do século. Formado tanto na filosofia tradicional quanto na analítica, ele foi um seguidor de Dewey ao criticar a teoria do conhecimento, a filosofia da cultura e a filosofia da linguagem, alinhando argumentos colhidos desde os gregos até contemporâneos, como Derrida. Além da proposição pragmatista, Rorty foi um iconoclasta, um pensador contra qualquer "ismo".

Rorty defendeu um pragmatismo não relativista, regido pela atitude objetiva em relação à moral. Ele se colocou contra o fundacionismo e o essencialismo racionalista, em benefício do esclarecimento. Para ele, o conhecimento não deriva de um fundamento único nem de um arcabouço teórico infalível. Deriva da compreensão do objeto na circunstância em que ele existe (contextualismo epistemológico). A filosofia não se destina a prover os fundamentos e as justificativas das práticas e das instituições que aí estão, mas a explicá-las e criticá-las.

O pragmatismo de Rorty supera o instrumentalismo relativista de Dewey ao entender a linguagem não como representação ou espelho da realidade, mas como expressão do real efetivo. Sustenta a posição de que a linguagem e o pensamento são apenas parte do repertório de instrumentos que temos para lidar com o mundo e com nós mesmos.

Não sendo possível se alcançar algo como "a verdade", que é, e sempre será, algo indefinível e indelimitável, Rorty pretendeu deslocar a filosofia da trilha do rigor e da busca essencial para se fixar nos temas que nos afetam cotidianamente: a condição feminina, a educação, a legalidade etc. Pregou que os filósofos devem abandonar qualquer veleidade de seguir algo como um "método científico". Devem rejeitar a teorização em benefício do esclarecimento, concentrando-se em definir e precisar os conceitos morais, conectados com a vida e as necessidades do cotidiano. Devem concentrar-se na superação dos conflitos resultantes do embate entre os desejos e as esperanças.

Como os pragmatistas relativistas, Rorty pensa que, não havendo verdade nem conhecimento que possa ser absolutamente fundado, não há nada externo à prática social que possa orientá-la moralmente. Mas ele supera o relativismo ao não aceitar a possibilidade de qualquer ponto de referência fixo a que se possa relacionar a moral.

Para o pragmatismo antiessencialista e não relativista de Rorty, as condutas morais são o que são e só podem ser analisadas, descritas e criticadas como tal. Tudo é relacional. Nós só podemos falar das coisas descrevendo-as como nós as percebemos e interpretamos: de forma imperfeita. Não existem obrigações incondicionais. A moralidade não se distingue da prudência, da conveniência e do interesse. Nenhuma conduta podendo ser reduzida à outra, o que resta é compreender a diversidade e focar o esforço moral na diminuição do sofrimento, na mitigação das dores da existência.

O seu discurso não se presta a resumos e não poderia ser mais contundente:

a obrigação moral não tem uma natureza, ou uma fonte, diferente da tradição, do hábito e do costume. A moralidade é simplesmente um costume novo e controverso. A obrigação especial que sentimos quando usamos o termo moral é simplesmente a necessidade de agir de uma maneira relativamente nova e ainda não testada – uma maneira que pode ter consequências imprevisíveis e perigosas. Nosso senso de que não é a prudência mas a moralidade que é heroica é meramente o reconhecimento de que testar o que é relativamente inédito é mais perigoso, é mais arriscado do que fazer o que ocorre naturalmente.

Desenvolvimento moral no indivíduo e progresso moral na espécie humana como um todo são uma questão de reconstruir as identidades humanas de maneira a conseguirmos expandir a diversidade de relacionamentos que constituem essas identidades.

(...) podemos ter como objetivo tornarmo-nos cada vez mais sensíveis ao sofrimento e alcançarmos uma satisfação cada vez maior de necessidades cada vez mais variadas.

Uma vez que estamos convencidos de que não há nenhuma essência humana sutil que a filosofia possa apreender, não tentamos substituir a superficialidade pela profundidade, nem nos erguer acima do particular para apreender o universal.

Referência

RORTY, Richard. Ética sem obrigações universais [fragmentos]. In: MAGRO, Cristina; PEREIRA, Antônio Marcos (Orgs.). *Pragmatismo*. Belo Horizonte: UFMG, 2000.

10

A economia moral da justiça

JOHN RAWLS (1921-2002) – No segundo termo do século XX, o pensador norte-americano John Rawls provocou uma guinada nos estudos sobre a ética. Ao publicar, em 1971, *Uma teoria da justiça* ofereceu a possibilidade teórica de integrar o sentimento moral com as liberdades públicas e individuais caras ao Ocidente.

Típico *scholar* norte-americano, Rawls foi professor na Universidade de Cornell e, depois, na de Harvard. Publicou *Uma teoria da justiça* aos 50 anos. O livro, denso e austero, se tornou um dos polos inevitáveis de discussão ética. As polêmicas que se seguiram à sua publicação fizeram com que, nas décadas seguintes, Rawls revisse alguns dos pontos de sua abordagem, inserindo a questão da esfera pública (*Political liberalism*, 1993) e internacionalizando a sua perspectiva (*The law of peoples*, 1999).

Rawls construiu uma versão modernizada do contrato social. Mas o êxito extraordinário que teve o modelo que desenvolveu deve ser creditado principalmente à demonstração das fragilidades do pensamento igualitarista, que identifica a justiça com a igualdade econômica, e das distorções do liberalismo econômico, cego às injustiças decorrentes do mercado deixado à solta.

Rawls logrou teorizar com propriedade e perspicácia. Professou um construtivismo que não pressupõe a existência de verdades morais objetivas. Evitou o ranço do academicismo europeu. Baseou-se unicamente na ideia de que, acordados os princípios fundamentais, deles é possível derivar logicamente o ordenamento ético.

Na sua trajetória em busca do fundamento do que é justo, Rawls retomou a tarefa primária da ética. Construiu uma explicação racional para o moralmente válido. Procurou compreender a lógica que define a moralidade. Não no sentido de "descobrir" como a moralidade se dá, mas no sentido de como construir uma ética objetiva.

Para determinar quais princípios morais deveriam reger a conduta humana, ele estudou concepções substantivas dos diferentes ordenamentos do justo (*right*), do bom (*good*), do valor moral e a sua relação com a consciência moral. Concluiu que a vida cotidiana não está submetida a um código de regras, mas a princípios.

Para chegar a esses princípios, ele formulou uma concepção precisa da justiça. Procurou demonstrar que o justo é anterior a qualquer outra consideração moral.

O justo e o bom

Desde Aristóteles, a justiça tem sido entendida como ordem universal, seja mediante a comutação – as ações de reciprocidade e de equilíbrio equitativo –, seja mediante a redistribuição – as ações de proporcionalidade e do estabelecimento de méritos.

No sentido objetivo, sociopolítico, a ordem universal idealizada do que é justo é o critério superior do princípio normativo da ação individual, da ação dos grupos e da ação das instituições. É um direito conforme uma norma, seja esta norma natural, seja divina, seja positiva.

No sentido prático, o justo é o ideal equitativo dos direitos e dos deveres, da precisão e do rigor, da justeza das ações.

No sentido subjetivo, o justo é uma atividade moral. É o proceder que não está baseado em uma inclinação (amor, amizade, benevolência, simpatia) nem em uma obrigação para com o outro (virtude). É a medida de justificação das regras de convivência. Uma norma ideal que aspira a estabelecer ou a restabelecer uma ética. Resulta da crítica moral, que não se guia por nenhum rancor, por nenhum favor, mas por princípios formais.

É sobre esta última concepção, da justiça como fundamento das regras de convivência, como norma fundada em princípios racionais, que Rawls erige o seu edifício teórico.

A justiça é uma invenção social que encerra um conceito, mas que admite muitas interpretações de como este conceito se aplica na prática. Por isso carece de uma teoria, de um processo lógico que estabeleça o conteúdo e a ordenação dos seus princípios normativos.

Rawls integra três noções ao princípio de justiça: o reconhecimento dos outros enquanto pessoas reais, com sentimentos e interesses; uma formulação kantiana, da ideia de não se tratar os outros como meios, mas unicamente como fins; a concepção de que o justo é anterior ao bem, querendo isto significar que o bem integra o justo.

Ele parte de uma análise deontológica, de como deveria ser uma sociedade bem-ordenada, justa, fundada em princípios. Teoriza o justo determinando como seria a construção lógica de um contrato sobre os princípios equitativos a partir de uma "posição original", uma situação análoga a um "estado da natureza".

Construtivismo pluralista

Esse "contrato ideal" seria a expressão de um acordo sobre os princípios fundamentais da justiça, estabelecido em um ato coletivo, por agentes livres, racionais e iguais, que abstraem sua posição socioeconômica particular. Pessoas que, ignorando o que o futuro lhes possa reservar e desejosas de favorecer os seus próprios interesses, chegariam a um pacto fundado em preceitos necessariamente justos.

Nessa formulação, Rawls reuniu uma série de conceitos de várias origens. A ideia de estado da natureza da situação imaginária, do ser humano vivendo em estado puro, pré-social, bem como o conceito do pacto ou do contrato, de que, para escapar à barbárie, a humanidade teve de estabelecer um acordo político-social, é contratualista. A noção do "véu de ignorância", dos agentes que abstraem tudo que não seja o conhecimento imediatamente disponível, inclusive as condições econômicas, políticas e sociais e as antevisões sobre o futuro, é retirada do idealismo (Rawls, 1993, VIII, §4º, p. 305). A concepção de que agentes racionais decidem de acordo com os seus interesses se inspira francamente no utilitarismo.

Rawls pôde sintetizar esses conceitos em um todo porque o sistema que elaborou não se baseia em um critério, mas em um procedimento. Ele concebeu a tarefa da ética não como a de descobrir princípios, mas a de estabelecer princípios mediante processos que permitissem alcançar um equilíbrio moral razoável.

A tese é a de que, sendo o procedimento racional e equitativo, o resultado desse procedimento também o será. A sua teoria não procura resolver a integralidade do problema da justiça absoluta, mas a dos princípios que regem a repartição moralmente justificável das vantagens sociais.

O acordo

A teoria da justiça é pluralista, isto é, compreende o universo social como composto de uma série de elementos heterogêneos. Mas sustenta a possibilidade de um ordenamento serial de princípios, de forma que um primeiro e mais importante princípio deve ser satisfeito antes de qualquer outro.

Rawls situa como anterior a todos os princípios o da liberdade. Em seguida, vem o do reequilíbrio das desigualdades e desses dois princípios fundadores derivaria toda a justiça e, dela, toda a moral.

A teoria propõe uma explicação hipotética, em que uma assembleia de pessoas livres se reúne para escolher os princípios que devem presidir a estrutura da sociedade (Rawls, 1993, VII, §7º, p. 275 e segs.).

As condições para o acordo são as seguintes (Rawls, 1981, §20 e segs., p. 107 e segs.):

- as circunstâncias de escassez moderada da economia e de desinteresse mútuo entre os agentes;
- o respeito às restrições formais do conceito de justo: generalidade, universalidade, publicidade, ordenação e determinabilidade;
- a razoabilidade dos agentes;
- o "véu de ignorância", a abstração da situação particular e da situação social, econômica, psicológica e física do indivíduo. A ideia é a de que, se alguém tem de escolher princípios, mas nada sabe sobre a sua posição e sobre o seu futuro, não podendo determinar quais princípios constitutivos da justiça poderiam ser vantajosos e quais poderiam ser desvantajosos para ele, tenderá a escolher princípios "neutros", de interesse geral, princípios que sejam bons para qualquer um e para todos.

Sob essas condições, o acordo inicial determinaria, necessariamente, dois princípios (Rawls, 1981, §60-68, p. 245 e segs.):

- o da liberdade – cada pessoa deve ter direito igual ao mais amplo sistema de liberdades básicas. A justiça é dada, antes de tudo, pela liberdade de opinião e de consciência, igual para todos e que impera acima dos interesses econômicos, das aspirações político-sociais e das convicções religiosas. A liberdade deve ser a mais ampla compatível com as liberdades alheias. Este princípio é prioritário em relação a todos os outros;
- o da diferença – segundo o qual as desigualdades socioeconômicas só podem ser consideradas justas se produzirem uma compensação, um reequilíbrio das situações, em especial para os membros menos favorecidos da sociedade. De modo que as desigualdades, para serem justas, obedecem a duas condições:
  - propiciar o maior benefício aos menos favorecidos;
  - garantir o acesso a cargos e posições em condições equitativas, isto é, em que as oportunidades e vantagens sejam acessíveis a todos, igualando a atribuição de direitos e de deveres.

Os dois princípios de Rawls são, na verdade, três. O sistema é constituído por uma condição maior, a da liberdade, e dois grandes princípios: o da diferença e o da igualdade.

Formulada dessa maneira, a teoria da justiça se constitui como um "equilíbrio reflexivo", como resultado de uma ponderação lógica, pela qual a coerência da nossa perspectiva moral é obtida mediante o ajuste mútuo entre os juízos particulares, os princípios gerais e as construções teóricas.

O equilíbrio reflexivo (ou reflectivo) se dá entre as concepções adotadas e as consequências que elas implicam. Impõe um ajustamento dos princípios às convicções morais de uma cultura. Admite a possibilidade de correções e ajustamentos.

Ignorando a posição que ocupará no sistema, cada um é racionalmente animado por seus próprios interesses. Cada agente considera a possibilidade pior, ou seja, que ocupará a posição social mais ínfima. A sua estratégia será, necessariamente, a da minimização das perdas máximas e da maximização das perdas mínimas (*maxmin*), que consiste em assegurar-se que o pior resultado será o melhor possível. Os agentes tratariam, então, de buscar um equilíbrio das possibilidades e a determinação de juízos ponderados por meio de um conjunto de procedimentos.

A liberdade e a diferença

O primeiro princípio, o da liberdade, corresponde à concepção de autonomia racional de Kant, mas dela difere na medida em que é constitutivo do ser humano e não construído por ele. É um espaço de significação da vida e uma condição de dar sentido a ela, um fim (destinação) escolhido pela razão. Implica a razoabilidade – capacidade de ter senso de justiça – que antecede, informa e limita o justo, que por sua vez indica a ética fundada na racionalidade – capacidade de conceber o bem. Inclui o conceito de Locke, da liberdade dos meios necessários à preservação da vida, do corpo e das demais propriedades; e o de Rousseau, da vontade geral e da autonomia da conduta e da expressão.

Tais liberdades não são absolutas: são restritas e regulamentadas, mas sempre em nome de outras liberdades mais fundamentais. De outra forma, poderia ser o caso, por exemplo, de a liberdade de informação tolher ou prejudicar outra liberdade mais fundamental, como a da proteção contra julgamentos arbitrários (Rawls, 1981, §31 e segs., p. 159 e segs.; 1993, VIII, §9º, p. 332 e segs.).

Mas a chave da teoria de Rawls repousa sobre o princípio da diferença.

De acordo com esse princípio, todos os valores sociais – liberdades, oportunidades, renda e as bases sociais da autoestima (*self-esteem*) – devem ser distribuídos igualitariamente, desde que uma distribuição desigual não seja vantajosa para todos. Em outros termos as distribuições desiguais só são aceitas se trazem vantagens para todos; caso contrário, constituem-se em injustiças.

Selecionar o *maxmin* significa escolher, entre as disposições possíveis, a que torna mais elevadas as vantagens pessoais, bases do autorrespeito (*self-respect*), políticas (posições e prerrogativas) que podem ser esperadas por aqueles em posições mais fracas. Mais do que isso: as desigualdades imerecidas devem ser compensadas de forma a contrabalançar os "déficits de justiça da igualdade liberal".

Essa é uma noção complexa, baseada na regra utilitarista, mas dela diferindo ao se distanciar do equilíbrio direto do "ótimo de Pareto" (quando não é possível melhorar a posição de um indivíduo sem, ao mesmo tempo, piorar a situação de outro).

É um modelo seletivo, não igualitário ou isonômico. É uma função de esperança, não de caridade. As desigualdades de remuneração, por exemplo, são justas desde que reflitam o rendimento efetivo do trabalhador e/ou maior responsabilidade, desde que esta desigualdade contribua para estimular o progresso e as esperanças de todos (Rawls, 1993, VII, §5º, p. 270-271).

Rawls se propõe estabelecer os meios necessários ou "bens", de modo que tal justiça possa se efetivar.

Para além da disposição de bens naturais, como a capacidade intelectual e os talentos, que estão fora do nosso controle pessoal e institucional, ele propõe a ordenação concertada dos "bens sociais", constituídos tanto de bens morais (abstratos) quanto de bens materiais, decorrentes (Rawls, 1993, II, §7º, p. 82):

- de um princípio igualitário (igualdade democrática) de distribuição para os bens básicos imateriais – correspondente ao direito igual às liberdades fundamentais iguais, que sejam compatíveis com as liberdades para todos – em que a simetria é exigida, incluindo:
    - as modernas liberdades individuais, os direitos de autonomia privada: consciência, pensamento, religião, opinião, movimento, ocupação, respeito próprio e autodesenvolvimento;
    - as tradicionais liberdades políticas, os direitos de autonomia pública: expressão, voto e elegibilidade, participação, reunião, direito à propriedade, à integridade física, à proteção contra julgamentos e detenções arbitrárias, à segurança. A igualdade de oportunidades deve ser assegurada pelas instituições educacionais, políticas etc., por ser vantajoso para todos que todos possam concorrer em igualdade de condições;
- de um princípio não igualitário de distribuição de bens básicos materiais, sociais, econômicos, poder (posição e cargo), em que:
    - a assimetria é justificada pelo que é razoável esperar que sirva de benefício para todos;
    - as oportunidades estejam abertas a todos.

A liberdade precede a todos os outros princípios porque a suspensão das liberdades e direitos não pode ser compensada por maiores vantagens sociais e econômicas, sob pena de viciar todo o sistema, torná-lo instável.

A distribuição, ao favorecer os mais pobres e os socialmente inferiorizados, só será justa ao contribuir para a melhoria destes mesmos agentes. Equação que corresponde a um equilíbrio assimétrico das vantagens e prerrogativas, na medida em que a distribuição em favor dos mais ricos e socialmente privilegiados também será justa se tiver o mesmo efeito de trazer "vantagens para todos". Por exemplo, o empreendedor não recompensado não investirá. Como é do interesse de todos que alguém receba mais por ter mais iniciativa, o lucro obtido por quem se arrisca a empreender é justo e moralmente correto. Isto desde que o aumento das expectativas de ganhos dos empresários venha a deixar a classe operária em melhor situação.

Contratualismo

Rawls fez as tradições deontológica de Kant e teleológica de Mill convergirem para a esfera da tradição do contrato. Ele se baseou em ideias aristotélicas (mitigação das desigualdades), utilitaristas (consequências dos atos morais) e kantianas (razão prática). Mas a pedra de toque da teoria da justiça é a retomada da filosofia do contrato social: a ideia de um acordo racional ou razoável, baseado no interesse particular e universal e fruto do consentimento de todos.

No contrato, a sociedade, a quem ninguém tem a obrigação de aderir, é definida como um sistema equitativo e voluntário de cooperação entre indivíduos. A teoria da justiça descarta o critério natural e o critério da eficácia como fundamentos de ordenamento moral da sociedade. Opõe-se às doutrinas que imperaram na segunda metade do século XX – as ideologias do igualitarismo e do liberalismo absoluto e as doutrinas morais do intuicionismo, do emotivismo, do subjetivismo e do utilitarismo.

Contrapõe-se às posições igualitaristas e liberais do bem-estar de todos porque, na perspectiva de Rawls, para que o bem prevaleça, o correto e o justo devem ser anteriores ao bom.

Contrapõe-se ao intuicionismo, ao emotivismo e ao subjetivismo porque estas doutrinas supõem o pluralismo de princípios, não o pluralismo de ideias, a aceitação das diferenças interculturais e intersubjetivas.

Contrapõe-se ao utilitarismo porque o critério de decisão de Ralws é teórico, genérico e permanente, não um critério de decisão prático, particular e imediato. Ele critica especialmente nos utilitaristas o princípio segundo o qual uma sociedade é justa quando suas organizações são instituídas de forma a alcançar a maior soma de satisfação para o conjunto de indivíduos. Para Rawls, o princípio da utilidade é incompatível com a ideia de reciprocidade: é injusto porque submete os direitos individuais ao cálculo do interesse social.

Rawls não aceita a tese utilitarista do balanço automático das perdas e ganhos, transpondo-a de uma moral empírica fundada em fatos para uma moral *a priori*, fundada em princípios. Uma teoria que propõe a supressão das diferenças resultantes da "loteria natural" (talentos) e da "loteria social" (destino) porque são "moralmente arbitrárias" e, portanto, são moralmente arbitrários os estados resultantes dos seus efeitos. A "arbitrariedade moral", no sentido que lhe dá Rawls, é aquela resultante da natureza e do acaso, diferente, portanto, da arbitrariedade causada por uma decisão não justificada racionalmente (preconceitos, maldades, jugo etc.).

Ele confere ao Estado responsabilidades no fornecimento de bens públicos e no controle das instituições encarregadas das liberdades individuais e coletivas e da distribuição equitativa desses bens. Prega também a redistribuição compensatória: os que recebem maiores vantagens têm o dever de compensar a parcela maior recebida em decorrência do que a sociedade lhes proporcionou (por exemplo, impostos progressivos)(Rawls, 1981, §81, p. 406).

A pessoa

O utilitarismo, o igualitarismo e as demais posições contemporâneas são marcadas pela eficácia e pela abstração. As pessoas são consideradas como tendo necessidades e preferências idênticas. Não se levam em conta as relações intersubjetivas e o bem comum como empresa diversa da soma dos interesses particulares. Não se leva em conta a reciprocidade implícita no conceito de justiça, uma vez que se julga correto que os indivíduos sacrifiquem seus interesses sem receber nada em troca.

Contratualista, Rawls concebe a pessoa como sujeito de direitos. Toma cada um não como unidade individual, mas como a pessoa capaz de imaginar, de distinguir, de se expressar e de reivindicar. A pluralidade das pessoas é essencial ao seu modelo.

Rawls considera, bens primários as liberdades de pensamento e de consciência, de movimento e as prerrogativas de autorrespeito, de escolha de ocupação e de acesso a posições e a riquezas, enfim os bens necessários à sobrevivência digna de todo e qualquer indivíduo (Rawls, 1981, §33, p. 166).

Ele toma como bens básicos os valores fundamentais: a legitimidade, o respeito, a segurança, a liberdade, a educação, as oportunidades profissionais, a renda, as subvenções, bases sociais da autoestima, do reconhecimento de nosso próprio valor (Rawls, 1981, §67, p. 325).

O princípio da igualdade equitativa de oportunidades não pressupõe que todos somos iguais, independentemente da nossa condição natural – saúde, dotes etc. – e da nossa condição social. Ao contrário, este princípio reclama apenas que pessoas que possuam as mesmas condições naturais tenham possibilidade de acesso às posições e às condições de progresso.

O sujeito moral sendo uma pessoa livre, igual às demais, razoável e dotada de senso de justiça, empresta lógica e coerência às instituições burguesas como a família, a constituição política democrática, a propriedade, a economia de mercado.

Não se trata, por exemplo, de garantir que pessoas sem talento e capacidade ingressem nas universidades, mas de garantir que pessoas com os mesmos talentos e capacidades possam ter condições de acesso à educação superior. Como não se trata de o empregado ter o direito de participar das decisões da empresa, mas de ter a possibilidade de ascender às posições que detêm essa prerrogativa.

Críticas

A teoria de Ralws foi recebida com duras críticas. Algumas se referem às implicações dos resultados a que chegou, mas a maioria se dirige aos pressupostos do sistema.

Censura-se, por exemplo, que não há base nos pressupostos da teoria que leve a concluir que é vantajoso amparar os que não podem suprir a si mesmos (desempregados, incapacitados para o trabalho, doentes físicos, psíquicos e mentais). Que, ao contrário do que supõe o princípio da diferença, não há como garantir os efeitos e as proporções nem do aumento, nem da manutenção, nem da redução das assimetrias econômico-sociais. Que a arbitrariedade natural dos dotes e talentos não pode ser considerada moral, não havendo como fundamentar em termos éticos a compensação pela falta de aptidão.

Mas as objeções mais contundentes vão contra:
- a confusão entre a concepção deontológica do justo e a concepção teológica da justiça dada pelo auto-interesse – argumenta-se que o ponto de vista dos princípios morais, claros e precisos, e o ponto de vista dos interesses particulares, variáveis e ponderados, são inconciliáveis (Habermas, 2004);
- a primazia do princípio da liberdade – argumenta-se que não é verdade que os seres humanos dão sempre e em qualquer circunstância maior valor à liberdade do que a vantagens econômicas, que preferem a liberdade à condição de penúria;
- o véu da ignorância – argumenta-se que não há como decidir na ausência total de referências. Que se alguém tem de escolher princípios, mas nada sabe sobre a sua posição e sobre o seu futuro, não podendo determinar quais princípios constitutivos da justiça poderiam ser vantajosos e quais poderiam ser desvantajosos para ele, não terá como escolher princípios "neutros", de interesse geral, princípios que fossem bons para qualquer um e para todos;
- a determinação isenta das escolhas – argumenta-se que não existe ser humano desraigado, isolado de uma situação étnica, social e política;
- a estratégia *maxmim* – argumenta-se que é não natural. Que os seres humanos, ao contrário do que supõe Rawls, tendem a arriscar-se em uma estratégia *maxmax*;
- o próprio acordo – argumenta-se que os seres humanos tendem a decidir com base em sentimentos (*sympatheia*) e não com base em uma lógica estrita, e que não há como demonstrar que todos os indivíduos consentiriam com os princípios da liberdade e da diferença.

Aperfeiçoamento e síntese

Em face das críticas à concepção monológica de racionalidade implicada no seu construtivismo, Rawls reformulou alguns pontos da teoria da justiça em favor de uma noção dialógica de uma racionalidade prática. Mas manteve constantes os procedimentos e os princípios de justiça, limitando apenas o alcance da concepção, circunscrevendo o consenso aos que aceitam as concepções liberais.

Nos trabalhos posteriores a *Uma teoria da justiça*, ele argumentou que a posição original, o véu de ignorância, seria removida por "interesses de ordem maior" que orientam os "poderes morais", a capacidade de formular, revisar e perseguir uma concepção racional do bem e a capacidade de entender, aplicar e agir de acordo com um senso de justiça.

Rawls desenvolveu seus argumentos, tornando-os mais compatíveis com o pluralismo e com uma concepção pública de justiça. Segundo essa nova concepção, os princípios livremente escolhidos pelos indivíduos devem ser endossados, mediante o acordo das posições culturais, filosóficas e religiosas presentes na sociedade.

Nos seus últimos anos, Rawls escreveu ensaios desenvolvendo a teoria do justo e do moral. A maioria foi reunida na coletânea *Political liberalism*, de 1993. Nesses ensaios, ele aperfeiçoou e modificou suas concepções em função:

- do "fato do pluralismo" – a multiplicidade de crenças, filosofias morais, que impede o consenso. Do entendimento de que a unidade só seria possível dentro do quadro do pluralismo cultural, isto é, dos valores compartilhados. Formulou uma concepção política de justiça, fundada nos pontos em comum das diversas crenças, doutrinas e modos de pensar de uma sociedade, evitando as posições de confronto. A ideia que desenvolveu foi a de se conseguir um consenso por interação (*overlapping consensus*), uma dimensão pública, não privada do razoável, uma noção abrangente, que incluísse concepções filosóficas, religiosas e culturais que pudessem ser aceitas universalmente, de forma livre, racional e equitativa. O "consenso sobreposto" impõe o respeito tolerante a todas as noções particulares de bens. Exige que as concepções sobre o justo se coadunem com os bens primários e com os princípios básicos e que sejam aceitas por cada uma das orientações morais existentes na sociedade (Rawls, 1993, IV, §4º, p. 150-154);

- da defesa do "equilíbrio reflexivo", pelo qual a coerência da nossa perspectiva moral é obtida mediante o ajuste mútuo entre os juízos particulares, os princípios gerais e as construções teóricas como contrato social (Rawls, 1993, I, §4º, p. 28). Nesta perspectiva, cada sujeito representativo esclarece a sua posição em relação à distribuição dos bens. A multiplicidade das posições é harmonizada em acordo com princípios que Rawls supõe universais, capazes de ordenar a cooperação e a vida coletiva. É um procedimento analítico, que contorna o problema da deontologia, dos princípios eternamente fixos por uma razão imutável, e que se baseia em argumentos razoáveis. Com a nova ideia do equilíbrio reflexivo, os princípios igualitaristas deixam de ser universalizados. Há situações em que são rejeitados, como há situações em que são exigidos (Boudon, 2000:3);
- de ter aceito não ser possível se partir de zero em uma situação original inteiramente neutra. O ponto de partida seria dado, então, por determinados valores, que ele denomina "pensamentos intuitivos fundamentais";
- de ter cingido o modelo às sociedades democráticas que prezam a liberdade, a igualdade e a equidade na produção e distribuição de bens materiais e morais (Rawls, 1993, I, §6º, p. 35);
- de, principalmente, ter negado que a sua teoria seja uma nova filosofia moral, tomando a justiça equitativa exclusivamente como forma de ordenação do convívio em uma sociedade bem-ordenada. O modelo se limita, então, a propor uma ética normativa, fundada na razoabilidade pluralista de todas as doutrinas morais que, apesar de se oporem, persistem através dos tempos e são compatíveis com os princípios básicos de liberdade e igualdade democrática.

Rawls deu atenção especial à questão da distribuição dos bens públicos, aqueles necessários à dignidade da vida coletiva. Os bens que não podem ser oferecidos a cada pessoa individualmente, como a educação, o controle de doenças, as águas e esgotos, a segurança, o transporte, a moradia. Os bens que constituem o exercício do controle econômico, como aferição de custos e preços, o intercâmbio e a transparência das informações sobre os interesses, a transferência ou redistribuição (por exemplo, renda mínima), a distribuição, mediante o fornecimento de bens coletivos. Os bens que, por natureza, são indivisíveis, como a segurança da nação contra uma ameaça externa. Insistiu em que o Estado tem obrigação de garanti-los (Rawls, 1981, §42, p. 2001 e segs.).

A idealização do liberalismo político e do econômico é, para muitos críticos, o ponto mais fraco do modelo de Rawls. Ele jamais vai contra o liberalismo. Propõe apenas que o mercado aberto seja controlado. No seu modelo, a responsabilidade pelo fornecimento dos bens públicos deve ser governamental, mas o fornecimento em si pode ser tanto governamental como concedido à iniciativa privada. Já a decisão sobre o que integra a lista dos bens públicos e a prioridade na oferta deve ser livremente tomada pela população (Rawls, 1981, §37, p. 181 e segs.).

Sejam quais forem as críticas que se possa fazer à forma de pensar de Rawls, e ainda que nem todas as objeções tenham sido removidas, não há dúvida de que ele renovou a reflexão moral e atingiu o objetivo de responder à questão do que é a justiça no mundo contemporâneo, de como conciliar os ideais de igualdade e de liberdade nas sociedades pluralistas.

Ao propor uma deontologia, uma doutrina fundada em princípios, em que um ato é justo e moral não porque é "bom", mas porque é consoante o reto proceder, contribuiu enormemente para dar início à superação do embate improdutivo entre um igualitarismo impossível de ser alcançado e o reino iníquo do mercado, que marcou a segunda metade do século XX.

Referências

RAWLS, John. *Uma teoria da justiça*. Trad. Vamireh Chacon. Brasília: Universidade de Brasília, 1981.

_____. *Justiça como equidade:* uma concepção política, não metafísica. Lua Nova: Centro de Estudos da Cultura Contemporânea. São Paulo: Marco Zero, 1992.

_____. *Political liberalism*. New York: Columbia University Press, 1993. [Ed. bras.: *O liberalismo político*. Trad. Dinah de Abreu Azevedo. São Paulo: Ática, 2000.]

Para conhecer mais

ARNSPERGER, Christian; VAN PARIJS, Philippe. *Ética econômica e social*. Trad. Nadyr de Salles Penteado e Marcelo Perine. São Paulo: Loyola, 2003.

BOUDON, Raymond M. Pluralité culturelle et relativisme. *Comprendre*, Paris: PUF, n. 1, p. 311-339, 2000.

FELIPE, Sônia T. Rawls: uma teoria ético-política da justiça. In: OLIVEIRA, Manfredo A. de (Org.). *Correntes fundamentais da ética contemporânea*. Petrópolis: Vozes, 2000.

HABERMAS, Jürgen. Liberalismo político: uma discussão com John Rawls. In: _____. *A inclusão do outro*. Trad. George Sperber, Paulo A. Soethe e Milton C. Mota. São Paulo: Loyola, 2004.

KERSLING, Wolfgang. John Rawls: justiça distributiva e liberalismo político. In: HENNIGFELD, Jocken; JANSON, Heinz (Org.). *Filósofos da atualidade*. Trad. Ilson Kayser. São Leopoldo: Unisinos, 2006. p. 191-214.

OLIVEIRA, Nythamar de. *Rawls*. Rio de Janeiro: Jorge Zahar Editores, 2003.

RUSS, Jacqueline. *Pensamento ético contemporâneo*. Trad. Constança Marcondes César. São Paulo: Paulus, 1999.

Parte III – Discussão

11

Quais as principais barreiras à argumentação moral?

Para que as discussões sobre a ética nas organizações sejam proveitosas, devemos superar duas barreiras. Preliminarmente, devemos separar o que são juízos sobre fatos e juízos sobre valores. Em seguida, devemos verificar qual a conciliação possível entre valores em conflito.

A primeira tarefa é fácil, mas aborrecida, de forma que poucos a praticam. A segunda é difícil porque a argumentação sobre valores éticos sofre toda ordem de interferências.

Compreender esses desvios não os anula, mas abrevia as discussões sobre questões morais.

A identificação dos fatos é uma operação que antecede a argumentação ética. Os fatos informam sobre o que está em julgamento. Os fatos não informam sobre como devemos julgar, mas sobre que coisa está sendo examinada.

Começo com uma breve amostra sobre como a má identificação do fato desnorteia o julgamento. Tomemos o termo /globalização/. Se quisermos decidir se a globalização é boa ou ruim, devemos, primeiro, entender o que o termo significa. O problema, que antecede a construção de uma contenda pró ou contra a globalização, é que o termo tem múltiplos significados. Dou alguns deles, com os lugares em que as acepções são majoritárias:

- ▸ internacionalização da economia (Europa central, América Latina);
- ▸ universalização do modo de vida ocidental ou americano (Ásia);
- ▸ integração global da mídia e dos fluxos de informação (EUA);
- ▸ consolidação de instâncias econômicas e comerciais supranacionais (América Latina);

- homogeneização cultural, mediante a imposição dos valores norte-americanos (França, Itália);
- universalização da forma econômica do liberalismo (Ásia, EUA);
- cristalização da economia capitalista global (EUA).

Claro que essas acepções podem ser arranjadas entre si de várias formas, o que multiplica os entendimentos. Mas podemos tomar um dos significados e tentar avaliá-lo eticamente. Como não se julgam significados, mas eventos reais ou possíveis, teremos de examinar os efeitos da globalização. Eis alguns deles:

- anulação dos movimentos de emancipação locais;
- libertação do arcaísmo nacionalista;
- triunfo das multinacionais/transnacionais;
- domínio centralizado de instâncias apátridas;
- prólogo para um novo socialismo internacionalizado;
- realização plena do capitalismo;
- expansão das conquistas de emancipação, como as do feminismo.

Não é meu propósito discutir a globalização e as suas acepções. Quem estiver interessado, recomendo o trabalho de Roland Robertson e Khondker (1998), de onde retirei algumas dessas ideias. O que desejo demonstrar é que, quando lemos, ouvimos ou proferimos um julgamento de valor sobre a globalização, devemos, para que a argumentação tenha alguma validade, esclarecer exatamente de que se trata.

Sabemos todos que isso não ocorre na vida prática. De modo que a globalização, o que quer que signifique, e significa coisas diferentes para pessoas diferentes, é um conteúdo que é avaliado emocionalmente. Penso que, como é empregado de forma abusiva, logo sairá de moda. Irá fazer companhia às palavras que, ultrajadas pelo uso excessivo, perderam o significado.

Não creio que valha a pena entrarmos a discutir a moralidade de fatos como a globalização, o trânsito dos capitais ou o desenvolvimento, que ninguém sabe ao certo como definir e que encerram vírus emocionais de amplo espectro.

Mas há fatos bem identificados, que vale a pena discutir. Quando isso ocorre, as dificuldades passam a outro nível: passam para a forma como percebemos os fatos morais.

Fatos morais

Grosso modo, temos três estratos de percepção sobre a moral.

Primeiro, temos a ciência da ética, o conjunto de saberes que lida com as ideias filosoficamente justificadas. A ética constitui o estrato lógico das discussões morais. Como parte da filosofia, procura dar a "razão de", isto é, procura, metodicamente, evidenciar o fundamento da diferenciação entre a conduta certa e a conduta errada.

Um segundo estrato, que para muitos ainda se coloca acima do estrato lógico, compreende os juízos derivados de uma percepção transcendente. Juízos que provêm do divino e do religioso, juízos cujo fundamento está além do discurso da razão. Estrato que compreende argumentos que se socorrem da verdade revelada para distinguir o comportamento aceitável do inaceitável.

Finalmente, temos o estrato mais imediato, infralógico, dos sentimentos morais, que vão refletir-se no conjunto de opiniões, de crenças, de ideologias que dispõem sobre a conduta preferível e a conduta detestável.

No plano da teoria moral, a discussão basilar é a mesma há 25 séculos. Cifra-se em tentar verificar as condições de possibilidade de um princípio ou de um processo que resolva o dilema entre o que é certo e o que é errado. No percurso dessas tentativas, foram erigidos os edifícios conceituais que, com fortuna e inteligibilidade variável, conformam a disciplina filosófica que denominamos genericamente "ética".

A discussão ética, embora complexa, nada tem de difícil. Aceitas as premissas dessa ou daquela linha de pensamento, um exercício de lógica nos leva a concluir sobre a legitimidade ou não das condutas.

É nos planos dos julgamentos de valor fundados em princípios transcendentes e nos sentimentos morais que residem os maiores embaraços.

Conciliar entendimentos e propósitos a partir de convicções é uma tarefa ingrata. De um lado, porque a argumentação lícita deve abster-se dos livros sagrados e da longevidade das alegações. O meu Deus pode ter dito o inverso do seu e a minha cultura pode ter uma tradição diferente da sua. De outro, porque a argumentação rejeita o uso da violência física, da violência das palavras e da violência contra a lógica – incluindo-se aí o costumeiro "é evidente" e o infantil "porque sim". O que sobra, o mais das vezes, são certezas bastardas. Trazidas à luz das discussões francas, consomem-se nas hesitações da paternidade mal sabida ou da maternidade inconfessável.

Certezas

Um competente retrato dessas "certezas" é dado pelas investigações sobre a legitimidade dos julgamentos e sobre as formas de equacionamento das diferenças entre fatos, valores e de valores entre si. Por exemplo, partindo da constatação de que todas as justificações modernas, pelo menos no Ocidente, repousam sobre o princípio da dignidade igual dos seres humanos, Laurent Thévenot e seus colaboradores (1997) conseguiram mapear alguns princípios de argumentação recorrentes. Demonstram como, no momento dos desacordos, os indivíduos apelam para princípios supostamente inquestionáveis. Assim, quando estão em jogo as relações pessoais, a linha de argumentação tende a apelar para fatores como a reputação, o exemplo, a confiança que inspira a autoridade. Quando estão em jogo os significados de uma ação, como a do mártir político, os argumentos que vêm à tona são os da ordem da inspiração: o mistério e a originalidade, a paixão, a criatividade do ato ou do gesto. E assim por diante.

O quadro 2 resume as características dessas ordens de justificação.

A pouca solidez desse tipo de argumentação para dirimir dúvidas e conflitos morais é evidente. Diga-se, aliás, que o objetivo dos pesquisadores nesse campo tem sido outro: o de procurar, no real e cotidiano, a raiz das justificativas.

Os resultados que vêm obtendo são muito interessantes. Por exemplo, a "certeza ambiental", que aparentemente deveria ser hoje consenso, só aparece residualmente nas pesquisas. Um dado curioso é o de que comprovaram empiricamente que a maioria das pessoas adere a uma ordem de justificação e dela não sai. Todos nós conhecemos gente para quem tudo se resume a uma questão de mercado, ou de eficácia ou de reputação. Isso é engraçado quando se pretende discutir o desenvolvimento dos motores de combustão interna a partir de uma perspectiva estética. Mas é preocupante quando os grupos que aderem à ordem cívica, de mercado ou da opinião discordam sobre a taxa de juros. Não porque discordem, mas porque estão convencidos de que a

Quadro 2

Principais características das ordens de justificação

	ORDENS					
	Mercado	Indústria	Doméstica	Cívica	Inspirada	Opinião
Modo de avaliação	Preço	Eficiência, eficácia	Reputação	Interesse geral	Originalidade	Difusão
Tipo de informação	Monetária	Medida	Exemplo	Regulamentar	Singular	Crença
Objetos	Bens e serviços	Técnicas, métodos, normas	Patrimônios	Regra	Corpo, emoções	Signo
Modos de relação	Troca	Elo funcional	Confiança	Solidariedade	Paixão	Comunicação
Capacidades	Desejo, poder de compra	Competência	Autoridade	Representatividade	Criatividade	Notoriedade

Fonte: Thévénot (1997).

conduta dos contendores é "pouco ética". Não percebem que os fundamentos próprios ou dos adversários nada têm a ver com a ética.

Não resisto à tentação de especular que, hoje, no Brasil, a confrontação mais importante se dá entre os adeptos da ordem /mercado/ e os da ordem /cívica/. Creio que até há pouco tempo o conflito mais importante era entre a ordem /indústria/ e a ordem /doméstica/. Mas, voltando ao meu argumento, devo insistir que nem as necessidades do mercado nem a cidadania, nem a eficiência nem a reputação são fundamentos éticos válidos. Não são valores. Valores são a maravilhosa liberdade e a feia insensibilidade para com os excluídos tão frequentes na economia de mercado. Valores são a grave responsabilidade e a sórdida hipocrisia, uma que se revela e outra que se oculta em grande parte das alegações cidadãs.

No dia a dia das organizações, tudo isso se encontra entrelaçado. Minhas pesquisas demonstraram haver uma interpenetração entre os argumentos de diversas ordens (Thiry-Cherques, 1997). Além da coação, demonstrada por Habermas (1987), das ordens referentes ao "mundo do sistema" sobre o "mundo da vida" (colonização), tenho podido verificar uma ocorrência inversa: a determinação das ações no campo do mercado e da indústria segundo valores típicos da vida doméstica e da cidadania.

Essas limitações à apreciação moral são multiplicadas pela profusão de normas infundadas que pesam não só sobre o nosso mundo comunitário como sobre o nosso mundo privado. Atrapalha bastante o entendimento a circunstância de integração informacional que vivemos. Cotidianamente somos compelidos a uma convivência intercultural, vale dizer plurivalorativa, jamais sonhada anteriormente. Mas o que agrava mesmo essa confusão são os equívocos de se denominarem as prolíficas deontologias profissionais de "éticas", como a "ética" médica, a jurídica, a da propaganda etc., e o de designar como "códigos de ética" normas de conveniência governamentais, empresariais, setoriais. Essas normas poucas vezes têm a ver com a ética. Mesmo quando são coerentes, o que é raro, tanto as deontologias como os códigos das organizações limitam-se a estabelecer o permitido e o proibido. Dizem o que pode e o que não pode ser feito. Nunca informam por que isso ou aquilo é facultado ou vedado. Não são éticas, são normas de conduta, aliás discutíveis.

Procurei apontar algumas das barreiras à argumentação ética válida. A pouco praticada identificação dos fatos em apreciação, o viés da emocionalidade, a recorrência das convicções arraigadas, as falsas certezas, as normas cujos fundamentos são outros que não os éticos. Gostaria de encerrar com uma observação e com uma especulação.

Primeiro, a observação: a ética lida com a escolha, com a liberdade de escolher. Dessa liberdade é que deriva a responsabilidade. É um postulado lógico que só posso ser responsabilizado por minhas opções, sejam ações praticadas em intenção, sejam as efetivadas em ato. Impor uma forma de julgar os valores morais anularia, portanto, a ética em seu fundamento principal.

Mas é lícito tentarmos convencer, e desta tentativa vem a especulação. É a seguinte: a retomada da discussão ética em bases filosóficas não decorreria da constatação da inviabilidade de qualquer outro tipo de julgamento? Dito de outra maneira: a impressão que fica quando acompanhamos as contendas morais da atualidade e os esforços para o encaminhamento de sua solução é de que, fora da argumentação ética de estrita observância teórica, aquilo a que assistimos limita-se a uma conversa de surdos. Surdos, aliás, que não fazem a mínima questão de chegar a um entendimento.

REFERÊNCIAS

BOLTANSKI, L.; THÉVÉNOT, L. *De la justification:* les économies de la grandeur. Paris: Gallimard, 1991.

HABERMAS, Jürgen. *Teoría de la acción comunicativa*. Madrid: Taurus, 1987.

ROBERTSON, Roland; KHONDKER, Habib-Haque. *Discourses of globalization. International Sociology*, v. 3, n. 1, p. 25-40, Mar. 1998.

THÉVÉNOT, Laurent. Tensions critiques et compromis entre définitions du bien commun; l'approche des organizations par la théorie de la justification. In: AFFICHARD, J. *Descentralisation des organisations et problèmes de coordination:* les principaux cadres d'analyse. Paris: L'Harmattan, 1997.

THIRY-CHERQUES, Hermano Roberto. *Sondagem sobre valores éticos nas organizações brasileiras*. Rio de Janeiro: FGV, 1991-1997.

12

Existiria uma regra moral aceita universalmente?

A mais universal das regras morais conhecidas é a chamada regra de ouro. Consiste no princípio de que não devemos fazer aos outros o que não queremos que nos façam.

Certamente o preceito mais difundido e aceito em todos os tempos, a regra de ouro é hoje repetida na quase totalidade dos autodenominados códigos de ética das grandes organizações. Faz parte dos discursos politicamente corretos e justifica moralmente as diretrizes econômicas mais diversas.

Para verificar se a regra pode ser logicamente sustentada, devemos examinar as implicações dessa unanimidade.

Antiguidade

A regra de ouro tem uma história antiquíssima e duas fórmulas básicas: uma negativa, outra positiva. A fórmula negativa – "não faças a outro o que não queres que te façam" – é a mais conhecida. Provavelmente porque assim consta como a palavra de Cristo, tanto em Mateus (7:12) quanto em Lucas (6:31). Mas a fórmula é muito mais velha do que a cristandade.

O caminho que percorreu até ir parar na Palestina romana não é possível dizer. Talvez a regra não seja nem mesmo transmitida, mas reinventada por cada povo a cada novo ciclo cultural. O fato é que, já no século VI a.C., a encontramos no zoroastrismo, sob a forma da assertiva "a natureza humana é boa somente quando ela não faz aos outros qualquer coisa que não seja boa para ela" (Dadistan-i-Dinik, 94:5). No budismo, o preceito é repetido quase da mesma maneira: "não firas outro de modo que não queiras ser ferido" (Udanavargu, 5:18). Confúcio (551-479 a.C.), ao ensinar as cinco virtudes – bondade, honradez, decoro, sabedoria e fidelidade –, toma a regra como guia (*Analecta*, 15:23, 6:28).

No Mahabharata (XIII, 5.571), compilado por volta de 330 a.C., que é tanto uma epopeia como um livro de preceitos de moral ascética, Krishna ensina o sentido da vida usando a mesma fórmula que hoje usamos, como farão, muito mais tarde, Santo Agostinho, Santo Tomás de Aquino e até Hobbes.

A fórmula positiva da regra – "age em relação aos outros como queres que os outros ajam em relação a ti" – é menos comum. Encontra-se na Torá judaica, aliás em um dos fragmentos recuperados no mar Morto e que se supõe ter sido escrito no século II a.C., mas cuja ação se passa por volta do século VIII a.C., quando Israel se viu expulso da Assíria (Deuteronômio, 24). É uma recomendação belíssima do 31º Shabbat, no Talmude, que diz assim: "o que é odioso para você não faça a seu vizinho; esta é toda a Lei, o resto são comentários, vá e aprenda". Mas talvez a fórmula mais tocante seja a do jainismo, que expressa a observância do *ainsa* – o respeito aos viventes – desta maneira: "na felicidade como no sofrimento, na alegria como na tristeza, olha toda criatura como você olharia para você mesmo" (Yoga-Sastra).

A fórmula indireta é adotada pelo Islã (Suna): "deseja para o teu irmão o que ele deseja para ele mesmo". Foi usada, também, pelo papa Gregório IX, no breve de 6 de abril de 1233, que exorta os cristãos a deixarem os judeus em paz, desta maneira: "os cristãos devem mostrar para com os judeus a mesma boa vontade que queremos seja demonstrada para com os cristãos em terras pagãs".

Na filosofia

As formas da regra são tão luminosas, a regra está tão difundida, que pareceria uma impiedade tentar criticá-la. Infelizmente, a ética não pode ser sustentada pela estética. O torneio das frases, o encanto poético das palavras não bastam. É preciso que as assertivas façam sentido, tenham fundamento. Se quisermos agir eticamente, e não nos confortarmos com o moralismo incerto do costume, a razão nos obriga a dar um passo adiante. É aí que entra o pouco de filósofo que todos nós somos ou deveríamos ser.

É verdade que também na história do pensamento filosófico a regra é mencionada com regularidade impressionante, desde Santo Agostinho até o século XVIII.

Mas há um momento, uma data específica, no já distante ano de 1785, em que a regra desaparece do pensamento racional. Nesse dia, em uma pequena nota ao quinquagésimo parágrafo da segunda seção da *Fundamentação da metafísica dos costumes*, livro que então faz publicar, Kant põe abaixo a regra de ouro. A fragilidade lógica da fórmula lhe parece tão evidente, que Kant fecha o período com um curto *usw* (*und so weiter*, "e assim por diante"). Nem se dá o trabalho de estender a argumentação.

E por que Kant faz uma coisa dessas com um princípio aceito por todos e por tão longo tempo? Por que ele liquida com um princípio que parece tão apropriado a sustentar o pouco de moralidade que ainda resta à espécie humana? Kant procede assim porque é um filósofo na mais pura acepção do termo. É alguém que critica antes de aceitar; uma pessoa que procura usar a razão e não se deixa levar pelos sentimentos e pelas facilidades da praxe e do hábito. E é principalmente o hábito, a cultura sedimentada em nossa consciência, que nos empurra para acolher sem maiores preocupações princípios como esse.

O que Kant faz, e muitos depois dele tornam a fazer – algumas vezes sem citar a fonte original –, é seguir a rotina de um pensador de ofício. Ele verifica que a regra de ouro se pretende uma norma formal, no sentido de que não especifica a ação a ser evitada. Isto é, ela não diz o que é certo e o que é errado (mentir, roubar etc.), apenas fornece um critério para diferir um do outro. Assim, a regra é posta como um princípio incondicional.

Por definição, um princípio dessa natureza é uma norma para a qual não há exceção, vale dizer, que se aplica universalmente. É por esse motivo que a regra de ouro, em nenhuma de suas múltiplas formas, aparece seguida de ressalvas. Tendo feito essa verificação, Kant imediatamente constata que, como tal, a regra não tem sustentação lógica, não passa de um provérbio, um dito trivial ("*das triviale: quod tibi non vis fieri etc.*"). Um aforismo muito interessante, mas que, se aplicado como princípio, leva-nos imediatamente a cair em contradições e paradoxos.

Os argumentos racionais

Isso ocorre por muitas razões. A primeira deriva de a regra omitir os deveres de cada um para consigo mesmo. Ao tentar segui-la, nós nos dirigimos sempre aos outros, nós nos descuidamos de nós mesmos, nós nos excluímos. Disto decorre que não há elementos na regra para decisões morais de ordem pessoal. Por exemplo, quando um gerente se pergunta se deve ou não alienar a sua convicção aos interesses da organização em que trabalha, o único amparo que obtém da regra é o preceito "não faças a ti o que não queres que te faças a ti". Um contrassenso, aplicável somente aos que não controlam a própria vontade. Uma cláusula que não ajuda em nada a decisão dos que ainda mantêm a sanidade mental.

Em segundo lugar, a regra é autorreferida: desconsidera o que os outros podem sentir, opinar ou desejar. Como tal, não contempla os deveres mútuos. Em outras palavras, basta renunciarmos a que nos façam bem para desobrigarmo-nos de fazer o bem aos outros. Assim, um trabalhador demasiadamente orgulhoso para deixar-se ajudar em uma situação difícil dispensa-se integralmente de ajudar os colegas. A regra dá, ainda no que toca aos deveres mútuos, base para o argumento vulgar de que alguém tem o direito de ser duro com os outros, com os subordinados principalmente, porque é duro consigo mesmo. Argumento que é um disparate monumental. Se fizesse sentido, um masoquista teria não só o direito, mas a obrigação de transformar-se em um sádico.

Em terceiro lugar, a regra é absurda porque iguala os diferentes; ignora as condições particulares. Seguindo-a fielmente, um criminoso argumentaria que o juiz não pode puni-lo porque ele, o juiz, não gostaria de receber punição, mesmo que a merecesse. A regra ignora todas as distinções, inclusive as de conhecimento. Por exemplo, ignora que, quando ralhamos com uma criança que sobe uma escada alta, estamos querendo adverti-la do perigo, não estamos querendo que ela ralhe conosco quando subirmos a mesma escada ou, muito menos, que ela se responsabilize por advertir-nos dos perigos que, nós adultos, corremos. No campo da economia e da gestão, não é preciso ir muito longe para vermos o resultado desse equívoco. Ao adotar a regra, um governante deveria baixar os impostos, porque isso é o que ele desejaria se fosse um empresário. Em contrapartida, um empresário – colocando-se no lugar do governante – teria a obrigação moral de lutar para que os impostos aumentassem.

Em quarto lugar, e aqui já estamos na área dos argumentos que Kant se dispensou de citar, a regra propõe um despotismo moral inaceitável. Uma tirania, em que a decisão recai unicamente sobre aquele que age ou que contém a sua ação. Para seguir a regra, devemos impor aos outros nossos sonhos e inclinações. É isso exatamente que fazem os governos dos países que gostariam que os mercados fossem abertos ao justificarem a imposição da abertura de mercados a países onde as pessoas pensam de maneira diferente. É isso que leva o dirigente, intimamente convicto de que só o trabalho aturado redime as almas, a pensar que age corretamente quando exige do trabalhador que se esforce até a exaustão. É, também, o despotismo moral bem-intencionado que torna os animadores de festinhas de escritório, os dinamizadores de grupo e os consultores em geral cegos para o constrangimento daqueles que têm senso de ridículo. Já que eles gostariam de ser festejados, integrados e dinamizados, agem – em estrita observância à regra – como se dar vexames também fosse desejo dos outros.

Em quinto, e paremos por aqui, a regra simplesmente ignora o mundo. Considera apenas dois atores, os agentes ativo e passivo da ação. Refere-se somente a quem a aplica e ao outro, quando muito aos outros, que a sofrem. Nunca a todos, nunca à humanidade. Por exemplo, quando um dirigente concede um aumento às pessoas que trabalham com ele, faz a elas o que gostaria que fizessem a ele, mas esquece que os recursos para esse aumento de algum lugar sairão. Numa empresa, sairão do bolso do cliente ou, deliremos, da margem de lucro devida aos acionistas. Numa agência governamental, sairão do bolso do contribuinte, como costuma acontecer, aliás.

Compensação

Ora, se a regra é tão ilógica, por que ela segue, robusta e louçã, na boca e na intenção das pessoas? A razão para que ela continue como discurso vivo nós já vimos: é a beleza poética da moral da transferência – a ideia de nos colocarmos no lugar dos outros. A razão para que continue a ser praticada, se e quando é praticada, é mais complexa. Principalmente porque, para aplicar a regra corretamente, temos de poder imaginar-nos no lugar de outros, isto é, em última instância, temos de imaginar a dor que os outros poderiam vir a sentir em face de uma ação que ainda não praticamos. Convenhamos que é preciso ter um bocado de imaginação.

Mesmo assim, não podemos negar que a regra é levada a efeito. Só que não pela razão moral. Como demonstram as pesquisas dos professores suíços

Wedekind e Milinski (2000), é um fato empiricamente provado que as pessoas tendem a agir como gostariam que agissem para com elas. A ser mais generosas com os que são generosos. A retribuir a liberalidade e a punir a sovinice. Mas isso é verdade somente e desde que – e aqui vem à baila a natureza humana – a generosidade de uns e a avareza de outros sejam apregoadas. Vale dizer, desde que tanto a imagem pública quanto a autoimagem, a vaidade e a presunção estejam sendo incensadas ou depreciadas.

Chama-se a essa inclinação, em psicologia experimental, "reciprocidade indireta", uma vez que o agente não espera ser retribuído diretamente pelo seu ato, mas indiretamente, por terceiras pessoas, pelo sistema ou por Deus. Além da lamentável psicologia humana, há muitas maneiras de entender a intenção de reciprocidade. São Francisco via na doação de si ao mundo a própria retribuição, a redenção do espírito, a santidade ao alcance da mão. Os hindus veem a reciprocidade negativamente. Chamam a isso carma, o nosso destino sendo retribuir sofridamente pelo que fizemos em outras esferas de existências.

Mas o que nos interessa aqui é a ciência da ética. A ética denomina a esperança retribuição pelos nossos atos de "compensação moral". E se há uma coisa sobre a qual as muitas correntes do pensamento filosófico concordam é que a intenção compensatória é uma fraqueza humana, uma debilidade do espírito, uma imoralidade.

Referências

HARE, Richard Mervyn. *Freedom and reason*. Oxford: Oxford University Press, 1963.

HUBY, Joseph. *Manuel d'histoire des religions*. Paris: Gabriel Beauchesne, 1921.

KANT, Immanuel. *Fundamentação da metafísica dos costumes*. Trad. Paulo Quintela. São Paulo: Abril Cultural, 1974.

UNESCO. *Le droit d'être un homme*. Paris: Unesco, 1963.

WATTLES, Jeffrey. *The golden rule*. Oxford University Press, 1996.

WEDEKIND, Claus; MILINSKI, Manfred. *Cooperation through image scoring in humans*. Science, The American Association for the Advancement of Science, v. 288, p. 850-852, 2000.

WOODWARD, F. L. (Transl.). *Some sayings of the Budda*. London: Oxford University Press, 1951.

WU-CHI, Liu. *La philosophie de Confucius*. Paris: Payot, 1963.

NA INTERNET

- A universalidade: <http://kvc.minbuza.nl/kvcframe.html?>.
- As formas da regra de ouro: <http://theosophy.org/tlodocs/GoldnRul.htm>.
- A perspectiva cristã: <www.ccel.org/contrib/exec_outlines/mt/mt_19.htm>.

13
Até que ponto somos socialmente responsáveis?

A responsabilidade social das organizações está em voga. Um número cada vez maior de empresas vem admitindo responsabilidades que transcendem as exigidas por leis e regulamentos. São três as fontes de responsabilização: a degradação resultante do incremento do esforço produtivo; as informações que dispomos sobre os efeitos dessa degradação; a incapacidade do Estado em dar conta de suas obrigações.

É verdade que a estabilidade e a integração social têm preocupado os empresários desde o advento dos distritos industriais. Mas há uma diferença substancial naquilo a que estamos assistindo hoje. É que a nossa capacidade de controle parece já não mais dar conta dos riscos associados à atividade econômica.

De um lado, a produção industrial e a geração de serviços atingiram uma dimensão extraordinária. O temido *feedback* reverso já não é mais, infelizmente, uma especulação acadêmica. Os detritos do processo de produzir estão entrando pelos sistemas de alimentação da economia, que, naturalmente, começa a engasgar.

De outro, a educação e a facilidade de acesso às informações fizeram crescer a influência dos juízos sociais sobre investidores e consumidores. Por trás da informação e da produção integradas, todos podemos ver o complexo motor da atividade humana, com o seu lixo, a sua vulnerabilidade, o seu desregramento.

Foram esses dois fatores – a degradação e o conhecimento – que dispararam o alarme da responsabilidade. Ao que parece, os dirigentes e investidores finalmente entenderam que, em um mundo interligado, coeso e globalizado, não podemos despejar os problemas no quintal do vizinho. De uma forma ou de outra, ele devolve.

As empresas estão sendo chamadas à responsabilidade porque, havendo se equivocado sistematicamente sobre o futuro da economia e da sociedade, veem-se na contingência de reavaliar o peso dos efeitos das suas atividades e corrigir a sua conduta. Elas estão sendo responsabilizadas pela indiferença, pelo equívoco e pela imprudência que nos trouxeram à situação de risco físico e espiritual em que nos encontramos. Risco que, se efetivado, pode transtornar a vida econômica tal como a idealizamos.

Fecha o ciclo da responsabilização a incapacidade notória de os governos darem conta das tarefas para as quais existem: regular a vida social e a economia e prover bens públicos. Os impostos são recolhidos, as taxas são pagas, mas em grande parte se destinam a sustentar uma máquina que já não pode com o próprio peso, que já submerge ante a própria ineficiência.

Quebrar esse ciclo é mais complexo do que parece. As dificuldades são muitas. É preciso antes de tudo compreender o que o conceito de responsabilidade encerra, bem como seus limites e suas implicações.

Neste capítulo, procuro contribuir para essa compreensão. Discuto os limites da responsabilização das empresas na sua vertente ética e aponto um quadro analítico das distorções neste campo.

Responsabilidade social e responsabilidade moral

A responsabilidade é a obrigação de respondermos por nossa conduta. Com essa definição, o termo aparece pela primeira vez em um texto de Jeremy Bentham de 1787 (Bentham, 1983). A responsabilidade social compreende o dever de pessoas, grupos e instituições em relação à sociedade como um todo, ou seja, em relação a todas as pessoas, todos os grupos e todas as instituições. A responsabilidade é o que nos faz sujeitos e objetos da ética, do direito, das ideologias e, se quisermos, da fé. É o que nos torna passíveis de sanção, de castigo, de reprovação e de culpa.

É importante a distinção entre as responsabilidades legal, institucional (político-administrativa) e religiosa, e a responsabilidade moral, que é o que aqui se discute.

Elas têm a mesma raiz, *spondere*, que quer dizer promessa. *Re-spondere* socialmente é cumprir com o compromisso mútuo entre o agente e a sociedade, é cumprir com as obrigações mútuas. A responsabilidade como dever perante as instituições é o que faz Max Weber separá-la da "ética das convicções".

Mas as obrigações das diversas responsabilidades são diferentes, seja pelo conteúdo que encerram, seja pelas instâncias de responsabilização.

A responsabilidade legal diz que as organizações têm a responsabilidade de obedecer às leis, embora possam contestá-las e recusar as incongruências que, muitas vezes, encerram. A institucional, que têm a responsabilidade administrativa de obedecer a padrões reconhecidos nas relações que mantêm com os outros atores sociais e os demais agentes econômicos, padrões que podem ser negociados, pactuados e repactuados. A responsabilidade religiosa é, ou deveria ser, uma questão adstrita a cada membro da organização.

Já com a responsabilidade moral é diferente. A responsabilidade moral não é coercitiva, não é negociável e não é evidente. A responsabilidade moral é a única que não admite o equívoco e a evasão.

Também é preciso não confundir responsabilidades privadas e responsabilidades sociais. A raiz *spondere*, de prometer, é a mesma dos esponsais, do casamento, que é uma responsabilidade privada. As responsabilidades moral, legal, institucional e religiosa do casamento são diferentes no que tange ao conteúdo e ao objeto da obrigação. Mas, sendo responsabilidades privadas, cujo objeto são indivíduos particulares, são claramente identificáveis, enquanto as responsabilidades sociais são dirigidas a categorias universais, a grupos, a instituições. Categorias difusas e muitas vezes sem voz. Mesmo porque ninguém ainda conseguiu operacionalizar satisfatoriamente, isto é, universalizar, conceitos como os de sociedade, vontade geral ou bem-estar comum.

Outra distinção que deve ser feita é a que separa a responsabilidade social moral da ética como um todo. A ética transcende em muito a responsabilidade. A ciência da ética opera sobre dois eixos. Um, teórico, busca determinar os fundamentos (fundamentar quer dizer legitimar teoricamente a partir de juízos inteligíveis) da moral. Abarca o conhecimento que possa oferecer um princípio ou princípios norteadores do agir moral. O outro, que é um saber prático, se refere à aplicação desses fundamentos. Indica como devemos agir de forma a não ferir os princípios fundamentados pela ética. No conceito de responsabilidade moral social está contida, portanto, apenas uma das dimensões da ética, que é a do compromisso moral de responder sobre atos e intenções morais.

Como parte integrante da ética, a responsabilidade moral social tem por objeto as ações que possam, a qualquer título, vir a causar danos ou ofensas a outros. A esfera da responsabilidade social das organizações tem outras dimensões. A dimensão jurídica, a da imagem, a da coesão da organização, a dos elos institucionais, a da criação da riqueza e assim por diante. A esfera da ética, por seu lado, também transcende a questão da responsabilidade. Abarca questões tais como a solidariedade, os compromissos, a transparência, a fraude etc.

Em síntese: a responsabilidade moral social é um segmento das obrigações éticas, circunscrito pela intercessão das esferas que o separam, em um plano, do direito, das instituições e da religião e, em outro, da responsabilidade privada.

Ser moralmente responsável é cuidar para que o *output* da organização não repercuta negativamente sobre os seres humanos, incluindo as pessoas que ali trabalham. Isso compreende cada ser humano e a humanidade como um todo.

Aqui cabe uma nota. Cobra-se das empresas, a título de responsabilidade, ações como melhoramentos físicos, financiamento de projetos de interesse social e, até, caridade. Isso não tem nada a ver com responsabilidade. A responsabilidade moral das empresas esgota-se na prevenção dos males que possam causar e na reparação daqueles que vierem a causar, mesmo sem ter a intenção de fazê-lo.

Responsabilidade e *accountability*

A responsabilidade é distinta da sujeição à prestação de contas (*accountability*). Embora ambas compartilhem a implicação de pena, a sujeição à prestação de contas é, essencialmente, externa à pessoa ou à empresa. Isto é, depende da instância ante a qual se deve prestar contas, enquanto a responsabilidade está referida, essencialmente, ao objeto do dever, à obrigação moral (Campos, 1990).

Na prática, a pauta das responsabilidades tem duas fontes primárias: a própria *accountability* e o exercício reflexivo e discricionário da razão. A segunda dessas fontes, a da razão, também admite duas acepções: a responsabilidade como consideração da consequência de uma ação e a responsabilidade como o reconhecimento de uma obrigação. É esta última acepção do termo que corresponde à responsabilidade moral.

A responsabilidade social moral pode ser descrita por exclusão. Como vimos, ela é distinta das responsabilidades legal, institucional e religiosa, ainda que, como parte da ética, a elas se integre. Distingue-se também da responsabilidade privada, da sujeição à prestação de contas e da preocupação com as consequências dos atos. Por último, a responsabilidade moral tem dois antônimos: a irresponsabilidade – que é a ação ou a intenção de agir conscientemente contra a razão – e a "não responsabilidade" – que é a não percepção, a não consciência – de que a ação ou a intenção de agir podem causar danos ou ofensas a terceiros.

Responsabilidade pessoal e "responsabilidade corporativa"

O que geralmente se denomina responsabilidade social das empresas limita-se ao direito, à obrigação de responder perante a lei. Isso porque as empresas não são agentes morais. Só os seres humanos o são. O domínio de significação ética circunscreve-se ao comércio entre os seres humanos.

Apenas as pessoas nas empresas, os dirigentes e empregados, têm responsabilidade moral. As instituições, as organizações, o Estado, os sistemas econômicos e políticos são resultantes das lutas por poder, do confronto de interesses econômicos, do processo evolutivo e do azar. Não têm uma consciência, não são e não podem ser atores morais, sujeitos da eticidade.

Quem tem responsabilidade moral são as pessoas. A responsabilidade moral das pessoas nas empresas é a mesma de todos nós: preservar para os seres humanos a integridade da sua essência e do seu mundo contra os abusos do seu próprio poder e do poder alheio.

Por essa razão, ao contrário do muito que se tem escrito e dito, não há base lógica que dê sustentação à ideia de uma "ética corporativa". Em pelo menos uma coisa Milton Friedman concorda com a esquerda esclarecida. As empresas são entes amorais. O que define a empresa é a busca do seu próprio interesse econômico. Considerar que elas fazem outra coisa é hipocrisia. Diz ele, em um texto que ficou famoso: "só as pessoas podem ter responsabilidades. Uma corporação é uma pessoa artificial [jurídica] e, nesse sentido pode ter responsabilidades artificiais [legais], mas 'os negócios', como uma totalidade, não se pode dizer que tenham responsabilidades, nem sequer em sentido vago" (1970).

A responsabilidade moral é a que temos, nós seres humanos, perante os grupos, as comunidades e a sociedade, e não vice-versa. Aliás, a tradição greco-judaico-cristã de responsabilização é sempre pessoal. Aristóteles (1987, III, 5, 1113b) diz que somos responsáveis por nós mesmos. No Velho Testamento, o Senhor diz a Ezequiel que "o filho não levará a iniquidade do pai, nem o pai a iniquidade do filho; a justiça do justo ficará sobre ele, e a perversidade do perverso cairá sobre este" (Ezequiel 18:20). Adão e Eva judaicos pagaram pela asneira que fizeram e nós sofremos individualmente como punição a eles, não a nós coletivamente. Caim pagou sozinho por ter assassinado Abel.

Felizmente a tradição cristã, embora não nos isente de culpa, considera que estamos redimidos. Santo Agostinho (1990, XIII, 4) sustentou que caímos por nossa livre escolha, que a natureza seminal está viciada pelo pecado adâmico. Aquela foi a nossa primeira morte. A segunda será a nossa morte física, que é individual. O Adão cristão também é responsável por nossa miséria. Mas temos o Cristo, que é responsável por nossa redenção. Isto, pelo menos, é o que São Paulo disse aos romanos: "Pois assim como por uma só ofensa veio o juízo sobre todos os homens para a condenação, assim também por um só ato de justiça veio a graça sobre todos os homens para a justificação que dá a vida" (Romanos 5:18).

Responsabilidade e consciência

Qualquer que seja a tradição, não podemos ser responsabilizados pelo que desconhecemos. Só ao "tomarmos consciência", podemos agir moralmente. No plano individual, esse é um problema que muitas vezes assume dimensões trágicas. Afinal, Édipo poderia ter sido responsabilizado? Ele sabia o que fazia? A sua culpa, se culpa teve, foi a de não interpretar corretamente o enigma da sua própria vida. Mas ele se culpou e se cegou, o que foi, claro, inútil porque a consciência não é exterior, não é algo que possamos abandonar ou deixar de ver.

No plano organizacional, a dificuldade se multiplica pela quantidade de instâncias para com as quais as pessoas têm deveres e pela contradição entre os interesses de umas e de outras. Afinal, um dirigente é mais responsável perante os empregados ou perante os acionistas? Um empregado deve ser fiel aos colegas ou à sua família? Não há instância exterior à consciência que possa dar conta dessas questões.

O fato de a tradição religiosa e a do pensamento filosófico não admitirem a sanção coletiva não significa que as empresas não possam ser responsabilizadas socialmente. Podem, e são. Pelo direito, como pessoas jurídicas; pelos mercados, como marca rejeitada; ideologicamente, por condenações como a do boicote; e, também, pela moral, só que aí não mais como entes coletivos, senão que na pessoa dos seus acionistas, dirigentes e empregados.

As responsabilidades sociais especificamente morais das pessoas nas empresas abarcam uma ampla gama de categorias. Todos nós respondemos perante instâncias diversas pelos nossos atos. No caso do direito, respondemos ante os tribunais; no caso da religião, respondemos perante a divindade; no caso das ideias, respondemos ante nossos amigos e confrades. No caso da ética, respondemos perante a nossa consciência.

Deste último ponto de vista, a responsabilidade social das organizações compreende o conjunto de deveres morais que as organizações, na pessoa dos que as dirigem, têm para com a sociedade. Esses deveres são de caráter preventivo – por exemplo, quando uma empresa se esforça por não deteriorar o meio ambiente – e de caráter reparador – quando, por exemplo, uma empresa restaura o meio ambiente depois de um vazamento de efluentes.

Além do tão comentado meio ambiente, as pessoas nas organizações são moralmente responsáveis por uma gama variada de agravos potenciais, que inclui todos os atos que possam causar dano aos seres humanos. A responsabilidade é sobre o mundo físico mas, também, sobre o mundo espiritual, sobre tudo aquilo que possa afetar a integridade da essência do ser humano.

Os governantes, os acionistas, os dirigentes e os empregados têm a obrigação moral de não permitir que a organização venha a poluir, a infectar, a desvalorizar, a perturbar etc. Têm a obrigação moral de obedecer a padrões éticos, espirituais, institucionais, sociopsicológicos e assim por diante.

O compromisso ético é uma construção da razão, uma construção que considera o egoísmo parte da natureza humana. A ética demonstra, por diversas vias, que a conduta moralmente legítima é do nosso interesse, do interesse das pessoas dotadas de razão, que é do nosso interesse egoísta superar o egoísmo.

Quando a ética trata de chamar à razão as pessoas que dirigem ou apoiam as organizações que produzem ou que permitem a produção de bens e serviços nocivos, ela o faz mediante argumentos racionais, vale dizer, não emocionais. Isso porque a responsabilidade moral social é, logicamente, antecedida e conformada pela responsabilidade privada, a responsabilidade que temos conosco mesmos. A responsabilidade social é o respeito que temos ou que deveríamos ter pelos outros. A responsabilidade privada é o respeito que temos ou deveríamos ter por nós mesmos – é a dignidade. Como esperar que alguém que não cuida de si mesmo tenha responsabilidade social, se nem responsabilidade privada ele tem?

Restrição ética e regulação legal

A responsabilidade jurídica, civil ou penal diferencia-se da responsabilidade ética por ser, necessariamente, posterior ao dano. Ninguém pode ser punido legalmente pelas intenções que tenha. O que as leis obrigam é que as pessoas e as empresas reparem o dano que fizeram a outrem. O direito atua preventivamente, pela dissuasão. Isso tem a ver, historicamente, com a vingança, ou melhor, com o medo da vingança, seja ela pessoal, seja societária.

A responsabilidade moral, ao contrário, tem a ver com o respeito, com a prevenção solidária. Um dos exemplos mais óbvios dessa distinção é dado pelo tabagismo. As pessoas e empresas que fabricam, vendem e de qualquer forma ajudam e permitem a fabricação, a venda e o consumo de cigarros agem legalmente. Estão dentro da lei. Eticamente, no entanto, sabendo o que sabemos hoje – e que, aliás, foi admitido pelas empresas do setor fumageiro norte-americano – sobre as enfermidades e as mortes decorrentes do tabagismo, essas pessoas são responsáveis por contribuir para uma epidemia sanitária. Para elas, não há, moralmente, desculpas, atenuantes ou indenizações que deem jeito. À diferença da responsabilidade legal, a responsabilidade ética não compreende a reciprocidade, a retribuição, o ressarcimento.

No plano das organizações, o refúgio na ignorância menos ainda se justifica. Não há como escapar à lógica de que, do ponto de vista ético, havendo dano ou ofensa que seja inerente à atividade da organização, então essa atividade deve ser suspensa. Se a atividade for essencial, há que se cuidar para que as pessoas prejudicadas possam ser protegidas e, se for o caso, ressarcidas. Lembremos que "atividade essencial" no contexto ético quer dizer atividade imprescindível para a humanidade, como a atividade hospitalar, que é necessária, embora possa ser prejudicial às pessoas que vivem perto dos hospitais. É diferente do conceito de atividade economicamente essencial.

Ao contrário do que muitas vezes se argumenta, a restrição moral, se efetivada, não impediria um número significativo de atividades empresariais. Isso porque há uma diferença substancial entre o efeito não desejado e o efeito não previsto. Quando a empresa, conscientemente, pratica um ato danoso ou ofensivo ao ser humano, ela pratica uma iniquidade. Quando alguma coisa não prevista acontece, ela pratica uma imprudência.

Juridicamente, trata-se do dolo e da culpa. Nenhum dos dois é desculpável. Apenas a pena é menor no segundo caso. Moralmente, a iniquidade é indesculpável enquanto a imprudência pode ser relevada. O problema é quando as consequências não previstas são previsíveis. É o que se chama, em filosofia moral, de "ato de duplo efeito". Um exemplo de duplo efeito é o dos remédios que são dados a pessoas com doenças terminais. Uma coisa é abreviar a vida para livrá-las da dor. Isso é condenado por muitas pessoas e instituições, como a Igreja católica, embora venha sendo praticado em vários países. É, no mínimo, uma prática discutível. Outra coisa é utilizar remédios que diminuam a dor, mesmo que seja previsível que esses remédios possam abreviar a vida. E aí a intenção e o ato já são completamente diferentes.

Da mesma forma, existem atividades organizacionais que têm um duplo efeito. Por exemplo: gerar empregos e aumentar a poluição. O ato de responsabilidade social consiste em atenuar ao máximo os efeitos dessa poluição sem deixar de gerar o emprego. No entanto, moralmente, se houver poluição, ou mesmo o risco de poluição, que não puder ser controlado, o efeito positivo da geração de empregos não se justifica. A imprudência torna-se iniquidade.

Esse é o caso da utilização do asbesto, uma substância que é mortal e que está no amianto e em uma série de produtos como roupas, embalagens etc. Evidentemente, não há racionalização econômica que justifique eticamente permitir a manipulação dessa substância. Os responsáveis governamentais pela autorização de funcionamento das empresas que trabalham com esse material, os dirigentes dessas empresas e todos os que se calaram e se calam são, do ponto de vista moral, diretamente responsáveis pelos milhares de mortes decorrentes do seu uso.

Os limites da responsabilidade

Estabelecida a distinção entre responsabilidade social de caráter moral e responsabilidade social legal, devemos insistir em que a responsabilização ética das organizações não pode, de forma alguma, ser vista como substituta da regulação e da legislação, principalmente a referente a direitos individuais e sociais e à proteção da vida, incluindo-se aí a legislação ambiental.

O direito é, e sempre será, insubstituível na aplicação positiva da ética consentida e no resguardo da moralidade concertada. De forma que o esforço de responsabilização moral deve estar voltado principalmente para as áreas onde a legislação não existe ou é precária, seja por atrasos e deficiências do processo legislativo, seja pela dificuldade em legislar sobre matéria controversa ou sobre tópicos recentes, como aqueles relativos à internet, por exemplo.

Do ponto de vista ético, não há limite de responsabilidade para os danos sociais que uma organização possa causar. A ideia de limite de responsabilidade vem do direito civil e do direito comercial. Os proprietários de empresas de responsabilidade limitada só respondem pelo seu patrimônio social. Mas esta é uma figura econômica e jurídica. Moralmente, não há limite para a nossa responsabilidade. O que existe é a não responsabilização sob determinadas condições.

Não respondem moralmente pelos seus atos as pessoas com capacidades volitivas e cognitivas imperfeitas ou incompletas, isto é, os dementes e as crianças pequenas.

Na filosofia moral, a responsabilidade está intimamente ligada à liberdade. A imputação da responsabilidade supõe que a pessoa, grupo ou instituição seja um ser livre de determinações exteriores e interiores. Isso gera muita controvérsia sobre a imputabilidade das pessoas que agem por coação de força maior, por ignorância, por equívoco e por constrangimentos de ordem cultural, educacional e circunstancial. Alguns filósofos, como Aristóteles, consideram atenuantes para esses casos. Outros, como Kant, não.

O fato é que se pode fugir à lei, mas não à consciência. Não podemos ignorar as responsabilidades morais que temos, sob pena da perda da nossa própria dignidade. Sócrates, que sabia tudo, embora o negasse, ensinava que ninguém é mau porque quer, ninguém adquire um vício porque quer (Platón, 1981, *Leis*, 3, *Górgias*, 480b). Ele e Platão acreditavam que há duas espécies de demência: a loucura e a ignorância (Platón, 1981, *Timeu*, 86).

Talvez seja sensato concordar com eles e dizer que muita gente simplesmente ignora as responsabilidades que tem. Mas não podemos esquecer que outra linhagem de pensamento, inaugurada por Aristóteles (1987, III, 5, 1113b), diz que não, que a maldade é voluntária, que a ignorância e a negligência não são a mesma coisa. Para essa ordem de pensamento, se ignoramos as responsabilidades que temos, é porque fugimos de nos educarmos, já que é pelo exercício que se formam as disposições de caráter.

Responsabilidade e gestão

Na atividade organizacional moderna, a responsabilização direta não é simples. A principal dificuldade no nível das operações decorre do alongamento das linhas de produção e da complexidade do processo de geração de bens e serviços. Cada vez mais, nossas ações no trabalho se distanciam dos seus efeitos.

Como não existe responsabilidade sem conhecimento – seria o caso da não responsabilidade –, a alienação, a ignorância, da real ou suposta impossibilidade de conhecermos os efeitos daquilo que ajudamos a criar, tem sido o álibi de governantes, investidores, acionistas, dirigentes e empregados. Como álibi, inocenta, mas não desculpa.

Outra dificuldade reside no gerenciamento de dupla face. O declínio das doutrinas de responsabilização econômica, que se expressa na obrigação de os gerentes aderirem cegamente aos propósitos corporativos, tem levado não a uma maior democratização ou humanização da gerência, mas a uma linha de escape institucional. Os gerentes chamados a servir a dois senhores – os investidores e a comunidade – tendem a servir a si mesmos, utilizando os interesses de um como desculpa para o descaso com os do outro.

No nível da gestão de negócios, as questões que se levantam são ainda mais complexas. Em um livro recente, elas foram corajosamente alinhadas por um antigo economista-chefe da Comunidade Europeia, o professor David Henderson (2001). Diz ele que os executivos estão sendo chamados a ser "bons cidadãos", a atender à necessidade dos *stakeholders*, a contribuir para o desenvolvimento sustentável e a elevar o "padrão ético". Henderson chama a isso "salvacionismo global" e o vê como uma ameaça intelectualista ao funcionamento do capitalismo. Segundo ele, a resposta das corporações às ameaças da sociedade é uma capitulação ante uma visão absurda de como a economia funciona e que tem gerado mais mal do que bem – por exemplo, aumentando custos e preços, favorecendo regulações burocratizadas, eliminando possibilidades de diferenciação, mediante a estandardização burra de processos, reduzindo as possibilidades de competição, inclusive e principalmente nos países menos desenvolvidos, em face do mercado global. Em suma, que a voga da responsabilização tem trazido mais infortúnios sociais do que o bem que apregoa.

Essa é uma opinião fundamentada e um alerta contra exageros. No entanto, o que as informações disponíveis indicam é que a resposta está em um equilíbrio, no propósito, mais do que na esperança, de que a liberdade do mercado possa conviver com a minimização dos problemas trazidos pelo capitalismo.

Responsabilidade e interesse

Claro está que não é a consciência, que não possuem, nem o medo a punições legais, de que se podem defender, que têm levado as organizações a se preocupar com a responsabilidade social. Os principais fatores que as animam são a busca de uma imagem comercialmente conveniente, a procura de vantagens competitivas em um ambiente de concorrência incivil e os reclamos decorrentes dos danos sociais provocados por suas atividades.

Há também, entre os empresários mais esclarecidos, uma componente ideológica. Pouca gente se lembra disso, mas o propósito do liberalismo econômico é gerar bem-estar social. Adam Smith Smith pretendia que os particulares "guiados pela mão invisível do mercado promovessem simultaneamente o interesse da sociedade" (Smith, 1973, IV, 2). Adam Smith também dizia que nunca tinha visto o bem feito pelos que propagam trabalhar para o bem público...

A resposta à exigência por maior responsabilização social das empresas tem levado a duas consequências. Uma, previsível, é a construção da imagem da responsabilidade, uma espécie de blindagem contra as suspeitas do público e a maledicência da competição. Outra, louvável, mas ainda incipiente, é a restrição efetiva à possibilidade de danos e ofensas e a reparação dos danos sociais decorrentes da atividade empresarial.

A proteção da imagem é, o mais das vezes, interesseira. Tem pouco ou nenhum valor moral. Ela se dá em três níveis: o de esconder os pecados, o de desenvolver projetos com fins publicitários e o de ostentar os feitos – o chamado "marketing com causa".

O primeiro nível, o da maquiagem dos danos sociais, é eticamente intolerável. O segundo é, também, problemático. Na procura pelos holofotes publicitários, o foco de luz se derrama muitas vezes sobre projetos de *socialites*, que nada têm a ver com as mazelas causadas pela atividade empresarial, ou sobre projetos que são simples obrigações legais, que teriam de ser feitos de qualquer jeito e que não são nem uma liberalidade nem uma bondade.

O terceiro nível, o do marketing com causa, é decorrente do tipo de economia em que vivemos e não é, em si, incorreto. A inversão em imagem é moralmente legítima desde que não se trate de buscar o próprio interesse à custa dos outros. Se praticar o bem coincide com o interesse econômico, ótimo. Afinal, por que não deveria ser feito? Claro está que não há mérito nisso. Mas também não há demérito algum.

Felizmente, há hoje um esforço não desprezível no sentido de dar organicidade à efetiva responsabilização social das empresas. Desde o início dos anos 1990, as empresas da Europa concordam que é sua responsabilidade a educação continuada, a igualdade de oportunidades, a inclusão social e o desenvolvimento sustentado. Em todo o mundo, movimentos, campanhas e organizações estão se instituindo com esse propósito. O marco inicial foi a campanha *Our common concern – the social responsibility of the corporate sector*, lançada pela Dinamarca em 1994. Existem, mesmo, declarações internacionais de orientação estratégica das empresas na inclusão de diretrizes e parâmetros de responsabilização social em seus planos de negócios. Por exemplo, o *United Nations Global Impact* de 2000, a *ILO's tripartite declaration of principles concerning multinational enterprises and social policy* (1997-2000) e o *OECD Guidelines for multinational enterprises – 2000* (www.oecd.org/daf/investment/guidelines), de que o Brasil, assim como o Chile e a Argentina, são signatários. O entendimento dessas iniciativas é bastante claro: trata-se de responsabilidades que as empresas assumem para além do simples cumprimento das obrigações legais.

Áreas de responsabilização moral

As áreas em que a responsabilização moral tem sido mais frequente são as relacionadas com a vulnerabilidade da natureza.

Desde os gregos, excetuando o que se refere à saúde e à vida, o comércio entre os seres humanos e o mundo exterior é considerado neutro do ponto de vista da ética. Mas nós, a humanidade, dependemos da natureza para continuar existindo.

Não se trata só, nem principalmente, do que podemos fazer à natureza, mas do que, interesseiramente, nos pode faltar na natureza. Daí a importância da medicina e do meio ambiente nas discussões sobre a responsabilidade social. Hoje entendemos melhor que a preservação, seja a do corpo, seja a da biosfera, é uma relação de duplo sentido, uma relação de dupla dependência. E a cada dia surgem problemas inteiramente novos nesse campo. A questão do controle genético transcende em muito saber se faz bem ou mal à saúde a ingestão de produtos modificados. Aí está a clonagem para nos fornecer hominídeos dotados de razão, mediante reprodução assexuada. De tal forma que a questão da responsabilidade social do cientista é hoje matéria de estudo e publicações especializadas. Os tópicos que tratam da validade social das pesquisas, da participação em debates públicos, da *expertise* e da denúncia da pseudociência estão na ordem do dia. Essa discussão junta-se à principal preocupação hoje na área da responsabilidade moral dos cientistas, ligada em sua maior parte à bioética.

Mas a responsabilidade social das empresas não se limita à bioética e à questão ambiental. As organizações resistem, como é de se esperar, à inclusão de novos itens. Ninguém, livremente, anseia por assumir encargos, muito menos as companhias, preocupadas que estão em sobreviver em um ambiente econômico e administrativo cada vez mais complexo e errático. No entanto, na medida em que as empresas consideradas socialmente responsáveis têm, comprovadamente, obtido retorno maior do que as demais firmas do mesmo setor, as resistências vão, pouco a pouco, cedendo espaço para a adesão e, até mesmo, para algum entusiasmo.

Uma classificação de todos os itens de responsabilidade moral social das organizações ainda está por ser universalmente aceita. A tipologia que temos utilizado, constante no quadro 3, foi elaborada com base na bibliografia técnica da filosofia moral e, posteriormente, corrigida e resumida a partir dos itens adotados por organizações brasileiras, norte-americanas e de diversos países da Europa.

Quadro 3
Campos da responsabilização moral social

Valores vitais: agravos potenciais ou atuais aos alimentos, à água, ao abrigo e ao socorro	Valores humanísticos: agravos potenciais ou atuais à dignidade, à liberdade e aos valores culturais	Valores utilitários: agravos potenciais ou atuais à capacidade de geração de riquezas e de sua distribuição
Agressões a ecossistemas	Deslocamento populacional forçado	Administração de sobras e recicláveis
Degradação de recursos naturais	Educação	Depreciação de ativos de terceiros
Degradação do solo	Exclusão social	Desvalorizações
Degradação sonora	Liberdade de expressão	Igualdade de oportunidades
Destruição da biodiversidade	Privacidade individual	Prevenção e emergência
Poluição luminosa	Restrição a ir e vir	Propaganda enganosa
Produtos nocivos	Trabalho forçado	Segurança no trabalho
Qualidade da água	Trabalho infantil	Sonegação de informação
Qualidade do ar	Transparência e acesso	Supressão tecnológica
Resíduos sólidos	Valores estéticos	
Saúde preventiva	Valores religiosos	
Segurança industrial		

O simples exame do quadro evidencia a discrepância entre os discursos, os esforços e a amplitude do campo da responsabilidade. Mesmo no que se refere aos valores vitais, itens como a degradação sonora, os níveis de ruído que somos obrigados a tolerar, são relegados. No que se refere aos valores humanísticos, itens como a imposição de uma estética "funcional", *clean*, ou qualquer das modas que venham a calhar, sequer são considerados agravos ao corriqueiro valor do bom gosto. Por último, entre os valores utilitários, itens como a supressão tecnológica (a não comercialização de tecnologias mais baratas e efetivas) muito raramente são discutidos.

Responsabilidade perante quem?

O segundo eixo da responsabilização moral é o da identificação do referente, vale dizer, a determinação de perante quem a empresa se responsabiliza.

Conforme a tradição de cada cultura, a responsabilidade está referida preferencialmente ao passado, ou ao presente, ou à vida futura. Na tradição do Ocidente, as máximas da responsabilidade estão referidas, de modo geral, à vida presente. Devemos amar ao próximo como a nós mesmos, subordinar o bem-estar pessoal ao bem-estar comum, tratar o próximo não como um meio, mas como um fim em si mesmo. Na tradição do pensamento oriental, somos responsáveis, principalmente, perante os que nos antecederam, os nossos antepassados.

A filosofia moral contemporânea insiste em que somos responsáveis, sobretudo, perante a humanidade. A presente e a futura. Ser responsável hoje é, em grande medida, ter sido feito refém dos que estão por vir, preocupar-nos com os que ainda não nasceram, olharmos mais adiante, para o mundo que estamos construindo a cada dia e do qual não participaremos.

Nas instâncias legal e política, os referentes da responsabilidade são institucionais. Na instância religiosa, o referente é transcendental. Na instância ética, os referentes são mais difíceis de serem precisados. Existem responsabilidades naturais, como aquelas que temos para com nossos filhos, para com a nossa comunidade e para com a humanidade como um todo, e responsabilidades contratuais, que são as que escolhemos livremente. O dano à propriedade, por exemplo, não é, em si, uma responsabilidade natural.

Alguns pensadores, como Bentham, consideraram, até, o compromisso moral com os seres viventes. Ele é o autor das primeiras leis de proteção dos animais. Mas o que hoje é geralmente admitido é a ideia da moralidade como um atributo da razão, como queria Kant, isto é, como um atributo dos seres humanos. Isso fixa a responsabilização essencialmente como o dever perante pessoas e grupos humanos, que existem, que existiram no passado e que possam vir a existir.

Uma classificação que se aproximasse do muito que foi dito e escrito sobre a responsabilidade moral social conteria os itens do quadro 4.

Essas instâncias têm, cada uma, referências a campos específicos. Por exemplo, nas relações entre a empresa e seus empregados, consideramos atinentes à responsabilidade moral principalmente os campos de:

Quadro 4
Instâncias na responsabilidade moral

Naturais		Comunidade
		Famílias
		Futuras gerações
		Humanidade
		Sociedade
Contratuais	Trabalho/empresa	Empregados
		Terceirizados
	Trabalho/trabalho	Representações trabalhistas
	Empresa/reguladores	Autoridades
		Reguladores não governamentais
	Empresa/empresa	Acionistas
		Clientes
		Parceiros
		Investidores
		Fornecedores
		Concorrentes

- transparência nas informações;
- condições de lazer;
- igualdade de pagamento;
- oportunidades para portadores de deficiências;
- oportunidades para idosos;
- privacidade;
- saúde e segurança do trabalho.

A socialização da responsabilidade

A todo momento, estão aparecendo novas responsabilidades e novas instâncias de responsabilização. É que o domínio técnico que adquirimos significou um avanço incomensurável na possibilidade de realização plena dos valores vitais – a preservação e o prolongamento da vida – e dos valores utilitários – o conforto que desfrutamos era inimaginável há 100 ou 50 anos. Mas o impacto da tecnologia sobre a vida espiritual tem, também, um lado negativo. A técnica sempre serviu à cultura, o *Homo sapiens* é uma evolução do *Homo faber*. Mas hoje o *Homo faber*, a parte servil do *Homo sapiens*, está ameaçando impor-se a ele (Bergson, 1946). O sistema está colonizando o mundo da vida e as organizações são um dos mediadores desse processo (Habermas, 1987).

Obviamente, esse é um movimento que não pode ser detido. Mas se todos compreendermos que isso acontece e como isso acontece, as chances de reverter o seu sentido nocivo são muito boas. Se, de um lado, a cobrança por maior responsabilidade das empresas aumentou na medida em que aumentou a compreensão dos efeitos a longo prazo das nossas ações, de outro nos tornamos muito poderosos. Pela primeira vez na história, o nosso poder de fazer, seja o poder de fazer uma vacina, seja o poder de fazer a guerra, está acima do nosso poder de julgar e do nosso poder de prever as consequências.

Há muito o *Homo faber* que temos em nós deixou de ser o que simplesmente fabrica os meios de sua subsistência. Hoje fabricamos e destruímos o mundo de acordo com as nossas necessidades. A responsabilidade é enorme, temos cometido erros brutais, mas as possibilidades e os instrumentos de correção não nos faltam.

As organizações têm como responder ao desafio da desintegração social. A dificuldade maior a ser superada é que a esperança de prevenir o desastre público parece tão remota para a maior parte das pessoas, que entra em seu pensamento apenas na forma de uma melancólica súplica em favor da paz e da fraternidade.

Súplicas, lamentos, discursos políticos e coisas do gênero não levam a nada. É claro que algumas situações são nitidamente difíceis, como no caso do uso de drogas pelos que formam a comunidade empresarial. A responsabilidade fica presa entre a omissão e a ingerência indevida. Mas a atuação internacional e os protestos ou revides, como ficou claro em Seattle 2000, não são movimentos isolados: são um alerta e uma indicação que não podem ser ignorados.

Há muito a ser feito. As pessoas envolvidas com o destino das organizações devem informar-se e devem discutir mais a questão da responsabilidade e da ética em geral. O imperativo reside em que não podemos deixar de nos informar e de agir. Como ensinou Aristóteles (1987, III, 6, 1113b 30 – 1113 a 31), a imprudência e a ignorância deliberada são injustificáveis. Precisamos determinar, por exemplo, quais práticas organizacionais são aceitáveis e codificá-las. Deve haver um estatuto consentido. Mas de nada adiantam as normas privadas e as leis se não há conscientização. Como a negligência moral não tem outra sanção que a dor nas consciências, é preciso que haja mais conscientização, que nos envolvamos mais.

Uma sociedade informada e articulada em torno de valores básicos dispensa leis draconianas. As leis são úteis mais como remédios, uma vez que se aplicam sobre o ato praticado. A lei não pode punir a intenção de fazer o mal. Para que se aplique a lei, é preciso que a pessoa ou a organização tenha praticado um ato ilícito ou tenha se omitido, intencionalmente ou não. O direito impõe deveres negativos, interdições: não fazer isso, não fazer aquilo. Já os sistemas éticos propõem deveres positivos, em geral deveres de solidariedade, de fidelidade, de lealdade etc. Por exemplo, a lei proíbe a mendicidade enquanto o que a moral recomenda é que amparemos o desvalido.

A função da sanção ética é dissuadir, não penalizar. Como vimos, não funciona sobre quem não tem consciência formada – as crianças e os dementes – e sobre quem não tem a liberdade de decidir, sobre os que agem sob coação. É a nossa consciência que nos move e nos freia. Essa a função da ética. Mesmo porque, depois do malfeito, não há conserto; só remendo. Aristóteles (Leis III, cap. 5) diz que quem arremessa uma pedra já não pode alcançá-la. Os espanhóis dizem, talvez muito melhor, que *a palo dado, ni Dios lo quita* (a bordoada dada, nem Deus tira).

A conscientização sobre a responsabilidade moral social começa pela socialização das responsabilidades; o avanço da noção de corresponsabilidade. Nós, brasileiros, temos alguns traços culturais muito simpáticos. Outros, nem tanto. Tendemos a socializar o bem e a individualizar o mal. Quando ganhamos a Copa do Mundo, dizemos que o Brasil ganhou. Quando fracassamos, dizemos que a seleção perdeu.

É preciso entendermos que nós, os cidadãos de bem, que cumprimos a lei, somos, todos, em menor ou maior escala, igualmente responsáveis pelo bem e pelo mal que aí estão. Temos de responder por isso. Cada um responde como lhe cabe. Os excluídos dão a resposta que dão à sociedade que os destituiu não só da dignidade, mas da possibilidade da dignidade, da esperança.

Nós, as pessoas nas organizações, investidores, acionistas, dirigentes, funcionários e empregados, que recebemos da sociedade mais do que demos a ela, temos a obrigação moral de retribuir de alguma forma. Mesmo porque isso é do nosso interesse.

O caminho a percorrer para a responsabilização moral ainda é longo. A compreensão dos itens aqui examinados é apenas um começo. Distinguir, no imenso campo da responsabilidade social, aquilo que é atinente à ética, separando-o, por exemplo, do que é atinente à convicção política, ajudaria a hierarquizar as orientações estratégicas. O mesmo vale para a distinção entre responsabilização moral, regulação legal e *accountability*. Para benefício mútuo, as três esferas devem se complementar sem se confundir.

Limitar a responsabilidade ao que, tecnicamente, lhe corresponde – os danos e as ofensas potenciais ou efetivos – permitiria focar as ações no que é essencial, eliminando desperdícios de tempo e de gastos. A integração da responsabilidade ética ao planejamento e à governança das organizações, para além de ser uma exigência societária cada vez mais presente, traria os benefícios decorrentes da transparência administrativa e do gerenciamento de encargo compartilhado, alavancando o aprendizado e o aperfeiçoamento de métodos e processos.

Claro está que ninguém, a não ser nós mesmos, tem o direito de nos dizer sobre como devemos exercer individualmente a nossa responsabilidade moral. Mas é preciso ter presente que a negligência ética não tem um tribunal exterior à consciência, ao qual possamos apresentar atenuantes e suplicar por perdão.

Referências

AGOSTINHO, Santo. *A cidade de Deus*. Petrópolis: Vozes, 1990.

ARISTÓTELES. *Ética a Nicômaco*. São Paulo: Nova Cultural, 1987.

BENTHAM, Jeremy. A fragment on government [1. ed. 1787]. In: _____. *Collected works*. Oxford: Oxford University Press, 1983.

BERGSON, Henri. *L'évolution créatrice*. Paris: Presses Universitaires de France, 1946.

CAMPOS, Ana Maria. Accountability. *Revista de Administração Pública*, Rio de Janeiro, v. 24, n. 2, fev./abr. 1990.

FRIEDMAN, Milton. The social responsibility of business is to increase its profits. *New York Times Magazine,* Sept. 13, 1970.

HABERMAS, Jürgen. *Teoría de la acción comunicativa.* Madrid: Taurus, 1987.

HENDERSON, David. *Misguided virtue:* false notions of corporate social responsibility. London: Institute of Economic Affairs, 2001. (Hobart Paper, 142).

PLATÓN. *Obras completas.* Madrid: Aguilar, 1981.

SMITH, Adam. *Investigação sobre a causa e a natureza da riqueza das nações.* Trad. Conceição Jardim do Carmo Cary e Eduardo Lúcio Nogueira. São Paulo: Abril Cultural, 1973. livro I, cap. X.

SOCIAL Accountability 8000. Disponível em: <www.cepaa.org.introduction.htm/>.

14

Em que consiste a crise moral nas organizações?

Historicamente, a ética tem sido objeto de discussão sempre que a solidez e a continuidade dos valores se quebra, sempre que as normas que pareciam óbvias são postas em discussão, sempre que os critérios de legitimação, os princípios estabelecidos para diferenciar o bem do mal deixam de ser operacionais.

Vivemos numa época regida pela fragmentação das referências, pela invalidação das normas, pelo declínio dos princípios. Vivenciamos uma situação histórica similar à de que se ocupou Max Weber (1864-1920).

Entre as preocupações de Weber, destaca-se a ética. Ele abordou as questões morais de muitos ângulos: o da formação histórica, o das relações profissionais, o da religião. Neste capítulo, tomei algumas das categorias que ele utilizou para lançar hipóteses explicativas sobre a divergência entre as convicções morais que herdamos e as responsabilidades que somos chamados a assumir nas organizações.

Trata-se de um aproveitamento livre das ideias formuladas por Weber. Essa liberdade justifica-se: a sua obra é extensa, contraditória, e a circunstância em que foi elaborada está morta. Por outro lado, já que as interpretações do pensamento de Weber assumiram nesse final de século um caráter irritantemente escolástico, pareceu lógico utilizar as mesmas práticas evasivas dos que eventualmente se viram compelidos a interpretações ritualísticas.

Dessa forma, a estrutura do texto se aproxima dos elementos das sentenças medievais. Primeiramente há uma exposição do pensamento original, em seguida uma leitura da solução proposta para os problemas que Weber se coloca e, por fim, a formulação de uma hipótese. Animam o texto o caráter de modéstia do termo inicial das hipóteses medievais – "porventura...?" (*utrum...?*) – e a possibilidade de fazer variar o pensamento da *autoritas* sem grandes prejuízos para seus devotos e com vantagens consideráveis para a formulação de cinco hipóteses sobre os limites das convicções morais descritivas do momento que vivemos.

São elas:
- a de que a percepção do eticamente justificável é condicionada pela obsessão com as "leis" do "mercado";
- a de que os valores éticos não racionalmente (fim-racionalmente) justificáveis são considerados hierarquicamente inferiores (não prioritários);
- a de que, na atualidade, os atores econômicos professam uma ética de dupla face: certos preceitos (que constituem a memória ética da formação e garantia da sobrevivência do capitalismo) são mandatórios para uso geral e (pela necessidade de sobrevivência no capitalismo) são facultativos para uso privado;
- a de que os atores do processo de produção, considerados indivíduos, sacrificam, consciente ou inconscientemente, suas convicções em favor de responsabilidades reais ou imaginárias;
- a de que tal sacrifício é crescente, isto é, que a vida afetiva e a vida social são sacrificadas em função da vida econômica, da sobrevivência no sistema econômico.

Afinidades eletivas

Weber tratou da ética em duas instâncias principais: a da dedução da gênese do capitalismo e a da explicitação das tensões entre os sistemas éticos "puros" e a realidade da vida contemporânea. Ambas as instâncias derivam de uma interpretação sistemática da racionalidade e da sua articulação histórico-cultural. Os conceitos-chave, que informam essa articulação, são o de domínio social e o de "afinidade eletiva" (*Wahlverwandtschaft*) (Lowy, 1989:15 e segs.).

Para Weber, a sociedade é fragmentária e contraditória. Não pode ser apreendida em sua totalidade. O foco das análises sociais deve, portanto, recair sobre "domínios de ação", seja sobre as esferas da vida – o governo, a religião, as leis, a economia –, seja sobre as organizações – a família, as empresas, a vizinhança –, seja sobre os grupos de *status*.

A tarefa analítica é compreender os limites e possibilidades desses domínios, sua gênese, sua conformação e as relações que os domínios mantêm entre si. Relações que ora são antagônicas, ora são afins: resultam de afinidades eletivas.

Embora nas traduções correntes, principalmente na de Parsons para o inglês, o termo "afinidade eletiva" apareça como significando a combinação ou interação entre duas condições culturais, o conceito é bem mais complexo. Compreende uma atração, uma escolha recíproca e uma combinação. Foi usado por Weber em vários contextos. Os que mais nos interessam estão relacionados à atração entre visão de mundo e interesse de classe e à afinidade entre crença religiosa e ética profissional.

Os antagonismos e as afinidades entre os domínios permitem a Weber retratar vivamente quadros como o da ética do servidor público (dever, pontualidade, tarefas ordenadas, hábitos disciplinados), o do *ethos* das organizações de vizinhança (assistência mútua e fraternidade econômica em situações de crise) ou da burguesia (oposição a privilégios de berço, igualdade formal de oportunidades). Mas essas são configurações da sua época: dos funcionários prussianos, do sistema de moradias unifamiliares, da burguesia *fin de siècle*. Vivemos em outro tempo, em outra cultura.

As hipóteses sobre os limites do exercício das convicções discutidas a seguir estão inspiradas no legado de conceitos de Weber, mas não, necessariamente, nas conclusões a que ele chegou. As diferenças de propósitos entre a ciência da ética – que procura responder à questão socrática: como devemos viver? – e as ciências culturais (a sociologia e a antropologia) – que colocam a questão: como vivemos juntos? – e a diversidade sociocultural entre a Europa de Weber e a nossa época impuseram adaptações e interpretações.

São tão pertinentes os conceitos que elaborou e tão distantes os exemplos e referências que utiliza, que, necessariamente, o primeiro aspecto que devemos examinar diz respeito às diferenças culturais e à universalidade dos métodos.

Cultura e método

"Cultura" para Weber é um segmento finito da realidade, recortado da infinitude inalcançável do mundo. Um segmento a que os seres humanos conferem sentido e significância (Anason, s.d., p. 6).

Esse entendimento, se de um lado segue a tradição de opor o cultural ao natural, o valorado ao que é dado pela natureza e o indivíduo à totalidade, de outro é inteiramente inovador em relação às definições correntes, uma vez que evidencia o caráter incerto e mutável do conceito de cultura: sua permanente destruição e reconstrução.

"Cultura" é um "conceito-valor", isto é, seu conteúdo está aberto a interpretações. Nós construímos o conceito, dando-lhe significado pela "ordenação intelectual do empiricamente dado" e separando-o do "infinitamente inapreensível processo do mundo". O sentido da cultura se apreende não por leis ou regularidades, mas por ideias valorativas (Scaff, 1989:85).

Para Weber, não só mudam as culturas como muda aquilo que reconhecemos como cultura. Uma das funções da montagem do tipo ideal é justamente caracterizar o que estamos entendendo por cultura em uma determinada instância de análise. Quando tentamos compreender os valores de um indivíduo ou de um grupo, devemos considerar que esses valores correspondem a uma cultura particular, a uma visão do mundo diferente da nossa, e que ambas as culturas estão em transformação. Trata-se de uma equação indeterminada, com tantas variáveis quanto incógnitas.

As soluções metodológicas oferecidas por Weber para o problema da compreensão do mundo cultural passam, primeiramente, pela construção de tipos ideais, isto é, pela redução da complexidade da economia e da sociedade a recortes lógicos. Em seguida, pela tentativa de fixação de pelo menos uma variável da equação metodológica, mediante a declaração prévia dos valores daquele que investiga. Sua esperança é de que, ao declararmos os nossos valores, evidenciamos *a priori* as distorções da nossa visão e obtemos uma certa "neutralidade axiológica" (Weber, 1977).

Não é o caso de discutir aqui a propriedade dessas soluções, mesmo porque pouco nos ajudam na superação das dificuldades da determinação dos limites do exercício das convicções morais. Qualquer que fosse o método de investigação, persistiriam dúvidas não só sobre o fundamento que teríamos para compreender o código moral de uma cultura diversa da nossa, como sobre as condições de possibilidade de se recortar arbitrariamente um segmento do mundo, uma organização por exemplo, e dizer que se trata de uma cultura. Tudo isso não impede que sigamos Weber na análise da articulação entre cultura, racionalidade e ética, e daí derivemos algumas hipóteses.

Cultura e "razão de mercado"

Um resumo da linha de pensamento de Weber sobre a cultura e a racionalidade – certamente demasiado esquemático, mas útil aos nossos propósitos – teria a seguinte forma: cada cultura, em sua evolução, engendra uma racionalidade própria, uma racionalidade que explica a cultura para si mesma. Desse processo, emergem os valores e, entre eles, uma ética, uma razão moral que convém a essa cultura e que a justifica. As possibilidades de uma determinada ordem social são função das condicionantes culturais com que essa ordem se defronta no seu processo evolutivo e vice-versa.

Tomemos, por exemplo, o ponto mais conhecido da análise de Weber: a afinidade eletiva entre a religião e o processo produtivo, a noção de que a ética protestante condicionou o espírito do capitalismo moderno. Temos aqui: uma configuração cultural, explicitada por um código de conduta racionalizado; um momento crítico na história, o do capitalismo emergente; e a conjunção eficiente de uma lógica moral com outra, econômica.

Para Weber, a cultura em que o capitalismo moderno veio à luz foi a cultura do ascetismo internalizado e do ativismo racionalista. Weber explicava o capitalismo como uma forma econômica racional, uma organização funcional orientada pela formação de preços em um mercado livre. "Uma economia racional é uma organização funcional orientada para os preços monetários que se originam nas lutas de interesse dos homens no 'mercado' (...) O dinheiro é o elemento mais abstrato e 'impessoal' que existe na vida humana." (Weber, 1974b:379). Visto do ângulo histórico, o capitalismo moderno é uma singularidade, não uma necessidade. Encerra características – a organização racional do trabalho, a diferenciação entre economia interna e externa, a diferenciação entre uma ética do grupo e uma ética para os outros e uma forma econômica baseada no empreendimento – que são produto de uma evolução cultural. Evolução que teve lugar no Ocidente, e só poderia acontecer no Ocidente e naquele momento em particular, e que terminou por resultar em uma racionalidade das leis, da ciência empírica, do aparelho de Estado, da especialização e, também, em um código de conduta "racional".

Para o homem comum, da época do surgimento do capitalismo moderno, havia duas alternativas para escapar à tensão entre a forma de vida econômica e a fé religiosa: o ascetismo do trabalho, com todo o seu desencanto, que correspondia à salvação neste mundo, e o misticismo religioso, correspondendo à salvação no outro mundo.

A racionalidade moral e a racionalidade econômica, ao se completarem, superam essa tensão. Só se pode trabalhar para a salvação neste mundo. A salvação no outro mundo depende do desígnio divino. De forma que inicialmente a religião transfere a ética da reciprocidade (o que precisas hoje posso precisar amanhã) para os irmãos de fé (Weber, 1974b:377-379). Transforma-a em uma ética real da fraternidade. Depois, a religião profética substitui a ética do clã, da vizinhança, da guilda, dos associados nas empresas marítimas, pela ética da *caritas*, do amor ao próximo. Transfere a ética da fraternidade para todos, para a humanidade. Cria uma ética acósmica, uma moral sem objeto, uma racionalidade moral que condiciona e dá forma ao capitalismo.

A jaula de ferro

A racionalidade dominante da cultura ocidental da busca de lucros e da sua multiplicação, que gera instituições e delas depende – como as organizações industriais, a separação entre as áreas onde negociamos e aquelas em que vivemos, a contabilidade, o trabalho formalmente livre –, necessariamente tem de ser a mesma racionalidade para a ciência, o treinamento militar, a administração, a contemplação mística e a ética.

O que dá a racionalidade ou a aparência de racionalidade é a lógica do todo. Pouco importa que o capitalismo atual tenha perdido "qualquer significado religioso e ético" e adquirido um "caráter de esporte" (Scaff, 1989:90). O que ficou foi um sistema de causação circular, onde o progresso técnico, a estandardização, a rotinização da vida, o cálculo – a racionalização, enfim – produzem a especialização, a fragmentação e tensões éticas de toda sorte, que são resolvidas mediante mais racionalização, mais rotinização, mais cálculo, em um ciclo sem fim.

Como escreveu Weber (1950:181) na segunda parte da *Ética protestante e o espírito do capitalismo* (em 1906, após visitar os Estados Unidos):

> Os puritanos queriam trabalhar por vocação; nós temos de fazê-lo (...) Essa ordem [econômica] está hoje limitada por pressuposições técnicas e econômicas de produção mecanizada, que determinam (...) o estilo de vida do indivíduo

nascido nesse mecanismo (...) [que aparentemente é] um leve manto, que pode ser deixado de lado a qualquer momento. Mas o destino decretou que tal manto se tornaria uma jaula de ferro.

Presos em uma jaula de ferro (*iron cage*), deixamos uma tradição para seguir outra. Entramos em uma lógica incvitável, uma cultura técnica, regida internamente pelo conhecimento, mas também por temores, que, como sempre, são os temores do desconhecido. Trocamos um medo por outro.

A chave da questão moral suscitada por esse raciocínio está no condicionamento do estilo de vida pela força da lógica capitalista. Se tomarmos a liberdade de estender o pensamento de Weber, juntando a esse argumento a ideia de cultura como valor, chegamos à possibilidade de que o estilo de vida determinado pela prisão de ferro da mecânica capitalista engendrou e validou um código de ética particular, lógico em relação ao funcionamento da economia, mas descabido em relação à vida social.

Quando inquirimos se, de fato, essa determinação existe e até que extremos terá alcançado, estamos já no campo da especulação. Necessitamos apenas de outro argumento weberiano para completar a construção de uma hipótese. É o argumento do caráter mágico suscitado por aquilo que não se compreende. Weber (1968:310) escreveu, ao analisar a economia tradicional, que "é muito intensa a influência que exerce a magia estereotipada do comércio, a grande aversão a introduzir modificações no regime de vida em comum, por temor de provocar transtornos de caráter mágico". Pois bem, não se teria o mesmo fenômeno reproduzido no mundo racionalizado do capitalismo avançado em que vivemos? Não teria o inalcançável número de determinantes do comportamento dos mercados fetichizado o conceito-base do capitalismo? Enfim, não teria o "mercado" assumido um caráter mágico similar à "magia estereotipada do comércio" da economia tradicional?

A primeira hipótese sobre os limites do exercício das nossas convicções derivada dos conceitos de Weber aplicável à atualidade parte de uma síntese dessas possibilidades. Principalmente da suposição de que os códigos de conduta são fruto de uma visão do mundo, de uma racionalidade culturalmente determinada e dos temores de caráter mágico (não racionais) que ela carrega. A hipótese tem a seguinte forma: a percepção do eticamente justificável é atualmente condicionada pela obsessão com as "leis" do "mercado". "Leis" que assumiram a mesma forma que a magia tinha na economia pré-capitalista.

Racionalidade, não racionalidade, irracionalidade

A jaula de ferro é a objetivação da cultura material, do "mercado", e do seu "poder inexorável". Mas é também a prisão mental em que estamos encerrados pela nossa forma de pensar. É a prisão de uma humanidade especializada, "vocacionada", compelida a abandonar a "universalidade da humanidade" e viver em um mundo racionalizado, "desencantado". Essa constatação abre todo um campo de possibilidades de entendimento da ética. Mas antes de avançarmos uma segunda hipótese, é preciso diferenciar o que é racional e em que medida se diferencia do não racional e do irracional.

Racionalidade

Como vimos, para Weber a racionalidade não é absoluta, mas um produto cultural. Em termos absolutos, um ato é racional (fim-racional) quando pode ser descrito de acordo com os cânones da lógica, os procedimentos da ciência, ou a consecução de objetivos econômicos. Weber explicava o capitalismo segundo esta última acepção: como uma economia racional. Só no Ocidente a racionalização da ciência, do direito e da cultura pode desenvolver-se inteiramente. Dependemos social, política e economicamente de organizações "racionais" e de pessoas treinadas dentro dessa racionalidade. A racionalidade é a chave da nossa cultura.

As características da racionalidade do capitalismo compreendem as empresas estruturadas em caráter permanente, a contabilidade, a tecnologia, as leis. Principalmente, há uma racionalização do espírito, da cultura. É possível que, como protestante e alemão, Weber visse o mundo com olhos de protestante e alemão, e o espírito protestante e o alemão como uma coisa só. Tudo no império alemão tendia à racionalidade: a bolsa, o sistema métrico, o código industrial, a burocracia e assim por diante (MacRae, 1975:44). Mas o que importa para nós é essa racionalidade, essa lógica específica da jaula de ferro característica do nosso mundo.

Não racionalidade

No entanto, para Weber (1950:187), nem tudo que não é racional recai, necessariamente, na irracionalidade. Já que "uma coisa nunca é irracional por ela mesma, mas somente quando considerada a partir de um determinado ponto de vista".

Weber distingue vários tipos de ação segundo o seu grau de maior ou menor racionalidade. A ação que é racional quanto aos fins que se propõe a alcançar, a ação que é racional quanto aos meios empregados, a ação "afetiva", que é racional quanto aos sentimentos, a ação tradicional, próxima da irracionalidade, já que fundada unicamente no hábito. Um comportamento racional não precisa, necessariamente, obedecer a uma lógica fim-racional. Pode ser "valor-racional", sempre que seus fins ou seus meios sejam religiosos, morais ou éticos e não diretamente ligados à lógica formal, à ciência ou à eficiência econômica.

Essa não racionalidade, ou racionalidade quanto a valores, está presa às convicções, à religião, e não deve ser confundida com a irracionalidade. Por exemplo, embora o "racionalismo" esteja contido na ética chinesa, "apenas a ética puritana, orientada para o além do mundo, levou às últimas consequências a lógica econômica intramundana (...) porque para ela o trabalho intramundano não passava de expressão do esforço por uma meta transcendente" (MacRae, 1975:158).

O nível de racionalização de cada religião é dado pelo distanciamento que apresenta da magia e por sua coerência interna. Weber (1968:315) atribui ao judaísmo uma "grande importância para o capitalismo racional moderno, (...) [por ter transmitido] ao cristianismo sua hostilidade à magia". O protestantismo ascético é o máximo que uma religião pode afastar-se da crendice e da magia, enquanto o confucionismo retém o máximo de coerência interna.

No protestantismo, a aparente irracionalidade do mundo é devida a nossa incapacidade de alcançar os desígnios de Deus. Os desígnios de Deus não podem ser compreendidos, mas o mundo tem um sentido dado por Deus. No confucionismo, o mundo é que dá a ética; não há tensão entre o homem, o mundo e Deus (*Tao* = ordem cósmica). A confiança na China é baseada nos laços de parentesco e amizade. No protestantismo, o que vale é a comunidade e a "qualidade ética" dos indivíduos singulares. Enquanto "o racionalismo confuciano significa a adaptação racional ao mundo, o racionalismo puritano significa dominação racional do mundo" (Weber, 1982:158). O cristianismo possibilitou uma explicação do mundo liberta do caráter mágico. A vida não precisa ser boa, mas tem de ser lógica. Não aceitamos o carma, mas aceitamos a nossa carga na esperança "racional" de uma felicidade futura.

Há aqui um contínuo entre magia e racionalidade, de tal forma que quanto menos mágica é a religião, mais os seus fundamentos necessitam de uma justificativa lógica.

Historicamente, no Ocidente, houve uma passagem da magia à racionalidade, o que Weber (1976:506) denominou o "desencanto do mundo". Como houve uma passagem do capitalismo aventureiro para o capitalismo consequente. A experiência intuitiva do mundo foi sublimada por uma ética racionalizada a partir da religião e do pensamento teórico. O mundo se desencantou. Houve um processo de racionalização e não a prevalência qualitativa de uma dada racionalidade sobre outra.

Irracionalidade

Mas a nossa vida está plena de irracionalidades, de comportamentos que não são nem fim-racionais nem valor-racionais. Por exemplo, o "intelectualismo", que tanto preocupou Weber, não é sinônimo de racionalização. Antes é um "enfeitiçamento (*sorcery*) racional" que reduz o mundo à teoria. Abre caminho para a racionalização de tudo mas, em sua incapacidade de explicar a realidade, também abre caminho para a reintegração do universo mágico mediante o desenvolvimento das interpretações religiosas.

A organização da vida para maior eficácia "não é progresso nem precisa ser razoável". Quem utiliza um elevador não precisa saber como funciona.

À racionalização corresponde o desencanto do mundo: deixamos de acreditar nos mitos e abrimos espaço para o ceticismo, a mistificação, o charlatanismo. Mesmo porque existem "ações afetivas", fins e meios ligados a afetos e a paixões e irracionalidades no comportamento individual (sentimentos) ou coletivo (relações de poder, por exemplo) que correspondem a uma "irracionalidade ética do mundo". Representam uma "irracionalidade axiológica", um "antagonismo dos valores".

Mesmo a nossa cultura pode opor-se à racionalização. Nossas atitudes ante o mundo obedecem a padrões e limites mutáveis que transcendem a objetividade. Obedecem a valorações culturais, a regularidades de comportamento não hereditárias. Em uma sociedade infinitamente complexa, com opções éticas conflitantes, uma coisa pode ser boa sem ser bela e vice-versa. Afinal, o mundo nunca se desencanta completamente (Freund, 1970:19 e segs.), embora Weber se desencante dele e proponha como solução voltar à religião ou viver o dia a dia.

Considerando a tendência à racionalidade e a persistência do não racional e do irracional, tenderíamos – e o que foi uma certeza para Weber para nós aqui será uma hipótese – a justificar o eticamente legítimo segundo a forma econômica do capitalismo, onde sobrevivem melhor os que aproveitam as "oportunidades vitais".

Presos a essa lógica, nós nos especializamos, desconhecemos as esferas da não racionalidade e da irracionalidade. O "mundo da cultura objetiva", isto é, da cultura externa ao homem, o mundo da beleza, da dignidade, da honestidade e da grandeza, estaria em permanente tensão com as demandas da salvação pessoal. O contínuo que medeia entre o mundo da racionalidade e o mundo mágico fornece a base para a segunda hipótese: a de que os valores éticos não racionalmente (fim-racionalmente) justificáveis são considerados hierarquicamente inferiores (não prioritários). Os valores éticos seriam condicionados por uma cultura técnica: a nossa.

Ascetismo econômico e conflito moral

Das contribuições de Weber para a compreensão das questões éticas, a mais importante é, sem dúvida, a noção de que o condicionamento cultural leva à convivência de lógicas conflitantes. Essa ideia está desenvolvida na discussão da ética protestante como viabilizadora do capitalismo moderno e na apreciação das possibilidades éticas da política. (O "protestantismo" de Weber engloba o calvinismo, o puritanismo inglês e o americano.)

Ao estudar a ética protestante, Weber pretendeu explicar o capitalismo moderno mediante a análise das condições de possibilidade de sua gênese. Tentou responder à pergunta: por que o capitalismo industrial se desenvolveu na Europa ocidental? Terminou por deduzir que a noção da impenetrabilidade dos desígnios divinos e a lógica que se segue levaram a um imperativo moral de produção e de comércio, a um "capitalismo ascético". O "chamado", tanto no calvinismo – uma tarefa para toda a vida, um campo definido de trabalho – quanto em Lutero – a eticidade está em servirmos a Deus realizando as obras a que fomos chamados –, só ganha sentido se aceitarmos a impenetrabilidade da vontade de Deus.

A dedução de Weber obedece à seguinte linha de raciocínio: o puritanismo está baseado na repressão dos impulsos naturais que acompanha uma racionalização ética rigorosamente fundada na vontade, porque, mesmo não sendo senhor do seu destino, o homem comum tem necessidade de se assegurar da salvação (*certituto salutatis*) e só pode fazê-lo mediante duas ordens de conduta: considerando-se escolhido, vocacionado para servir a Deus e estar entre aqueles que serão salvos, o que lhe impõe combater dúvidas e tentações; e alimentando a própria fé, trabalhando continuamente para aumentar a autoconfiança. A prova da verdade da fé estando no fruto do trabalho, dádiva de Deus.

Ora, conciliar escolha, vocação e fé só é possível em uma vida extremamente ordenada, dentro de princípios rígidos. O ascetismo, privação disciplinada, engendra uma racionalidade, uma forma de encarar o mundo. Desses fundamentos, deduz-se a regra de comportamento; organiza-se a ética. Daí o pietismo, com o controle higiênico da conduta, e o metodismo, com a busca racional da perfeição. Daí o "cálculo e frugalidade" dos primórdios do protestantismo. O que a Reforma diz é que seremos salvos pela fé, não pelas obras. Devemos obediência às autoridades. Devemos aceitar as coisas como elas são, uma vez que a distribuição desigual dos bens e da felicidade foi ordenada por Deus. O destino nada tem a ver com o mérito.

Para Weber, existem quatro respostas racionais (valor-racionais) para a incongruência entre destino e mérito: o *carma*; o dualismo persa (Zoroastro); a predestinação; a predestinação decretada por um deus *absconditus*. Crendo na última como a resposta à ilogicidade do mundo, os puritanos trabalhavam com afinco.

Embora a ideia de trabalho abnegado não seja um dogma calvinista e sim uma dedução dos pregadores, ela é uma ideia que se encaixa perfeitamente na lógica da incerteza quanto à salvação. O tempo, dádiva de Deus, não pode ser desprezado e, além disso, os impulsos malignos são expulsos pelo trabalho. A riqueza obtida é a prova de que Deus predestinou a fortuna, o que pode ser um sinal da salvação além da vida.

Mas se os frutos do trabalho podem significar a aprovação divina, não se trata de usufruí-los: o homem é apenas um guardião dos bens que lhe foram confiados pela graça de Deus. O ascetismo protestante não permitia consumir nem deixar como herança o fruto do trabalho. A lógica moral determinava, ao contrário, que seus adeptos investissem e ampliassem os seus negócios para que outros também tivessem oportunidade de trabalhar e de se salvar. Lógica que justifica e legitima o capitalista, esse "asceta do ganho econômico" (MacRae, 1975:81). Quando afirmo que "os desígnios de Deus são insondáveis", quero dizer que, se sou afortunado e outros sofrem, isso não pode ser por acaso, mas por vontade divina. Assim, a religião racionalizou o mundo e engendrou "essa poderosa tendência para a uniformidade da vida, que hoje em dia tão fortemente contribui para a padronização capitalista da produção" (Weber, 1950:169).

À possibilidade teórica da formação do espírito capitalista, Weber alia a verificação na vida prática, analisando as máximas e preceitos de Benjamin Franklin. Constata que, no espírito do capitalismo que dali transparece, o homem honesto é o que tem crédito e o que busca o crescimento do seu capital, que passa a ser entendido como um fim em si mesmo. Também o trabalho deve "ser executado como um fim absoluto por si mesmo – como uma vocação" (Weber, 1950:50).

É a mesma ideia, o mesmo *ethos* do protestantismo: o homem deve "por natureza", não por usura, querer ganhar cada vez mais dinheiro. O homem é motivado pela salvação da alma, não pela aquisição de riquezas. Rompe-se aqui o dualismo entre uma moral para os justos e outra para os que estão fora da Igreja (Weber, 1968:318). Todos temos de viver dentro do grupo comum, aderindo a uma moral centrada na fraternidade, que, por sua vez, é orientada pelo princípio da ajuda mútua, que reza que "a sua necessidade de hoje pode ser a minha de amanhã" e tem por corolário uma moral diferente, aplicável aos outros, a quem não posso explorar. Supera-se assim toda a tradição do lucro como torpeza, vergonha, abuso de usura (*turpitudo, pudendum, usura pravitas*). É a religiosidade da congregação, da compaixão (sofrer junto), transferida para a ética da reciprocidade nas relações econômicas.

É claro que tudo isso está eivado de irracionalismos. Não só é insustentável logicamente ter duas éticas, uma para o meu grupo e outra para os "outros". A própria noção de reciprocidade é problemática, uma vez que do fato de alguém precisar de mim hoje não decorre necessariamente que eu venha a depender dele ou de outrem no futuro. Do ponto de vista da felicidade ou da utilidade individual, essa ética é absolutamente irracional. A ética religiosa só é racional pelo método com que é exposta e pela diferenciação que faz entre a norma válida e a dada pela vida empírica.

A ética do trabalho varia e se ajusta às necessidades ditadas pelas circunstâncias. Weber menciona pelo menos quatro fundamentações morais diferentes para o trabalho. Uma ética econômica tradicional, baseada no costume, em que trabalhar menos tem mais valor do que ganhar mais, vale dizer: uma moral que entende o trabalho como mal necessário. Uma ética carismática, que é a moral do capitalista aventureiro, do empreendedor herói, inteiramente centrada na racionalidade quanto aos fins, que entende o trabalho como autossatisfação. Uma ética racional prática, também centrada na racionalidade quanto aos fins, mas, diferentemente da carismática, fruto de um *ethos* do interesse próprio, de um utilitarismo instrumental, que entende o trabalho como um meio da busca de riqueza e de *status*. Finalmente, uma ética racional econômica, que conforma o espírito do capitalismo moderno nascente e que entende o trabalho como dever (um fim em si mesmo), como vocação e virtude. Orientada por valores como a honestidade, a solidariedade, essa é a única moral com possibilidades de "intensidade e estabilidade" para sustentar o sistema econômico racional. O declínio ético do trabalho estaria justamente na volta da prevalência da ética racional prática sobre a ética racional econômica.

O quadro formado desde a ideia de predestinação, passando pela coincidência ou interpenetração do ascetismo religioso com a repressão dos impulsos naturais necessária à emergência do capitalismo moderno, até a noção de capital como valor em si mesmo é bastante plausível. Mas, se a gênese do capitalismo fundou-se na ética protestante ou em uma determinada interpretação da ética protestante, o que se passa com o capitalismo após esse período de formação? Não teria ocorrido uma ruptura entre a ética geradora e a ética resultante do processo de formação da cultura do capitalismo? O declínio ético do trabalho não se teria intensificado ainda mais desde o tempo de Weber até hoje? Não teria ocorrido uma cisão entre o discurso moral, que ainda ecoa as ideias de equidade (igualdade de oportunidade), de fraternidade (a "grande família" que muitas organizações dizem constituir), de santificação do trabalho (a "força motriz da sociedade") e as práticas de competitividade, não só empresariais, mas, também, profissionais?

É essa possibilidade, a da incongruência entre os preceitos morais internos e externos aos atores – à empresa, à agência governamental, ao grupo –, que informa a terceira hipótese de trabalho: a de que, na atualidade, os atores econômicos professam uma ética de dupla face: certos preceitos (que constituem a memória ética da formação e garantia da sobrevivência do capitalismo) são mandatórios para uso geral e (pela necessidade de sobrevivência no capitalismo) são facultativos para uso privado.

Convicção e responsabilidade

No texto "A política como vocação", ao examinar as questões relativas à ação na sociedade, Weber (1974a) explicitou as contradições éticas ainda em outra chave: a que distingue o sentido de moralidade do da responsabilidade pelos nossos atos. O conflito está em que coexistiriam duas éticas, não na sociedade, mas em um mesmo indivíduo.

De um lado, a ética da convicção, que é formulada em termos religiosos e diz que, se uma ação bem-intencionada resulta em algo mau, isso só pode dever-se aos pecados do mundo, à estupidez dos homens ou aos inalcançáveis desígnios divinos. É uma ética segundo a qual eu sou, sempre e unicamente, responsável por minhas intenções.

De outro, a ética da responsabilidade, segundo a qual, inversamente, eu sou responsável não por minhas intenções, mas por meus atos, pelas consequências das minhas ações. Onde, no caso individual, pode um valor ético ser determinado? Em termos de êxito ou em termos de um valor intrínseco *per se*?

A questão é se, até que ponto, a responsabilidade do agente pelos atos santifica os meios, ou se o valor de sua intenção justifica a sua rejeição da responsabilidade do resultado, seja para transferi-la para Deus, ou para a maldade e idiotice do mundo permitidas por Deus. "A sublimação absoluta da ética religiosa fará que os homens se inclinem para a segunda alternativa." (Weber, 1974a). Mas entre as duas éticas há uma tensão permanente, uma vez que, obedecendo à ética da convicção, desligo-me do compromisso com os resultados perversos das minhas ações, enquanto obedecendo à ética da responsabilidade passo a justificar os meios pelos fins.

Para Weber, o que ocorre na prática é a convivência das duas éticas, uma corrigindo a outra, mas, também, uma contradizendo a outra.

Ao longo da vida, defrontamo-nos com uma série de contradições. Entre elas, são eticamente relevantes as derivadas da impossibilidade de sermos racionais todo o tempo e as decorrentes do "paradoxo das consequências", que se traduz nos seguintes dilemas: primeiro, para se atingir uma consequência boa (o bem), pode-se contar com meios desonestos (o mau)?; segundo, como prever as consequências das minhas ações? (Weber, 1974a:50). São problemas de extrema complexidade, que lidam com as questões filosóficas mais difíceis suscitadas tanto pela ética kantiana do dever quanto pela crítica ao consequencialismo do utilitarismo moral anglo-americano.

Weber não via possibilidades no "rigorismo ético *a priori*", na moral baseada em leis naturais ou imperativos deduzidos da razão, como nos estoicos, no culto da razão ou no kantismo, (Weber, 1974b:520) mas lia Tolstoi (1952:393), que acreditava na solidariedade (amor ao próximo) como "lei natural suprema", da qual se tira o "sentido da vida".

Ao mesmo tempo, examinava a realidade do mundo racionalizado, desencantado, onde os valores não formam uma única e inequívoca hierarquia. Perguntava-se como seria possível conciliar o pacifismo, o sindicalismo revolucionário, a democracia "pura", o socialismo "puro", próprios de uma ética dos "fins últimos" ou convicções, com o realismo da ação concreta na sociedade.

Terminou por constatar que não podemos decidir entre valores correntes a não ser pela sistemática e coerente opção individual e por afirmar que há uma "afinidade eletiva" entre a renúncia ao mundo e a ética absoluta e outra afinidade entre a afirmação do mundo e a ética da responsabilidade.

O conflito entre a ética da convicção e a da responsabilidade não é somente teórico. Integra e complica a vida espiritual contemporânea, da época em que o amparo da moral religiosa perdeu seu caráter absoluto. A atualidade, caracterizada não só pela petrificação e homogeneização das condições de vida, como pelo conflito das diversas esferas de valores, modos de vida e poderes e das suas coerências internas, gera tensões entre estilos de vida desejados e a política, entre a política e a ética etc.

Há uma disjunção entre a cultura material (do capitalismo) e a cultura subjetiva, os valores humanos mais altos, "o sentido da vida". No texto "A política como vocação", Weber (1974a:150 e segs.) deixa claro que o resultado da racionalização não é a supremacia dos princípios racionais. Com a atrofia da razão prática e a hipertrofia da razão instrumental, há um distanciamento progressivo (transformação de meios em fins) entre o indivíduo e as instâncias de racionalidade. Não se trata de uma ressurreição das forças irracionais, mas das dissonâncias da racionalização.

A ética religiosa da negação do mundo conflita com as esferas econômica, política, estética, erótica e intelectual. A racionalidade econômica, provedora dos bens materiais para a cultura mundana, é desprovida de amo. O estético, o erótico, as "forças da vida deste mundo" e o cultural são a afirmação do mundo, do subjetivo, mas não mais do transcendente.

De forma que a ética da convicção, deontológica, radical, opõe-se inevitavelmente à ética da responsabilidade, teleológica, flexível. Só a ética da responsabilidade é racional, mas como conciliar a obediência à fé, quaisquer que sejam as consequências dessa obediência, com a submissão a exigências da ação, a subordinação da salvação da alma à salvação do Estado, próprias da ética da responsabilidade? Como se pode ser cristão e político ao mesmo tempo? (Aron, 1971).

Ao evidenciar a discrepância entre a norma ética baseada nos princípios e a fundada nas consequências, Max Weber deslocou a questão moral da vertente das instituições para a dos indivíduos. A perspectiva que considera as pessoas – e não só os domínios: os grupos, a economia, as organizações – atores do processo social empresta uma nova dimensão ao problema da eticidade nas relações de produção. Muito embora o discurso de Weber tenha sido dirigido para os políticos, ou para os que têm "uma responsabilidade maior na sociedade", o conflito entre as duas éticas pode ser, evidentemente, estendido a todos, a cada um de nós e a cada pequena decisão que tomamos. Para além do conflito de interesses entre os atores convencionais do processo produtivo – os representantes do capital, os trabalhadores, os reguladores, os públicos –, pode haver, e certamente há, um confronto maior, mais complexo: o que se dá pessoalmente, no íntimo de cada indivíduo, no embate entre suas convicções e suas responsabilidades. Esse é um fato da vida, que independe de regimes políticos ou ordens econômicas. É, além disso, uma fonte de perplexidades, algumas de ordem psicológica, outras de ordem social.

Na dimensão individual, o problema (para quem se coloca o problema) admite soluções que vão do misticismo profundo à reflexão mais elevada. No plano social, pareceria que quanto maior fosse o descompasso entre as convicções e as ações a que os indivíduos se vissem compelidos por suas responsabilidades, maior a precariedade ética no contexto social, maior a fuga, a recusa ao questionamento ético e, consequentemente, maior o desconforto social dos indivíduos, desconforto que se poderia manifestar tanto pela apatia, pelo conformismo, quanto pela revolta, pela crítica sistemática à sociedade em que vivem.

Essas especulações dão forma às duas últimas hipóteses sobre os limites do exercício das convicções no nosso tempo derivadas das ideias de Max Weber: a de que os atores do processo de produção, considerados indivíduos, sacrificam, consciente ou inconscientemente, suas convicções em favor de responsabilidades reais ou imaginárias; e a de que tal sacrifício é crescente, isto é, que a vida afetiva e a vida social são sacrificadas em função da vida econômica, da sobrevivência no sistema econômico.

A responsabilidade contra a convicção

O lapso que medeia entre o desaparecimento de Weber e a era da economia globalizada, entre as estruturas burocráticas e as organizações virtuais, fez com que muito da sua produção ficasse irremediavelmente presa à história, ao espírito de um tempo passado. Mas os problemas de fundo que procurou compreender persistem. Talvez por não terem sido superados, talvez porque nunca poderemos, de fato, superá-los.

Nada tem de estranho para nós a ideia de uma ética cruel, afim ao capitalismo, ascética na origem e no discurso, mas lamentavelmente pragmática na atualidade. A ampliação e a aceleração do trânsito de informações, de capitais e de produtos vieram evidenciar ainda mais do que na sua época os conflitos morais entre domínios diversos, entre culturas distintas. Mas é no confronto entre o espírito e o século, entre a convicção e a responsabilidade que nada parece ter mudado ou evoluído.

A perplexidade de Weber é a nossa perplexidade. Em uma carta para Michaels, datada de 4 de agosto de 1908, Weber escreveu:

há duas possibilidades: 1) "meu reino não é deste mundo" (...) ou 2) afirmar a cultura (...) através da adaptação (...) das condições (...) econômicas, políticas, ou quaisquer outras (...) No segundo caso, falar em revolução é uma farsa (...) qualquer pensamento em trocar a "dominação do homem pelo homem" por qualquer forma de (...) socialismo (...) ou democracia (...) é uma utopia.

(Scaff, 1989:97)

Qual seria, então, a resposta ao problema do conflito moral? A solução proposta por Weber é a de que o homem "autêntico" terá de combinar as duas éticas (Freund, 1970:174). Que a vida política e a dedicação ao Estado podem reconciliar duas visões do mundo antagônicas. Que "uma ética de fins últimos e uma ética de responsabilidade não são contrastes absolutos, mas antes suplementos, que só em uníssono constituem um homem genuíno"(Weber, 1974a).

Se e como é possível combinar duas éticas conflitantes, Weber, que faleceu aos 56 anos, não teve tempo de explicar.

Referências

ARNASON, Johann P. *Rationalisation and modernity:* towards a culturalist reading of Max Weber. La Trobe University, [s.d.].

ARON, Raymond. Weber. In: STAMMER, Otto (Org.). *Max Weber and sociology today.* New York: Harper & Row, 1971.

FREUND, Julian. *Sociologia de Max Weber.* Rio de Janeiro: Forense, 1970.

LÖWY, Michael. *Redenção e utopia:* o judaísmo libertário na Europa central; um estudo de afinidade eletiva. São Paulo: Companhia das Letras, 1989.

MacRAE, Donald Gunn. *As ideias de Weber.* São Paulo: Cultrix, 1975.

SCAFF, Lawrence A. *Fleeing the iron cage.* Berkeley: University of California Press, 1989.

TOLSTOI, Leo. What's to be done? In: _____. *Recollections & essays.* London: Oxford University Press, 1952.

WEBER, Max. *The protestant ethic and the spirit of capitalism.* New York: Charles Scribner's Sons, 1950.

_____. *História geral da economia.* São Paulo: Mestre Jou, 1968.

_____. A política como vocação. In: GERTH, H. H.; MILLS, C. Wright (Orgs.). *Ensaios de sociologia*. Rio de Janeiro: Zahar Editores, 1974a.

_____. Rejeições religiosas do mundo e suas direções. [1. ed. 1915]. In: GERTH, H.; MILLS, C. Wright (Orgs.). *Ensaios de sociologia*. Rio de Janeiro: Zahar, 1974b.

_____. *Economia y sociedad*. México: Fondo de Cultura Económica, 1976.

_____. *Sobre a teoria das ciências sociais*. Lisboa: Presença, 1977.

_____. Religião e racionalidade econômica. In: COHN, Gabriel (Org.). *Weber*. São Paulo: Ática, 1982.

15

Quais os limites da tolerância?

A lógica do conceito de tolerância circunscreve um campo de características do que é suportável. Descreve a linha de ruptura do intolerável. Não há inclusão sem exclusão. O limite da tolerância é a autoexclusão daqueles que não podem mais tolerar ou a exclusão dos intoleráveis.

Sartre definiu o inferno como constituído pelos outros. Foi intolerante. Mas não se retirou do mundo. São raras as pessoas para quem a humanidade é um estorvo. Demócrito, dizem, arrancou os próprios olhos em um jardim para que não o atrapalhasse a contemplação do mundo. Em Constantinopla, os santos anacoretas padeceram voluntariamente, isolados do mundo sobre suas colunas. Desde que existe história, os eremitas de todas as partes se afastaram do convívio, refugiaram-se dos outros em seus abrigos.

Menos extraordinárias são as pessoas a quem as sociedades não podem tolerar. Gente que, por motivos os mais variadas e mesmo sem razão alguma, deixa de ser aceita na comunidade, nos grupos identitários. Mas, em geral, a exclusão do convívio é tão penosa que, de uma forma ou de outra, procuramos tolerar-nos uns aos outros. O preço da intolerância é o insulamento ou a morte.

Neste capítulo, procuro analisar sistematicamente a fronteira da tolerância aplicada ao mundo das organizações, o ponto em que a convivência não é mais possível, em que as pessoas deixam as organizações, em que as pessoas não são mais aceitas por elas.

Inscritas na totalidade social, as organizações são mundos em ponto menor. São grupos de indivíduos que compartilham, voluntariamente ou não, uma intenção comum. As organizações diferem da sociedade e da comunidade por terem um objetivo concreto, e não um propósito ideal. São universos fechados, orientados para finalidades específicas.

Tal como acontece na esfera maior da sociedade, há gente que não pode suportar a vida nesses mundos, e existe gente que é inaceitável para eles. Nas organizações, como na sociedade, existe tolerância e existe um limite para a tolerância. Mas, à diferença da sociedade, o intolerante e o intolerado podem retirar-se facilmente das organizações. Podem abster-se do convívio.

Ao procurar entender os limites da tolerância, deparamo-nos com um campo pouco explorado do conhecimento da administração. Talvez porque o tema não seja agradável, ou, mais provavelmente, porque o ser humano perdeu centralidade na gestão contemporânea, há muito pouca coisa escrita sobre os intolerados e os intoleráveis. Por este motivo, procurei delimitar a fronteira da tolerância em cinco instâncias: o conceito de tolerância; o conceito aplicado às organizações; o limite político; o limite psicofísico; o limite ético.

O que é a tolerância?

A tolerância é a aceitação de opiniões e condutas julgadas equivocadas, falsas ou prejudiciais. Tolerar – ensina a raiz latina *tol* – é suportar o inconveniente, o malquerido, o rejeitável. Ninguém tolera o que é bom. Toleramos, ou dizemos tolerar ou, ainda, pregamos que se tolere o que é mau, o que é ruim. Toleramos por interesse, por conveniência, por dever moral.

O conceito de tolerância se estende ao longo da história. Podemos acompanhá-lo desde a transigência com a "impiedade" dos descrentes da *polis* grega, passando pela condescendência política dos que se insurgiam contra os césares divinos de Roma, pela misericórdia com os hereges medievais, até chegarmos à complacência com os criminosos da atualidade. Sempre houve algum tipo de tolerância e, em graus diferentes, um limite para ela.

Na Antiguidade, principalmente entre os estoicos, a *tolerantia* significou suportar tudo que fosse uma carga para o corpo humano e, por analogia, para a mente humana. Para os autores latinos, significou a perseverança e a força para enfrentar os males, as adversidades e os elementos naturais. A raiz *tollo* denotou o esforço que fazemos sobre nós mesmos.

O cristianismo nascente associou o conceito de tolerância ao autodomínio requerido para aguentar as dores da existência na Terra. A tolerância era um dos sinônimos da *patientia*. Um conceito privado, do indivíduo que é ou deve ser tolerante. Já com os padres da Igreja, notadamente com Santo Agostinho, a *tolerantia* passa a ter uma acepção coletiva: a do autocontrole da cristandade ao lidar com os maus, com as pessoas imorais, com os infiéis. A da caridade que ajuda a suportar os que são um peso para a humanidade.

O conceito de tolerância se firma na Idade Média. Embora a religião e os dogmas da época tivessem pouca elasticidade, o mesmo não ocorria na política nem na interpretação da lei. Por volta de 1150, o direito canônico já contemplava situações em que o mal não deveria ser punido. Pregava que, quando o mal praticado é secular, pode haver uma permissividade da autoridade eclesiástica, o que não quer dizer uma aprovação (*Ecclesia non approbat, sed permittit*). Também deveria haver tolerância ao se prevenir um mal maior (*Minus malum toleratur ut maius tollatur*). Por exemplo, mentir para preservar a Igreja. Nesse contexto, o verbo *tolerare* é usado com frequência para contornar um problema para o qual não se tem remédio, como o da prostituição, ou para ordenar o convívio com grupos irredutíveis à lei canônica, como os judeus (Bjeczvy, 1995).

A tolerância passa significar a indulgência entre os credos após as guerras religiosas dos séculos XVI e XVII. Os argumentos a seu favor se somam aos da Antiguidade e aos da Idade Média. Esses argumentos mantêm-se inalterados desde então.

O argumento moral (de Erasmo, de Locke, 1964). diz que a perseguição é violência e que a violência se opõe à civilidade e à caridade. O argumento da essência (de Erasmo, 1984a) diz que, se concordamos política ou religiosamente no fundamental (*credo minimum*), a razão da intolerância desaparece. Voltaire (1992) argumentou que a tolerância se opõe ao fanatismo. Que era preciso esmagar o fanatismo cristão (*écraser l'Infâme*) fundado na superstição e na ignorância, em nome do interesse público. Que devemos tolerar-nos porque todos somos falíveis. Além disso, a tolerância, diz ele, é melhor também do ponto de vista econômico. Ela favorece o comércio de bens e traz a riqueza (Voltaire, 1829-1831). O argumento legalista (de Locke, de Erasmo) diz que a intolerância é um mal porque produz a coalizão dos dissidentes, e a repressão aos hereges é contraproducente porque cria mártires (Locke, 1959; Erasmo, 1984b.) O argumento político diz que a intolerância reforça a convicção dos que discordam e gera a revolta (Espinosa, 1982). O argumento epistemológico diz que devemos ser tolerantes porque ninguém pode pretender ter a razão absoluta, só Deus.

Na Declaração dos Direitos do Homem de 1789, a tolerância foi associada à concessão do erro, à condescendência, à liberalidade dos costumes, como a das casas de tolerância. No século XIX, John Stuart Mill (1963) avançou razões para defender a ideia do direito à consciência individual. O argumento liberal reza que há uma esfera de ação que interessa primariamente ao indivíduo humano e sobre a qual a sociedade não pode e não deve interferir. Essa noção desemboca nas ideias de compreensão e de incorporação das diferenças, que são o cerne do liberalismo moderno. A liberdade para Mill é a liberdade do indivíduo ante as coações. O público e o privado são esferas distintas, em que a tolerância é imprescindível.

Na vertente inversa do pensamento político, o socialista Proudhon (1967) sustentou a tolerância com outro fundamento: o do argumento crítico, que diz que só com a tolerância completa seria possível fazer aflorar as falsas ideias, e que isso as anularia.

O positivismo endossou, com Comte (1983), o uso político da tolerância. Mas só em um primeiro momento, quando ela seria útil para o "processo crítico". Depois, quando se alcançasse uma nova fase da história, a tolerância completa não seria mais aceitável, dado que pode conduzir à dissolução.

Pela outra vertente do pensamento, já no século XX, Gramsci (1974) disse exatamente a mesma coisa. Ele argumentou que a tolerância é necessária para que o coletivo chegue a uma decisão racional do que o partido deve fazer do seu fim, do seu objetivo. Mas, uma vez fixado o objetivo, deve haver intransigência absoluta, sob pena de diversão e fracasso.

Mais recentemente, o tema voltou à discussão com o conceito de "tolerância repressiva" de Herbert Marcuse (1970). Marcuse demonstrou ou pretendeu demonstrar que a tolerância com os dissidentes na sociedade liberal tem o propósito de servir não para a liberação ou emancipação dos grupos e das pessoas explorados, mas para adormecer os impulsos libertários. Com isso, a tolerância se torna repressiva, embora sob a aparência de libertadora.

O argumento desenvolvido por Marcuse é importante não só pelo que provocou – ele informou intelectualmente os movimentos rebeldes de 1968, tanto nos EUA quanto na Europa –, mas porque traz à luz a ideia de que a autodeterminação é viciada pelas instituições. De que a ideologia da tolerância favorece a conservação do *status quo* de desigualdade e discriminação. De que só as minorias extremistas, isto é, intolerantes, podem livrar-nos da destruição da liberdade, da repressão oriunda da ideologia da tolerância.

Ao longo da história, a tolerância foi variando de significado. Há mesmo na língua inglesa uma distinção entre *toleration*, com a acepção legal de permitir a liberdade de culto, e *tolerance*, a admissão do diferente. No entanto, todas essas acepções têm um fundo comum, que recai sobre a flexibilidade da consciência perante a vida particular, do indivíduo perante os outros, perante as instituições e, inversamente, das instituições em face dos indivíduos, da coletividade em face do particular.

A tolerância nas organizações

No campo das relações entre o trabalhador e a organização, o caminho é o mesmo: o do trabalhador consigo mesmo, dele com a organização, e dela com o trabalhador.

As organizações são instrumentos para se alcançar objetivos. A tolerância em relação a elas está no quanto concordamos com os meios de que fazem uso e com os seus objetivos.

Do ponto de vista psicofísico, o limite da tolerância é dado pelo quanto conscientemente podemos suportar das penas e dos sacrifícios que nos reserva o emprego. Do ponto de vista político-estratégico, do quanto nos convém profissionalmente alienar-nos ao processo de trabalhar para outros (não seria mais proveitoso termos outra atividade?) e do quanto compartilhamos dos benefícios das organizações. Do ponto de vista ético, até que limite a nossa consciência aceita e concorda com o processo de trabalho e com os objetivos perseguidos pela organização.

Um exemplo simples pode ajudar a evidenciar a complexidade da combinação dessa pluralidade de dimensões. Com o que sabemos hoje sobre os males do tabaco, trabalhar na indústria fumageira pode ser, ao mesmo tempo, materialmente compensador, agradável física e psicologicamente, interessante profissionalmente e intolerável eticamente. Ao passo que trabalhar em uma organização que combate o tabagismo pode significar um sacrifício financeiro, um caminho para a autorrealização, uma desvantagem profissional e um imperativo moral.

Os campos da tolerância são diferentes, os limites são individuais. As suas margens também o são.

O mesmo ocorre quando invertemos a questão e nos perguntamos o que, em um trabalhador, pode ser intolerável para as organizações. A resposta girará em torno do prejuízo que ele possa trazer aos seus processos e às suas metas. Os fracos, os discordantes, os sabotadores são intoleráveis. Os que retiram mais do que contribuem, os que questionam, os que suspeitam, os que desanimam, os que denunciam a precariedade moral dos processos e dos objetivos, não se encaixam, não são suportados pelas organizações.

É sobre esses três eixos – o político, o psicofísico, o ético – e dois sentidos – o do empregado e o do empregador – que se alinham os limites da tolerância. O que pudemos absorver nas pesquisas que realizamos permite descrever os pontos de ruptura dessas linhas, o ponto em que os argumentos em favor da tolerância não mais se sustentam. Em que, política, física, psicológica e moralmente, a opção que resta é a da independência.

O limite político

O limite político ou estratégico é dado pela impossibilidade de obedecer à ordem vigente, de o trabalhador incorporar como seus os processos e, principalmente, as metas da organização. Entre os que refletiram sobre a tolerância, Locke (1964) foi quem mais assiduamente tentou conciliar a consciência com a obediência a uma ordem. Argumentou, por exemplo, que ou bem o Estado é a expressão coletiva das consciências individuais, ou bem devemos obrigação maior à nossa consciência do que ao Estado. O impasse se resolve se e quando o Estado se torna a expressão consentida do pensamento individual. O que é ambição de todos. Infelizmente, no nosso campo de interesse, as organizações em geral, isso só é possível em associações de voluntariado. As relações entre empregados e empregadores não se constroem mediante a alienação das consciências.

A tolerância como reconhecimento de todos os cidadãos como iguais é a condição do pluralismo democrático, que para o liberalismo político é o único sistema justificável eticamente para reger o Estado e a coisa pública. A tolerância como reconhecimento de todos os cidadãos como tendo o mesmo valor é a condição do coletivismo, que para o socialismo é o único sistema justificável eticamente para reger o Estado e a coisa pública. Nenhuma das duas posições apregoa a tolerância absoluta. Mesmo no âmbito do liberalismo, é evidente, como demonstrou Wolff (1970), contra Mill, que a tolerância não pode ser irrestrita. Se o for, isto é, se a liberdade for plena, recaímos na anomia, a ausência de leis, descrita por Durkheim (1950), que isola o homem da sua comunidade, da sua cultura.

Esta a acepção política da tolerância, este o seu limite.

O político e o organizacional

Têm sido frequentes as tentativas de transplantar a tolerância política para administração, para a condução das organizações. Tentativas que medeiam entre o engodo e o equívoco. O que é válido para a sociedade não o é, necessariamente, para as organizações. O liberalismo no mundo político é isso: pessoas iguais que têm concepções diferentes encontram uma forma de convivência. As organizações são outra coisa. São formadas por pessoas diferentes interessadas em um objetivo igual. A tolerância política é o reconhecimento voluntário do direito de interesses opostos existirem. A sociedade democrática opera sob o conceito de fim último – um fim bom em si mesmo, como a liberdade. As organizações operam sob o conceito de objetivos mediatos, sejam eles econômicos, políticos ou mesmo religiosos. Nas organizações, a tolerância é obtida. Ela não é uma liberalidade, mas uma condição.

Tomemos um autor contemporâneo, John Rawls, cujas ideias têm sido discutidas como fonte de orientação estratégica de agências governamentais e de empresas. Ao se pronunciar sobre as liberdades básicas, Rawls se fixa sobre o que denomina "termos equitativos da cooperação", basicamente a boa-fé e o respeito mútuo. Ele ensina que "numa democracia os fundamentos da tolerância e da cooperação social sobre a base do respeito mútuo ficam ameaçados quando as distinções entre (...) os modos de vida e ideais não são reconhecidas" (Rawls, 2000).

Dessas considerações, e de outras igualmente sábias, Rawls deriva a principal teoria da justiça da segunda metade do século XX. Mas se tentarmos aplicar conceitos como o de boa-fé, respeito, cooperação e ideais às organizações, veremos imediatamente que esses são termos da cidadania, não da administração. É lícito presumir a boa-fé de quem negocia. Confiar nela é uma ingenuidade. Não chegam a 5% os executivos brasileiros que fundam suas negociações unicamente sobre a boa-fé do parceiro. Fosse diferente, não haveria a necessidade de contratos.

Dos argumentos a favor da tolerância, o do credo mínimo e o da compreensão liberal não se aplicam à condescendência política no interior das organizações. Os argumentos de que ninguém pode avocar a si a razão absoluta e de que a crítica faz aflorar as ideias também não cabem.

O respeito em filosofia política é uma reverência perante uma razão superior. O respeito na linguagem cotidiana das organizações medeia entre a admiração e o temor. Respeitar um concorrente ou respeitar um parceiro é admirar o que ele fez ou temer o que ele possa fazer.

A cooperação, se e quando existe nas organizações, é condição, não resultado de um interesse comum dos cooperantes, seja o interesse do lucro monetário ou político, seja o interesse de evitar perdas. As organizações não têm ideais. Elas têm objetivos que servem a ideais, legítimos ou não.

Restam, no que se refere à tolerância política no interior das organizações, os argumentos do mal menor, da possibilidade de coalizão dos dissidentes, da revolta e da tolerância repressiva.

Os limites estratégicos da tolerância são dados pelos mesmos parâmetros de boa-fé, do respeito, da cooperação, adesão aos objetivos. A organização se torna intolerável politicamente quando a crença na má-fé do empregador torna a convivência um mal maior do que a retirada da organização. Os sistemas de *endo*marketing estão aí para evitar esse mal.

A possibilidade de coalizão dos trabalhadores e de revolta coletiva (a revolta individual tem margem de tolerância zero), como no caso das greves, é um dos fatores mais frequentemente alegados para a tolerância com faltas e discordâncias. A tentativa é sempre a de liberar o suficiente para que a produção não sofra. Com o tempo, essa estratégia termina por, voluntariamente ou não, consolidar tendências similares à tolerância repressiva descrita por Marcuse. Dá-se liberdade suficiente para que a revolta não se justifique. Percebendo isso, o trabalhador, quando pode, se afasta. Entendendo que as organizações procedem sempre assim, se afasta completamente.

Temos, então, que a linha que limita a tolerância política nas relações entre empregado e empregador é dada pela da renúncia a cooperar (a cooperação) devida à divergência de interesses, pela perda de confiança (a fé compartilhada), pelo descrédito do empregado ou do empregador, pela ilegitimidade do móvel da tolerância.

O limite físico e o psicológico

A tolerância política, como a religiosa, se prende à distinção do público e do privado. A tolerância física sobre o que o corpo pode aguentar, a psicológica sobre a liberdade da conduta. A capacidade de suportar e a condição de ser suportável.

A tolerância pode ser fruto de uma administração arejada, capaz de absorver diferenças, pode representar uma fraqueza, pode ser instrumentalizada, como propõe Gramsci. Ela pode ser sutilmente utilizada para reprimir, como queria Marcuse. Mas o que, nas relações intra e interorganizacionais, limita a tolerância no âmbito psicofísico, excluída a enfermidade física ou mental, é o espaço que o trabalhador tem para ser ele mesmo. O limite é a asfixia da personalidade, de um lado, e o distúrbio no processo produtivo, do outro.

O principal determinante do limite da tolerância psicofísica se dá quando a relação entre empregados e organizações ultrapassa o limite da racionalidade, o que nos traz à linha de argumentação de Espinosa.

Espinosa (1982, cap. XX) demonstrou, *mores geométrico*, que a intolerância é uma irracionalidade. O raciocínio é que não podemos ser privados da liberdade das nossas paixões, da nossa expressão e dos nossos pensamentos porque não temos como controlá-los. É uma impossibilidade física, como a de levantar uma coisa muito pesada, não uma resistência a essa ou àquela instância. Por isso, ensina ele, todo soberano que tenta governar as almas e as palavras dos seus súditos se expõe à revolta. Trata-se de uma reação da natureza humana, não uma rebelião, um motim. Porque pretender que uma pessoa venha a cercear ou obrigar a sua vontade, a sua expressão, ou o seu pensar é irracional, antes de ser ilegítimo.

Há um ponto em que o que se impõe e o que se restringe ao trabalhador não pode ser mais suportado. Há um ponto em que o que trabalhador manifesta não poder ser mais tolerado pela organização. Esses dois limites à tolerância ao trabalho são intimamente relacionados. Mas a compreensão do limite físico antecede a do limite psicológico.

O cálculo do limite físico ao esforço humano data da Antiguidade, das necessidades dos exércitos e do sistema escravagista. Era, por exemplo, uma das funções do que hoje chamamos de esporte, em especial dos jogos olímpicos dos gregos e das competições do circo romano, saber quanto podemos correr, saltar, lançar. Na forma que reconhecemos como científica, o limite físico do rendimento do trabalho começou a ser estudado na segunda metade do século XIX, quando a propensão ancestral a racionalizar o esforço humano ganhou impulso. Os fisiologistas de então estudaram a "máquina animada", determinando o lote econômico na alimentação dos escravos e as distâncias da marcha em função da resistência dos soldados.

A lógica dos engenheiros não era em si perversa. Era a mesma que os levou a criar o avião mediante o entendimento da mecânica do voo dos pássaros. Como a máquina, o homem é um "conversor de energia" que carrega o seu próprio motor. Procurando extrair o máximo rendimento desse conversor, os fisiologistas fizeram realizar inúmeros estudos, culminados com os de Adolphe Hirn (1815-1890), que definiu o trabalho como a quantidade de calorias consumidas pelo esforço humano, o que levou a se buscar o aumento da produtividade pela utilização ideal da alimentação racionada (Vatin, 1993).

Logo em seguida, com a propagação da transferência do esforço do homem para a máquina, essa preocupação perdeu ímpeto, mas não se esgotou. Aliás, ainda não se esgotou. A ginástica introduzida nas fábricas e escritórios, por exemplo, tem a função de obter rendimento físico, seja diretamente, seja pela redução do absenteísmo.

O limite da tolerância ao esforço físico é variável. Na atualidade, é estatisticamente desprezível o número dos que alegam excesso de esforço ou de desconforto para abandono do emprego. Provavelmente porque os que se veem na circunstância do trabalho penoso são pessoas que não têm voz ou não têm alternativa, como os trabalhadores na construção civil ou nas empresas de fundo de quintal. No entanto, há uma relação causal surda, não documentada e, talvez, não documentável, entre a intolerância a determinados trabalhos e as deficiências ergonômicas do ambiente, dos equipamentos e dos instrumentos. Pesquisas – como a recentemente realizada em Israel em 21 organizações, indicando que 34% do absenteísmo entre as empregadas em escritório que realizavam tarefas complexas eram devidos ao barulho – são indicativas desse limite (Fried, 2002).

Os ambientes de trabalho opressivos, confusos, tirânicos, decorrentes dos sistemas de baias, dos edifícios tipo aquário, podem ser também razão para intolerâncias sem origem claramente declarada em pesquisas. Derivam da espantosa ignorância, tanto das organizações quanto dos trabalhadores, sobre as necessidades e benefícios da ergonomia.

Tolerância psicológica

É no aspecto psicológico que os limites da tolerância ficam mais claros. Embora Jules Amar (1879-1935), do Conservatoire des Arts et des Métiers de Paris, elaborasse uma teoria físico-fisiológica do trabalho e o estudo dos tempos e movimentos fosse sistematizado nos anos 1950, a racionalização por meio do estudo do limite fisiológico perdeu ímpeto quando, nos Estados Unidos, Frederick Taylor e Henry Ford ensaiaram outra forma, mais consistente, de otimização da "máquina humana". Procuraram a racionalização não do trabalho isolado, mas do processo produtivo como um todo. Esse é o marco da transição que traz a ênfase do físico, própria do século XIX, para o psicológico que caracteriza o século XX.

O limite psicológico da tolerância ao trabalho começou a ser então balizado. Existem quatro fatores principais que levam à ruptura desse limite: a percepção do trabalhador de que a organização lhe extrai sobretrabalho; os traços de personalidade que não se encaixam na vida organizacional; a tensão provocada pela falta ou distorção das informações; a emocionalidade nas relações entre dirigentes e empregados.

Na extração do máximo rendimento do trabalho, o primeiro princípio da administração científica de Taylor (1947a), o do cálculo da parte humana no esforço de produção, é emblemático de tudo que se seguirá. O gerente que se apropria do conhecimento do trabalhador e o otimiza assinala, simultaneamente, o declínio do trabalhador de ofício e o início do apogeu do homem-engrenagem, imortalizado por Chaplin.

O princípio que reza que o trabalho cerebral deve ser concentrado na mão dos gerentes, porque custa tempo e dinheiro estudar o trabalho e somente o capital dispõe de tempo e dinheiro para isso, cria a gerência científica e supera o estudo fisiológico. A gestão científica é, de fato, um passo decisivo para a nova percepção do trabalho. Seus argumentos – de que o trabalhador tentará guardar os "segredos do ofício" para si e para seus amigos; de que o simples controle e o incentivo direto à produção não funcionam, porque o trabalhador tende a defender o emprego, seu e dos seus colegas; e de que a racionalização é um atributo gerencial, uma vez que só é possível estudar o trabalho de fora do trabalho – são não só lógicos, como verdadeiros.

Os fatos de o monopólio do conhecimento sobre o trabalho por parte do gerente provocar uma concentração de conhecimento em uns poucos e a execução cega do trabalho por muitos e de os princípios de ajustamento das pessoas ao trabalho, mediante adestramento e especialização por tarefas, terminarem por retirar a iniciativa do trabalhador não invalidam a constatação de que a escolha de métodos baseados em conhecimentos tradicionais, em habilidades pessoais, na inteligência e na solidariedade apresenta uma produtividade menor do que os métodos da produção em massa.

As ideias posteriormente reunidas sob o nome de fordismo – a linha de montagem da produção em grande escala, a remuneração que possibilita o consumo em massa, o encurtamento do ciclo de trabalho e a verticalização industrial – complementam a tônica do trabalho racionalizado. O taylorismo e o fordismo, ao dividirem o trabalho em seus elementos constituintes, induziram à alienação extremada. Enquanto a divisão social do trabalho subdivide a sociedade, a divisão parcelada do trabalho subdivide o homem, com menosprezo das capacidades e necessidades.

Nesse contexto, o trabalho muda inteiramente de figura. E o que se segue não altera a ideia do homem feito máquina, porque "o taylorismo domina o mundo da produção; os que praticam as 'relações humanas' e a 'psicologia industrial' são as turmas de manutenção da maquinaria humana" (Braverman, 1974:84). O que se seguiu – a corrente de relações humanas, o comportamentalismo e tudo e todos que utilizaram o estudo do corpo e da mente para melhor extrair sobretrabalho – apenas instrumentaliza a ideia de levar a capacidade humana a seu extremo.

A linha de demarcação do limite da tolerância psicológica deriva da dupla recusa em ceder o corpo e a mente à maquinaria da produção. Pesquisas recentes (Douglas, 2002) têm demonstrado que os que buscam a independência, isto é, abrir um negócio próprio, têm maior tolerância ao risco e aversão à desproporção entre esforço e remuneração quando se é empregado. Não que pretendam ficar ricos com a independência. Nem trabalhar menos. É a desproporção do sobretrabalho que não pode ser tolerada.

No que se refere à intolerância puramente psicológica, o que se verifica é que existem personalidades que não se adaptam à vida organizacional. As origens da intolerância e o intolerável psicológico são difíceis de precisar. Muitas vezes não têm uma implicação diretamente verificável na insustentabilidade do convívio entre empregados e organizações. Gibson e Gouws (2001), estudando o efeito do contexto sobre a tolerância na África do Sul, concluíram que, embora a conjuntura imediata da vida e as questões relativas às liberdades civis não deixem de ter relevância, a situação de ódio (racial, no caso) preexistente prevalece sobre a situação concreta, desvirtuando quaisquer possibilidades de racionalização e tolerância.

O mesmo parece acontecer para algumas pessoas em relação às organizações. A fonte da intolerância é anterior e externa ao trabalho. Pessoas há, por exemplo, que não toleram receber ordens ou que sofrem quando se veem compelidas ao trabalho em equipe. Algumas a ponto de serem completamente avessas a integrar qualquer tipo de organização, ou que as organizações expelem sistemicamente. Não que esses traços sejam necessariamente negativos. Seibert, Kraimer e Crant (2001), em um experimento envolvendo 180 executivos durante dois anos, provaram, contra toda expectativa, que a correlação entre os que desafiavam o *status quo* e as promoções e ganhos é fortemente negativa (t –2,36 e t –2,34 p > ,05, respectivamente). O que eles demonstraram foi que os que têm espírito livre, os que pretendem mais do que simplesmente jogar o jogo banal do dar e do receber, são incompatíveis com a vida nas organizações.

Ainda outra fonte de ruptura de ordem psicológica é a desinformação. Adkins, Werbel e Farh (2001), pesquisando os efeitos da insegurança no trabalho durante crises financeiras, mostraram que a desinformação, a precariedade das relações trabalhistas e as ambiguidades quanto à real situação da organização têm uma tolerância limitada e são determinantes não só da queda de produtividade como da saída da organização. Estão intimamente relacionadas com a taxa de *turnover*, com a intenção de procurar outro emprego e, também, com a percepção de dificuldades de realocação. Os boatos e as informações truncadas são geradores de tensões comuns em todos os grupos humanos. Para alguns, mais sujeitos a se deixarem influenciar ou mais sensíveis, tensões desse tipo representam um sofrimento constante, com custos maiores do que os benefícios monetários e de segurança que a organização possa oferecer. Na outra vertente, há pessoas que criam e dão curso a boatos e falsas informações. Sejam quais forem as razões psicológicas – mecanismos de defesa, distúrbios de personalidade –, esses trabalhadores tornam-se muitas vezes intoleráveis para as organizações.

Por último, temos como fonte da intolerância psicológica o caráter emocional de que por vezes se reveste a relação entre o empregado e a organização. Essa é outra dimensão difícil de precisar com dados. O grande empecilho para se ajuizar quantitativamente o limite da tolerância psicológica é o seu caráter privado. A tolerância pública é uma indulgência social, às vezes oficial. Em geral, está ligada à abstenção de alguma ação contra quem ultrapassa os limites. A tolerância privada se confunde com a compassividade para condutas e crenças dos outros (Meyer, 2002). O limite da tolerância é dado não pela conduta incorreta, mas por quem a conduta é sentida como incorreta.

A frequente e muitas vezes mal-intencionada confusão entre o que é a conduta desejável pela organização e o que é a conduta legítima tem as mesmas raízes da defesa do politicamente correto no interesse particular. Por exemplo, a ideia de que é impolido ou inútil queixar-se de serviços mal prestados ou de produtos com especificação aquém do que seria razoável faz parte da nossa cultura. O mesmo se passa no âmbito organizacional. A lealdade é confundida com a subserviência. Poucos se dão conta de que o único bom cabrito que não berra é, claro está, o cordeiro. O homem cordial, tantas vezes desmentido e explicado pelo autor da expressão, Sérgio Buarque de Holanda, é o que coloca o (bom) coração acima dos seus interesses. Também acima dos interesses da sociedade. É o complacente.

Entre nós, um marido complacente é objeto de pena ou zombaria. Por que não se dá o mesmo em outras instâncias que não a do poder machista é um mistério para os antropólogos resolverem. O fato é que, nas nossas organizações, a queixa, a busca do direito, é considerada falta de respeito e a falta de respeito não pode ser tolerada, sob pena de fazer ruir a tola disciplina organizacional ou a honra infantil de quem não leva desaforo para casa. Ora, o respeito e a tolerância são instâncias diferentes. Respeita-se a lei, não se a tolera. Da mesma forma, podemos respeitar os outros sem tolerar suas opiniões e atos.

O limite psicológico da tolerância não é marcado pelo desrespeito ou pela agressão. Ele é marcado pela recusa ao convívio. A ruptura entre a organização e o trabalhador se dá, muitas vezes, por essa confusão entre razão e sentimentos, pela emocionalidade descabida de dirigentes e de empregados.

A tolerância física e psicológica termina por se desfazer nos três limites, o do esforço, o das paixões, o do pensamento, apontados por Espinosa. Há um ponto que não pode ser ultrapassado, seja pelo empenho requerido ou ofertado, seja pela compatibilidade das personalidades, seja pelas sequelas do ruído na comunicação, seja pelo emocionalismo das relações, seja, enfim, por qualquer combinação desses fatores.

O limite ético

Nenhum dos argumentos a favor da tolerância se sustenta quando se trata da questão ética. Do ponto de vista moral, a tolerância é o desrespeito da sociedade, do indivíduo e da própria consciência. Aquele que tolera a transgressão ética aceita que o outro ou ele mesmo se comporte de maneira que sabe errada, falsa, imprópria.

A tolerância com a moral não é um bem nem um dever. É a complacência com quem não cumpre o dever. Ela não é uma virtude como a justiça ou como a liberdade. A tolerância pode ser virtuosa no campo político, no campo psicológico. Mas nunca no campo da ética. Tolerar moralmente significa uma autorização para violar princípios.

A tolerância moral só se justifica no caso de ignorância, como a da criança ou do demente, ou no caso da não intencionalidade. A tolerância ética é uma opção de como reagir a essas ações, é uma compreensão da fraqueza humana, é uma reação branda ao desvio não deliberado. Ela é viciosa na medida em que é fruto de uma tentação. Toleramos porque é inconveniente, trabalhoso ou antipático reagirmos à transgressão.

Mesmo a mais corriqueira das alegações, a de que devemos tolerar as pequenas faltas, as faltas sem consequência, não encontra respaldo em nenhuma das correntes do pensamento ético.

Do ponto de vista das éticas teleológicas, como o utilitarismo, a questão sequer se coloca, porque o que não produz consequência não é, por definição, moral ou imoral. Do ponto de vista das éticas deontológicas, como o kantismo, não se pode transigir porque o julgamento baseado na presunção das consequências é uma adivinhação sem sentido. Do ponto de vista do ceticismo relativista, da ideia de que como ninguém é dono da verdade, não há como reagir ao comportamento que julgamos incorreto. Ainda uma vez, a alegação da desimportância ou o argumento da impossibilidade de julgar outra cultura não se sustentam. Mesmo o mais empedernido dos relativistas tem a obrigação do esclarecimento e da discussão.

Aceitar que o outro possa estar certo não significa aceitar o erro, a mentira como verdade. Significa analisar, discutir, reagir à sua conduta, não transigir (Smith, 1997). Não existe falta moral tolerável. Ou a falta não existe, ou ela é inadmissível, ou ela deve ser entendida como um evento externo à nossa sociedade, o que equivale a excluir o faltoso do convívio, a considerá-lo não igual, o que é a mais dura das intransigências.

A tolerância é uma virtude na medida em que se refira à aparência e ao costume do outro, à conduta não referida à moral, às convicções, às crenças. No campo específico que nos interessa, o do limite da tolerância intraorganizacional, o trabalhador que transgride a ética ou a organização que atua fora dos seus limites ou bem são cúmplices, ou bem são intoleráveis um para o outro. Não há terceira opção.

A condescendência é uma figura da política; a indulgência, da religião; a atenuante, do direito. A ética não opera com figuras desse tipo. Opera a partir da razão que elimina o nebuloso, o duvidoso, o transitório, ou é outra coisa que não a disciplina fundada pelos gregos há 25 séculos.

A dignidade é a baliza da tolerância moral. A conduta indigna do empregado ou do empregador não pode ser tolerada. É o medo, a fraqueza moral, que informa a transigência, que mantém o convívio quando a barreira moral é franqueada. O medo maior das organizações é o escândalo, a quebra da imagem. O medo maior dos empregados é ver a sua dignidade ferida. É maior do que a perda de salário. A força moral está na denúncia, no afastamento, na coragem de enfrentar as consequências.

E, se a tolerância é construtiva, ela não é, em si, boa. Foi Goethe (1994) quem melhor exprimiu essa ambiguidade. Ele deixou escrito que a tolerância deve ser transitória, que ela deve conduzir ao respeito e nada mais, porque, em última instância, tolerar é ofender.

REFERÊNCIAS

ADKINS, Cheryl L.; WERBEL, James D.; FARH, Jiing-Lih. A field study of job insecurity during a financial crisis. *Group & Organization Management*, USA: Sage, v. 26, n. 4, p. 463-483, Dec. 2001.

BJECZVY, István. *Tolerantia*, a medieval concept. *Journal of the History of Ideas*, USA: Johns Hopkins University Press, v. 58, n. 3, July 1995.

BRAVERMAN, Harry. *Trabalho e capital monopolista*. Rio de Janeiro: Zahar, 1977.

COMTE, Auguste. *Curso de filosofia positiva*. São Paulo: Abril, 1983.

DOUGLAS, Evan J.; SHEPHERD, Dean A. Self-employment as a career choice: attitudes, entrepreneurial intentions, and utility maximization. *Entrepreneurship Theory and Practice*, USA, Spring 2002.

DURKHEIM, Émile. *Leçons de sociologie:* physique des moeurs et du droit. Paris: Presses Universitaires de France, 1950.

ÉRASME. Lettre à Carondelet 1523. In: _____. *La correspondance d'Érasme*. Bruxelles: Gerlo/De Braaf, 1984a.

_____. Lettre à Voltaire. In: _____. *La correspondance d'Érasme*. Bruxelles: Gerlo/De Braaf, 1984b.

FRIED, Yitzhak; MELAMED, Samuel; BEN-DAVID, Haim A. The joint effects of noise, job complexity, and gender on employee sickness absence: an exploratory study across 21 organizations – the Cordis study. *Journal of Occupational and Organizational Psychology*, Leicester, June 2002.

GIBSON, James L.; GOUWS, Amanda. Making tolerance judgments: the effects of context, local and national. *The Journal of Politics*, USA, Blackwell, v. 63, n. 4, Nov. 2001.

GOETHE, Johann Wolfgang Von. *Goethe's collected works*. Princeton: Princeton University Press, 1994.

GRAMSCI, Antonio. Intransigeance tolérance, tolérance intransigeance. In: _____. Écrits politiques. Paris: Gallimard, 1974. [Il Grido del Popolo, 8 dic. 1917.]

LOCKE, John. *An essay concerning human understanding*. New York: Dover, 1959.

_____. *Carta a respeito da tolerância*. São Paulo: Ibrasa, 1964.

MARCUSE, Herbert. Tolerância repressiva. In: WOLFF, Moore; MARCUSE, Herbert. *Crítica da tolerância pura*. Rio de Janeiro: Zahar, 1970.

MEYER, Michael. Two forms of toleration: tolerance in public and personal life. *Journal of Social Philosophy*, USA, v. 3, n. 4, p. 548-562, Winter 2002.

MILL, John Stuart. *Da liberdade*. São Paulo: Ibrasa, 1963.

PROUDHON, Pierre Joseph. *Oeuvres choisies*. Paris: Gallimard, 1967.

RAWLS, John. *Justiça e democracia*. São Paulo: Martins Fontes, 2000.

SEIBERT, Scott E.; KRAIMER, Maria L.; CRANT, J. Michael. What do proactive people do? A longitudinal model linking proactive personality and career success. Personnel Psychology, USA, Winter 2001.

SMITH, Tara. Tolerance & forgiveness: virtues or vices? *Journal of Applied Philosophy*, UK: Blackwell, v. 14, n. 1, p. 32-42, 1997.

SPINOZA, Benedictus de. *Etica*. Madrid: Aguilar, 1982.

TAYLOR, Frederick Winslow. *The principles of scientific management*. New York: Harper & Brothers, 1947a.

VATIN, François. *Le travail:* économie et physique, 1780-1830. Paris: PUF, 1993.

VOLTAIRE. Traité. In: _____. *Oeuvres complètes de Voltaire avec notes, préfaces, avertissements, remarques historiques et littéraires*. Paris: Armand-Aubree, 1829-1831.

_____. Consciência. In: _____. *Dicionário filosófico*. Lisboa: Presença, 1966.

WOLFF, Robert Paul. Além da tolerância. In: WOLFF, Moore; MARCUSE, Herbert. *Crítica da tolerância pura*. Rio de Janeiro: Zahar, 1970.

16

Em que medida é sensato induzir ao trabalho mediante promessas?

O sentido ético das relações profissionais tem-se constituído em preocupação menor dos estudos sobre a racionalização do trabalho. É possível que isso se deva à dificuldade em se correlacionarem fundamentos morais com proposições e análises de ordem prática. É possível, também, que as investigações sobre a ética pertençam mais ao campo da análise especulativa do que ao da pesquisa sistemática.

Seja como for, no momento em que as mutações nos paradigmas nas relações de trabalho entram, mais uma vez, em uma espiral de aceleração, os riscos de se incorrer em equívocos parecem menores dos que os de omitir os fundamentos morais que animam as formas de organizar atuais e emergentes.

Consideração que justifica, embora talvez não desculpe, o exercício que se segue.

Trata-se da comparação entre dois diálogos que, devidamente documentados, pautam os fundamentos éticos de propostas divergentes de relação de trabalho.

No primeiro diálogo, passado em um lugar da Mancha de nome há muito esquecido, Alonso Quijano persuadiu seu vizinho, Sancho, a auxiliá-lo numa série de trabalhos extravagantes. Ofereceu-lhe como recompensa a possibilidade de vir a governar uma ilha.

No segundo diálogo, que teve lugar três séculos mais tarde, no canteiro de trabalho da Bethlehem Steel Company, durante a guerra dos Estados Unidos contra a Espanha, o sr. Frederick Taylor converte um certo Schmidt ao trabalho racionalizado. Promete-lhe como retribuição um acréscimo de 60% nos seus ganhos.

Bem-intencionados, Quijano, que crê ser Dom Quixote, e Taylor, que tenta fazer ciência, cumprem ambos suas promessas. Mas diferem quanto a métodos e propósitos, de forma que esses dois diálogos, um irremediavelmente perdido, outro excessivamente frequentado, terminam por ser emblemáticos de duas visões de mundo antagônicas.

Quixote e Sancho

Quando, já armado cavaleiro, Dom Quixote se prepara para a sua segunda saída, é inevitável que procure um escudeiro. Em sua loucura, aborda insistentemente um vizinho, Sancho, "homem de bem (se tal título se pode dar a um pobre), e de pouco sal na moleira" (Cervantes, (1947, I, p. 7). Tenta convencê-lo de todas as maneiras.

Como Cervantes deixa ao leitor a tarefa de imaginar os detalhes do diálogo, tem havido desde então algumas dúvidas sobre a sua natureza. No entanto, dois pontos são claros.

Primeiro, não é exato, como tem sido sustentado, que Dom Quixote ofereça uma ilha a Sancho: apenas acena com a eventualidade de, por reconhecimento a seus méritos de cavaleiro, vir a ser agraciado com algum senhorio, título esse que seria imediatamente transferido a Sancho, mesmo porque por tão pouco Dom Quixote não abdicaria sua cruzada. Segundo, a cobiça de Sancho não é pela riqueza em si, mas pelas belas coisas que ele imagina decorrerem da fortuna. É uma cobiça que logo se transforma em ambição e uma sede de ouro que, na verdade, é uma sede de glória (Unamuno, 1946:50 e segs.).

Há, também, uma diferença hierárquica entre os dois personagens, uma divisão nas tarefas e nas relações de trabalho. Mas é uma divisão do tipo em que a complementaridade é perfeita. Tanto que, a despeito da primeira saída, quando Dom Quixote ainda não tinha escudeiro, é impossível imaginar-se um sem o outro. Com o tempo, Sancho se aproxima tanto de Dom Quixote que chega a sonhar seus sonhos. Mas jamais perde a consciência de sua individualidade. Sabe que "não há tanta diferença entre mim e meu amo que a ele o lavem com água de anjos e a mim com a lavagem de diabos"(Cervantes, 1947, II, p. 32).

Isto posto, o fato é que Sancho segue Dom Quixote e, logo depois dessa conversa, cavaleiro e escudeiro enfrentam os moinhos, com as consequências sabidas. Daí por diante, debaixo de cacetadas e sofrendo humilhações, ficarão juntos pelo restante da vida de Dom Quixote. Vários cervantistas especulam sobre as razões de Sancho para seguir Dom Quixote. Alfonso Valdecasas (apud Fernandez, 1959:151) dá a explicação mais econômica. Para ele, Sancho quer e segue a Dom Quixote pela fidalguia do herói, "que desperta em quem está perto as virtudes adormecidas, e o melhor que pode dar de si". Mesmo ciente do que o espera, já que, estranhamente, Cervantes faz com que os personagens do segundo volume leiam o primeiro, Sancho seguirá seu amo até o fim. De modo que esse diálogo é apenas o prólogo de uma conversação, nem sempre pacífica, que continua por toda a obra.

No outro extremo do tempo e da realidade, pouco antes do segundo diálogo que nos interessa, Taylor, aflito por comprovar suas teorias, havia escolhido, entre 75 carregadores, alguém que pudesse servir ao ideal da administração científica. Seus cálculos indicavam que, ao invés da média corrente de 12,5 toneladas/dia de ferro-gusa, um bom trabalhador poderia carregar vagões na razão de 47 toneladas/dia. Estudara a vida e o caráter dos trabalhadores à sua disposição, e tinha selecionado "cientificamente" Schmidt, um imigrante holandês, "forte como um boi", que ganhava, como os demais, US$1,15 por dia. Schmidt, um tipo que Taylor compararia mais tarde aos gorilas amestrados, era pão-duro e empreendedor. Com seus parcos ganhos e poucas horas de folga, estava acabando de construir sozinho uma casa para viver. O diálogo que travam, tal como foi relatado por Taylor (1947a:41-43), compreende quatro partes. Na primeira, Schmidt é advertido sobre sua ignorância e questionado sobre seu valor:

– Você é valioso (*high-priced*) ou não?

– Bem, não sei o que o senhor quer dizer.

– Oh, sim, é claro que sabe. O que desejo saber é se você é um homem valioso ou não.

– Bem, eu não sei o que o senhor quer dizer.

Na segunda parte, Schmidt é comparado aos seus colegas:

– O que quero saber é se você é um homem valioso ou um desses seus colegas baratos. O que quero saber é se você quer ganhar US$1,85 por dia ou se você está satisfeito com US$1,15, o mesmo que todos os seus colegas baratos estão ganhando.

Na terceira, Schmidt deixa-se convencer:

– Se quero US$1,85 por dia? Se sou um homem valioso? Bem, sim, sou um homem valioso.

Na quarta, Schmidt é persuadido a deixar-se adestrar:

– Um homem valioso tem de fazer exatamente como lhe mandam...

Taylor (1963:44) insiste várias vezes na ideia de "valioso". É interessante notar que, na edição brasileira, a dureza do termo inglês – pessoa de alto preço – é higienicamente traduzida por "operário classificado". Taylor considera Schmidt "retardado", o que explica o tratamento que utiliza. O que se sabe é que, a partir dessa conversa, Schmidt seguirá religiosamente as instruções do mestre, atingirá a meta fixada e servirá como exemplo para os demais companheiros. Taylor, por seu lado, seguirá sua pregação da administração científica até o fim da vida. De Schmidt, não se dispõe de outras notícias.

A moral nos diálogos

Para que se compreenda o que esses diálogos revelam em termos éticos, é necessário uma visão geral dos personagens e de suas intenções.

A leitura das desventuras de Dom Quixote indica logo que o que o anima é a vontade de fazer o bem, de reparar as injustiças do mundo. Homem experimentado e sofrido, Alonso Quijano encontra na cabeça atulhada de literatura cavalheiresca a eticidade perfeita.

O fato de Dom Quixote ser um produto da nossa imaginação, a partir do que Cervantes imaginou que Alonso Quijano imaginava, não retira a realidade da intenção moral do bem pelo bem, que pode soar disparatada, mas que é a parte menos risível e mais veraz do Cavaleiro da Triste Figura.

Embora viva e respire no Renascimento, Dom Quixote transcende seu tempo (Besave, 1950). Como um medieval, distingue claramente entre o bem interessado – *bonum secunfum quid* – e o bem absoluto – *bonum simpliciter* –, e, ao orientar-se unicamente pelo último, personifica o bem puro, o bem que reside na pura boa vontade, que será o fundamento da ética kantiana (Kant, 1950:50).

Claro está que essa liberdade de fazê-lo kantiano *avant la lettre* só é possível porque Dom Quixote não tem um propósito, mas uma mania, que aos poucos "vai se purificando das escórias do delírio" (Menéndez y Pelayo, 1944:114). Aliás, na literatura cervantina, Dom Quixote é apresentado desde como um fiel cristão medieval, até como um bondoso, embora não selvagem, rousseauniano, passando por inspirador de Marx, Fitche, Hegel e quem mais apetecer. Dom Quixote se presta a esses exercícios provavelmente porque, como desconhece o código moral a que se filia, que é o da cavalaria andante, tem de inventá-lo a cada passo do caminho. Por isso e por ser desinteressado de tudo, por ser livre das necessidades e desejos, a sua ética, e talvez só a sua, pode atingir a pureza imaculada da vontade universal.

Quanto a Taylor, também ele teve problemas com suas leituras. De tanto estudar à luz de candeeiros, estragou a vista a tal ponto que os médicos não permitiram que seguisse cursos acadêmicos (Person, 1947).

As semelhanças param aqui. Taylor (1947a:11-12) tem uma convicção ética completamente diferente. O que o anima não é reparar as injustiças nem, propriamente, gerar o bem, mas a vontade de que o bem dê para todo o mundo: de que haja trabalho e que o produto do trabalho gere mais trabalho e, com ele, mais "felicidade e prosperidade" para todos.

Taylor distribui generosamente seus conhecimentos e tenta divulgá-los ao máximo. Na defesa de suas ideias, enfrenta seus colegas, busca convencer os mais rudes patrões e é duramente sabatinado pelos políticos. Com sua personalidade obsessivo-compulsiva (desde criança contava seus passos, media tudo que encontrava pela frente etc.) (Braverman, 1977) e algo ambígua (gostava de se vestir de mulher) (Montmollin, 1984), talvez não seja menos esquisito do que Dom Quixote, mas é um homem do seu tempo e do seu lugar.

Os ideais de Taylor se aproximam dos propostos pelo utilitarismo ético. O preceito básico "o maior bem para o maior número de pessoas" é sugerido frequentemente em sua obra. As postulações dos pais do utilitarismo, principalmente as de Jeremy Bentham (1974:9) – "o princípio da utilidade (...) fundamento desse sistema, cujo objetivo consiste em construir o edifício da felicidade através da razão e da lei" – estão presentes nas suas justificativas e alegações.

Cada um dos passos dedutivos do utilitarismo pode ser exemplificado no que Taylor propõe e faz. Primeiro, quando sustenta que o bem maior, o da nação, vale mais do que o da organização que, por sua vez, vale mais do que o do homem, sendo que o povo em geral deve ser o grande beneficiário de qualquer progresso (1947a:63).

Segundo, quando, ao dizer que o homem não pode escolher, não pode ter iniciativa, porque é egoísta e porque não tem a visão global do trabalho, demonstra a convicção do hedonismo psicológico, ou seja, a opinião de que todo mundo deseja antes de tudo a própria felicidade e o único padrão válido de conduta é a promoção do próprio bem-estar (Beauchamp, 1988).

Terceiro, quando aceita o hedonismo ético egoísta, que opina ser desejável que todos busquem sua felicidade, ao dar como evidente – não necessitando de demonstração – a busca da "maximização da prosperidade", que para os patrões é expressa através do lucro e da expansão dos negócios e para os empregados, pelo aumento dos ganhos e pela redução do esforço (Bentham, 1974:11).

E, finalmente, quarto, quando, nas páginas finais dos *Princípios* e durante o testemunho que presta à Câmara dos Deputados, ao insistir que o grande bem é a harmonia entre todos, principalmente entre patrões e empregados, sustenta o hedonismo ético universal, que afirma ser desejável que todo mundo busque a felicidade de todo o mundo, incluída a sua própria. Como Bentham, Taylor se dispensa de explicar por que nos devemos conduzir em função da prosperidade e da felicidade de todos.

Quixote e Taylor

A lógica que emana desses diálogos evidencia a disparidade das duas éticas. A distinção aristotélica entre a convicção, que caracteriza a busca do filósofo, e a persuasão, que é a arte do sofista essencialmente preocupado com os resultados e não com a verdade do que diz, está aí representada.

Dom Quixote (Raleigh, 1956)

> vê todas as coisas sob as luzes dos seus sublimes preconceitos. Para ele, toda mulher é bonita e adorável, tudo que lhe dizem vale a pena ser ouvido com atenção e respeito, toda comunidade de homens, mesmo uma assembleia de estalajadeiros, é uma sociedade baseada em regras estritas de consideração mútua e estima.

Sua lógica é sincera, embora confusa. Por exemplo, quando depois de, por culpa sua, Sancho ter apanhado de uma aldeia inteira, consola-o com o argumento de que, "como era grande e reto o cacete com que te deram, te pegou todas as costas, onde entram todas as essas partes que te doem" (Cervantes, 1947, cap. 18 passim). Dom Quixote não pretende ser "científico", muito menos engraçado. O que ele quer é confortar o amigo.

A ironia de Sancho – "tão escondida estava a causa da minha dor, que foi mister dizer-me que me dói tudo aquilo que me alcançou o cacete" – não invalida o silogismo perfeito de Dom Quixote. Nem a sua boa intenção. Sancho vale para Dom Quixote por ser Sancho. Como Kant, Dom Quixote está convencido de que cada homem é um fim em si mesmo.

Já para Taylor, Schmidt é um instrumento, algo que serve para alcançar o bem maior. Sua argumentação é de outra natureza. Não percebe ou não lhe importa que seja falaciosa. Ele não convence, senão que persuade Schmidt com sofismas.

Na primeira parte do diálogo, faz uso do sofisma da falsa equação, ou seja: se Schmidt não é valioso, Schmidt não é ele mesmo, pois Schmidt é valioso. Na segunda e na terceira, da falácia que afirma o consequente de uma condicional: se Schmidt é valioso, então deve ganhar mais; Schmidt quer ganhar mais, então Schmidt quer ser valioso.

A rigor, pouco importa se Taylor tem ou não consciência da forma como trata Schmidt. Para o seu propósito, isso não tem a mínima relevância, tanto que é com orgulho que reproduz na sua obra principal a conversação entre os dois. O que lhe importa é que o trabalho seja feito de forma racional, para o bem de todos, inclusive de Schmidt (Daniel, 1984:52).

A lógica e a argumentação de Dom Quixote baseiam-se sempre em princípios. A lógica e a argumentação de Taylor, em consequências.

Para Dom Quixote, os ideais valem muito mais do que as ideias. Seu dever é para consigo mesmo e para com Deus, isto é, para com a sua convicção do bem. Sempre procura atacar o mal.

Quando arremete contra carneiros e ovelhas, é porque os confunde com um exército de malvados, não por necessidade de provar algo. Geralmente não causa mal algum, salvo a si mesmo e aos animais e às coisas que espeta com a lança. (Isto, é claro, sem considerar o abalo à sanidade mental dos espectadores. É de se presumir que pastores, estalajadeiros e passantes em geral necessitem de tempo para voltar ao seu juízo normal, depois da visão daquele ser esquálido, mal equilibrado em cima de um pangaré, que, aos berros, carrega à rédea solta.)

Quando é Sancho que apanha, é porque se meteu sozinho em confusão ou porque, por bondade e companheirismo, tenta ajudar o amo. Dom Quixote não ordena a Sancho, apenas lhe dispensa conselhos e advertências, nem todos aproveitáveis, mas todos sinceros. Por exemplo, quando Sancho vai, afinal, assumir o governo da ilha, Dom Quixote recomenda-lhe que procure conhecer-se a si mesmo, "que é o conhecimento mais difícil que se pode imaginar", que seja virtuoso, "porque o sangue se herda e a virtude adquire-se, e a virtude por si só vale o que não vale o sangue", e para que trate bem a todos, "teus parentes, não os afrontes nem desdenhes" (Cervantes, 1947, II, cap. 42).

Suas ações e seus conselhos enquadram-se nas premissas kantianas (Guariglia, 1992): a obrigação moral como fenômeno básico, a universalização da máxima da ação como critério moral, o formalismo, isto é, a irrelevância do conteúdo material das ações (história, tradição, costumes) para a determinação do caráter moral. Principalmente enquadra-se no princípio da imparcialidade: para Dom Quixote, se uma classe de conduta é correta (ou incorreta) para ele e não é correta (ou incorreta) para outra pessoa, isso se deve a que a conduta em questão está fundada em alguma diferença, seja de princípios ou de diversidade entre os dois casos. Jamais passaria por sua cabeça que ele e o que dele discorda são pessoas qualitativamente diferentes.

Já para Taylor, a razão, ou o que ele pensa ser a razão, sobreleva a tudo. Taylor declara ser seu "*dever* providenciar para que as 80 mil toneladas de gusa fossem carregadas a uma taxa de 47 toneladas diárias por homem", como declara ser sua convicção que os homens seriam mais "contentes e felizes quando carregando à nova taxa de 47 toneladas, do que quando carregando ao antigo índice de 12,5" (Taylor, 1947a:51). A preocupação que tem com Schmidt é a sincera preocupação de um artesão com seus petrechos. Cuida para que não se fatigue além da conta e para que possa receber pelo seu esforço. Fica orgulhoso porque Schmidt se tornou "um trabalhador de primeira classe". Afinal, se ele passa a receber mais 60% do que antes, por que não seria feliz? Só porque passa a produzir 276% a mais?

Certamente o seu utilitarismo não é o utilitarismo de Mill (1975), que afirmou (em *Utilitarism*, obra publicada em 1863, que Taylor devia conhecer, pelo menos de ouvir falar) que o pagamento deve ser proporcional à utilidade social do trabalho e não à produção. Mas é injusto pensar que Taylor tinha a intenção de transformar o homem em uma máquina ou em um escravo do capitalista.

A grande luta de Taylor contra os patrões decorre da falta de apetite destes para dividirem com os empregados os resultados obtidos pelo seu método.

Ele insiste em ser uma impropriedade, como pregavam seus antecessores, tratar o homem como se fosse uma engrenagem. Como todo utilitarista ético, está convencido de que as relações entre empregados e patrões se regem por um contrato individual. Deve-se obedecer ao contrato não porque está escrito ou porque os sindicatos valham alguma coisa, mas pela mesma e única razão que se tem para obedecer ao Estado e para se acatar a ordem social: a vantagem que o contrato social proporciona, que é a felicidade de todos ou o interesse da comunidade em geral.

Para Taylor (1974a:81), cada pessoa tem um "coeficiente pessoal" de produção que deve ser maximizado. O trabalhador, cada trabalhador, é um indivíduo único, que leva ao contrato a sua vontade e o seu potencial. Potencial que pode e deve ser aperfeiçoado pelo exame acurado da performance ótima dos melhores espécimes, à semelhança do que se faz com os animais de circo, mas nunca com uma máquina. As máquinas também operam e produzem segundo esquemas fixos, mas obedecem a uma ordem diferente entre os elementos de produção. Não são instáveis, não se cansam e trabalham continuamente em padrão único. Taylor deixa essas coisas bastante claro. Por exemplo, instado pelos deputados a esclarecer o que faria com os trabalhadores que não conseguissem tornar-se de "primeira classe", apressa-se em explicar que essa não era uma definição absoluta e excludente, que, a menos que fosse um preguiçoso, um trabalhador sempre seria de primeira classe em alguma coisa, "como os cavalos: alguns são melhores no trote, outros para puxar carga, outros para carregar carvão" (Taylor, 1947b:171-175).

É a visão do que vem a ser o homem que evidencia mais claramente a diferença entre esses dois códigos morais, entre essas duas possibilidades da distinção entre o preferível e o detestável.

O tipo de relação que Dom Quixote mantém com Sancho é infinitamente mais simpática do que a de Taylor com Schmidt. De Sancho, não é exigido que mude de pensar ou de comportamento. À medida que as aventuras se sucedem e prossegue o diálogo com Dom Quixote, a revolução mental operada em Alonso Quijano é herdada por Sancho Pança, que termina por integrá-la. Também Dom Quixote se vai "sanchificando". Na segunda parte do relato de suas desventuras, por exemplo, Dom Quixote viaja com provisões e dinheiro (Madariaga, 1947). Mas, infelizmente, deve-se conceder que uma relação interpessoal, seja de trabalho ou não, baseada na complementaridade perfeita só é possível no campo da ficção.

Não é gratuito que uma das sugestões mais perturbadoras de Kafka seja a de que Dom Quixote é um demônio criado por Sancho, que o solta e depois o segue por absoluta falta de senso de responsabilidade (Kafka, s.d.). De forma que o confronto dialético entre o cavaleiro e seu escudeiro se desvanece, na medida em que o par deixa de existir e passa a ser um círculo que se volta sobre si mesmo. Também não é por acaso que, em uma página onde invectiva contra "os livros parasitários que situam (...) Dom Quixote em Wall Street" e contra a "ideia primária de que todas as épocas são iguais ou são distintas", Jorge Luis Borges faça um autor imaginário, Pierre Menard, buscar a perfeição mediante o expediente de reescrever integralmente o Quixote, de forma que Menard quase chega a ser Cervantes, nascido em outro lugar e em outro século (Borges, 1960).

Essas invenções atestam ou denunciam que a ideia de uma relação interpessoal simultaneamente não paritária e perfeita talvez seja apenas um sonho desconcertante.

Por seu lado, o sistema de Taylor (1947b:27) supõe uma revolução muito menos complexa: a que deve operar-se nas mentes dos patrões e dos empregados de forma que entendam que os seus interesses coincidem exatamente. Mas, ou porque Taylor quer revolucionar a mente dos outros, enquanto Dom Quixote revoluciona a sua própria, ou porque patrões e empregados não podem compreender a magnitude da proposição, ou, enfim porque a ideia é falsa em sua premissa, essa é uma revolução que não se processa. Tanto que Taylor (1947b;80-146) atribuirá as dificuldades e fracassos do seu sistema à resistência de patrões e empregados a mudarem sua forma de ver o mundo e as relações de produção.

O fato é que ambas as intenções éticas lamentavelmente se frustram. Uma, por irrealismo contumaz, está presa para sempre ao mundo ficcional. Outra, por primarismo, se perde ante a infinita complexidade das contendas entre as vontades particulares no mundo real.

Absurdo e sensatez

François Châtelet (1994) disse uma vez que foi a leitura de Cervantes que inspirou Hegel a descobrir que a verdade não é, mas devém; a intuir que cada ser vive em seu momento e se completa em sua história. Nesse sentido, Dom Quixote vive simultaneamente em vários mundos: um antigo e outro novo, mas também um moral e outro empírico, no sentido kantiano do termo. Como pensa viver no mundo antigo, está deslocado no mundo real. Como escolhe sempre de acordo com o seu mundo moral, incide sempre em erro no mundo empírico.

Dom Quixote parece absurdo porque se perdeu da sua época, enquanto Taylor parece sensato porque é um homem do seu tempo. Mesmo assim, talvez não seja totalmente desnecessário comparar essas intenções que não se realizam, se se aceitar que as desventuras de Dom Quixote não têm a ver com o espírito da sua época, senão que com o espírito de todas as épocas. Até mesmo, como aqui foi sugerido, com o espírito puro de uma época e de uma forma de pensar que ainda não haviam nascido quando ele percorreu a Mancha, e que talvez nunca venham a existir de fato, enquanto Taylor encarna totalmente o espírito de uma época: a nossa.

Não é porque leva uma bacia enfiada na cabeça que Dom Quixote parece louco, mas porque, como muita gente, vive a idealidade de um mundo antigo quando um mundo novo já surgiu. Mas a atualidade e a razão não impedem que a forma de Frederick Taylor pautar eticamente as relações de trabalho pareça a alguns de nós muito mais insensata do que a de Dom Quixote.

Referências

BASAVE, Fernandez del Valle Agustin. *Filosofía del Quijote*. México: Espasa-Calpe Mexicana, 1959.

BEAUCHAMP, Tom L.; BOWIE, Norman E. *Ethical theory and business*. New Jersey: Prentice Hall, 1988.

BENTHAM, Jeremy. *Uma introdução aos princípios da moral e da legislação*. São Paulo: Abril Cultural, 1974.

BORGES, Jorge Luis. Pierre Menard, autor do Quixote. In: _____. *Ficciones*. Buenos Aires: Emecé, 1960.

BRAVERMAN, Harry. *Trabalho e capital monopolista*. Rio de Janeiro: Zahar, 1977.

CERVANTES SAAVEDRA, Miguel de. *El ingenioso hidalgo Don Quijote de la Mancha*. Madrid: M. Aguilar, 1947.

CHÂTELET, François. *Uma história da razão*. Rio de Janeiro: Jorge Zahar Editor, 1994.

DANIEL, Nelson. Le taylorisme dans l'industrie américaine, 1900-1930. In: MONTMOLLIN, Maurice de; PASTRÉ, Olivier. *Le taylorisme*. Paris: Éditions de la Découverte, 1984.

GUARIGLIA, Oswaldo. Kantismo. In: _____. *Concepciones de la ética*. Madrid: Trotta, 1992.

KAFKA, Franz. A verdade sobre Sancho Panza. In: _____. *A grande muralha da China*. São Paulo: Nova Época, [s.d.].

MADARIAGA, Salvador de. *Guia del lector del Quijote*. Buenos Aires: Sudamericana, 1947.

MENÉNDEZ Y PELAYO, Marcelino. *San Isidro, Cervantes y otros estudios*. Buenos Aires: Espasa-Calpe, 1944.

MILL, John Stuart. *Utilitarism*. London: Enciclopaedia Britannica, 1975.

MONTMOLLIN, Maurice de; PASTRÉ, Olivier. *Le taylorisme*. Paris: Éditions de la Découverte, 1984.

PERSON, Harlow S. Foreword. In: _____. *Scientific management*. New York: Harper & Brothers, 1947.

RALEIGH, Sir Walter. Don Quixote. In: *Selected modern English essays*. London: Oxford University Press, 1956.

TAYLOR, Frederick Winslow. *Princípios de administração científica*. São Paulo: Atlas, 1963.

_____. *The principles of scientific management*. New York: Harper & Brothers, 1947a.

_____. *Hearings before Special Committee of the House of Representatives to investigate the Taylor and other systems of shop management under authority of H. Res. 90*. Reimp. New York: Harper & Brothers, 1947b. v. 3, p. 1377-1508.

UNAMUNO, Miguel de. *Vida de Don Quijote y Sancho*. Buenos Aires: Espasa-Calpe, 1946.

17

A esperança é boa ou é ruim?

Consumimos e vendemos esperanças a todo o momento. Algumas vezes nos enganamos. Outras nos deixamos enganar. A propagação da esperança que sabemos falsa é uma transgressão moral. Sobre isto não há dúvida. A dificuldade de estabelecer os limites da esperança, de indicar até que ponto é lícito ter ou provocar esperanças, é outra: reside em saber se a esperança é boa ou ruim, em saber se e quando alimentamos esperanças, mesmo esperanças legítimas, estamos agindo bem ou estamos agindo mal.

Os antigos

Para tentar resolver essa questão, devemos, como sempre, voltar-nos para a filosofia grega.

Infelizmente, nem sempre é possível transpor para a nossa época o pensamento clássico. A palavra *elpís*, que se traduz como esperança, como o *spen* do latim, significa também, ou simultaneamente, previsão, conjectura e preocupação. Parece uma ideia de espera mais do que uma ideia de esperança. Para os gregos, viver significava agir, pensar e esperar. Mas esperar é diferente de ter esperança. É preciso não confundir os dois conceitos.

Platão (1981), no *Filebo*, diz que a alma é formada pela sensação, pela memória e pela esperança. O presente, o passado e o futuro. A parte futura da alma tem este esperar – o que esperamos que venha a ser –, mas não tem a esperança. Porque a esperança é sempre presente. Nós a temos ao deixarmo-nos cativar por uma pessoa, ao desejarmos um objeto, ao abraçarmos uma ideia. Ela é o futuro desejado.

Os antigos não nos ajudam a saber se a esperança é boa ou ruim. Muito menos se convém limitá-la. Além da confusão entre esperar e ter esperanças, parece haver muitos tipos diferentes de esperanças.

Para os hebreus, por exemplo, a esperança é a esperança de que Deus cumpra o prometido: o destino de glória, que Jeová garante quando manda Abraão afastar-se dos seus e constituir Israel como nação. Essa é uma espera que já dura milênios. Alimentá-la é aumentar a aflição do mundo; mas negá-la é desistir de tudo que foi construído pela civilização, é desprezar os esforços dos nossos antepassados. É uma esperança dúbia. Não resolve o nosso problema; só o alarga.

A esperança cristã é diferente: é uma alienação do futuro aos desígnios divinos. É escatológica (*ta éskhata* = as terminações), é a fé na salvação, na Parusía, na segunda vinda de Cristo, no final dos tempos, quando Satanás será, afinal, derrotado. É uma invenção de São Paulo, que foi, como sabemos, além de cidadão romano, um judeu de cultura grega.

A esperança da cristandade é uma esperança compósita. Colocada em segundo lugar entre as virtudes teologais (*fides*, *spes*, *caritas*), ela vem antes da caridade e depois da fé, porque depende delas. De forma que, se alimentamos, transmitimos ou consumimos a esperança cristã acompanhada da fé no futuro ou do amor incondicional ao próximo, fazemos o bem, mas se a transacionamos isoladamente, procedemos mal: alimentamos, transmitimos ou consumimos uma espera vazia de sentido.

Nem a dúbia esperança hebraica, nem a difusa esperança cristã resolvem o problema do limite da esperança; uma é angustiante, a outra, subalterna.

Vontade e representação

Muitos filósofos desde Platão tentaram resolver o problema da esperança. Talvez só Schopenhauer, pensador que viveu na Europa esgotada pelas guerras napoleônicas e que teve ideias consideradas pessimistas, tenha se aproximado da solução. Ele diz muitas coisas justas, mas é pessimista. Contam que era um sujeito intragável. Foi um solitário. Não tinha amigos e detestava a própria mãe, uma literata a quem não dirigia a palavra. Deixou uma obra magnífica, intitulada *O mundo como vontade e representação* (Schopenhauer, 1958). Lá está dito que a vida costuma ser uma busca sem fim pela realização de esperanças.

Para sustentar essa teoria, Schopenhauer tomou emprestada de Kant a ideia de que o mundo é uma criação da nossa mente. Que as coisas-em-si mesmas não podem ser apreendidas pelo espírito. Ele pode apenas representar, idear a exterioridade. Essa é a primeira parte da teoria: aquilo que chamamos mundo, o que está fora de nós, é uma representação da nossa mente, e não o mundo real.

A segunda parte diz que é dentro de nós que existe algo que conhecemos de fato: a nossa vontade, os nossos desejos, os nossos apetites, o nosso amor, o nosso ódio, as nossas esperanças, enfim. Não há razão e depois desejo. O que há é o desejo e a racionalização do desejo, que chamamos razão. A vontade, diz Schopenhauer, é um cego muito gordo montado em um aleijado que enxerga. O aleijado é a consciência. E a vida é isto: uma vontade sem fim. Por que é sem fim? Porque a razão, o intelecto, cansa, se exaure, mas a vontade nunca se cansa, nunca paramos de ter vontades, de ter esperanças.

A vida é, pois, um círculo vicioso de esperança, sofrimento e tédio. Representamos o mundo e para essa representação, essa idealização, dirigimos nossa vontade. Podemos ou não satisfazê-la. Se não a saciamos, ela continua existindo como sofrimento. Se alcançarmos o que quer a nossa vontade, nós a suprimimos. Ficamos sem a esperança da vontade e, daí, sobrévem o tédio. Porque – e essa é uma frase de Hegel, a quem Schopenhauer odiava – querer é sempre querer outra coisa.

Na primeira de suas teses sobre a ética, Schopenhauer tenta provar que podemos fazer o que queremos, mas não podemos determinar o nosso querer, que essa determinação, a esperança, é externa ao nosso espírito. De forma que, para não sucumbir ao tédio, a nossa mente torna a representar o mundo, a idealizá-lo. Cria esperanças. Então o que acontece? Acontece que recomeça o ciclo do sofrimento e do tédio. E como podemos escapar desse ciclo? Matando nossa vontade, anulando a esperança. E o que fazemos da nossa vida, uma vez anulada a esperança?

Na segunda das suas teses sobre a ética, Schopenhauer tenta demonstrar que devemos doá-la aos outros. Que, altruisticamente, devemos dedicá-la a diminuir o sofrimento e o tédio. O texto é muito bonito, ganhou um prêmio literário, mas é pouco convincente. Não combina com a supressão da esperança como garantia contra a infelicidade. Aliás, as ideias de Schopenhauer são bonitas, mas dão calafrios. Seus textos deveriam ter o dístico que Dante colocou na porta do Inferno: *Lasciate ogni speranza, voi ch'entrate*.

Poética

Podemos seguir a Dante e deixar a esperança de lado. Mas não solucionaríamos o dilema de saber se a esperança é boa ou ruim. A bem da verdade, só os poetas deram um tratamento útil a essa questão. Por exemplo, há um soneto de Vicente de Carvalho (1866-1924), injustamente relegado à obrigatoriedade escolar, que fala sobre a esperança. Diz o seguinte (Carvalho, 1963):

Velho tema

Só a leve esperança, em toda a vida,
Disfarça a pena de viver, mais nada;
Nem é mais a existência, resumida,
Que uma grande esperança malograda.

Quer dizer, sem esperanças é impossível suportar o sofrimento e o tédio da vida cotidiana.

A vida é uma sucessão de esperanças que não se realizam completamente. Afirmação que é, infelizmente, verdadeira. A mim, parece contradizer o que vai nos dois primeiros versos. Não tem importância, o compromisso dos poetas não é com o rigoroso e o sabido. É com o difuso e o sensível. Para isso precisamos deles.

O eterno sonho da alma desterrada,
Sonho que a traz ansiosa e embevecida,
É uma hora feliz sempre adiada
E que não chega nunca em toda a vida.

Aqui o poeta repete e amplia a afirmação dos dois primeiros versos.

Essa felicidade que supomos,
Árvore milagrosa que sonhamos
Toda arreada de dourados pomos,

É claro: o que quer que seja, a esperança é um produto da nossa imaginação.

> Existe, sim, mas nós não a alcançamos
> Porque está sempre apenas onde a pomos
> E nunca a pomos onde nós estamos.

A chave do soneto são versos que podem ser entendidos como pessimistas. Como uma indicação de que tendemos a infelicitar-nos. Mas prefiro pensar que explicam que não podemos alcançar a esperança porque, quando a alcançamos, ela deixa de existir. Já não é mais esperança, é realização.

Vicente de Carvalho foi parnasiano. Um daqueles poetas que se rebelaram contra o sentimentalismo romântico, que se deram a obrigação de não serem melosos. E nos legou essa sistematização da perplexidade intelectual que é a da esperança. Mas a esperança não é só desalento ou dúvida. Pode ser, também, felicidade. Por exemplo, a felicidade da véspera, quando antegozamos um prazer que virá.

Há um poema de outro Dante, de Dante Gabriel Rossetti, que relata muito bem esse tipo de esperança ditosa. É sobre uma jovem que está no Paraíso e espera que o seu amado venha juntar-se a ela. O poema intitula-se "The blèssed damozel". (Rossetti, 1940). É extraordinário, porque Rossetti, que era inglês apesar do nome, foi, além de poeta, pintor. Era filho de um italiano refugiado em Londres e pertenceu à escola pré-rafaelita, ao grupo de artistas do Oitocentos que queria recuperar a candura mística do século XV. Queriam ser puros como Fra Angélico. De modo que Rossetti tinha a dupla capacidade de figurar poeticamente. Podia fazê-lo tanto em versos quanto sobre uma tela.

No poema, ouvimos, então, sobre essa virgem, que pode ser vista em um quadro exposto no Fogg Art Museum de Cambridge. Ela é muito linda, tem a beleza tranquila de quem espera e confia. É feliz, mas de uma felicidade que, estranhamente, é perfeita mas não é completa. Está no Paraíso, *in heaven*, e tem a aura da felicidade, *the stars in her hairs were seven*, mas lhe falta o bem-amado. Sabemos que ele não irá ter com ela porque é um pecador, e os pecadores não podem ir para o Paraíso. Mas ela não sabe disso. Então imagina como será quando se encontrarem.

Rossetti nos mostra como essa esperança feliz, que é a felicidade do futuro idealizado, é, também, a felicidade da ignorância. E tem toda razão; porque se conhecermos o futuro, toda esperança será descabida, perderá o sentido e sem esperança seremos infelizes.

Profética

A esperança ora é angustiante, ora é submissa à fé; algumas vezes parece melhor sufocá-la ou deixá-la de lado, em outras vemos que não podemos viver sem ela. Queremos saber o futuro, e esta esperança de saber o futuro, que desde sempre acompanha a humanidade, é uma esperança singular. Exprime o único desejo que conheço que aspira a não ser satisfeito. Mas é esta esperança que redime a dificuldade ética de saber se consumirmos e vendermos esperanças é bom ou é ruim. Indica que, em geral, é preferível tê-la e cultivá-la.

Infelizmente, perdemos a fé em conhecimentos importantes, como os dos sacerdotes egípcios, que sabiam pressagiar lendo no fígado de certos pássaros, como os dos pitagóricos, que interpretavam os números, e os dos cabalistas, que extraíram o futuro do verbo do Deus. A pitonisa de Delfos já não presta mais serviços; mas nem tudo está perdido: resta-nos a esperança antevidente contemporânea.

É uma dádiva que as ciganas ainda continuem a ler o destino nas mãos, que os escritos de Nostradamus estejam disponíveis e que algumas senhoras climatéricas possam interpretar convenientemente nas conjunções do zodíaco o que nos vai acontecer amanhã. Também devemos ser gratos aos planejadores estratégicos, aos marqueteiros em geral, aos economistas, que estudam muito para conseguir agourar partindo dos algebrismos que trazem na cabeça. Não acertam com o futuro, mas fazem um bem enorme à humanidade.

Devemos agradecer a eles ainda termos a esperança profética. Pouco importa que as suas antevisões só se realizem por acaso. Porque o sistema é circular; as transações com a esperança são necessárias à renovação da esperança. Ela sobrevive graças à consulta matutina do horóscopo, à fé no serviço de meteorologia, ao estudo aturado da palavra dos grandes sábios televisivos e, claro, ao marketing oracular. Por isso, talvez o comércio de esperanças não seja incorreto. Afinal, ele é propiciatório da felicidade, ainda que de uma felicidade infundada.

Comercial

A esperança, lembrou Voltaire nos últimos versos do "Poema sobre o desastre de Lisboa", é o único privilégio negado a Deus (Voltaire, 2007). A produção, oferta e consumo de esperanças é algo que só diz respeito aos mortais. Compramos e vendemos esperanças. Mas nem só o marketing vive de esperanças. Vaihinger (1949), um ficcionista kantiano lamentavelmente esquecido, construiu toda uma obra para demonstrar por que todos precisamos da esperança. Explicou que vivemos no mundo do "como se". Amamos como se o amor fosse eterno, conduzimo-nos como se as leis fossem justas, levamos a existência como se não fôssemos morrer. Privada dessas ilusões, a razão fenecerá, vítima da dúvida ou do desespero. Vivemos de fabulações. Sobrevivemos graças às esperanças. A questão ética do marketing da esperança não é a de saber se devemos ou não difundir esperanças. A questão é saber se é legítimo explorar o privilégio da ilusão sobre o futuro.

Esse não é um problema fácil. Talvez a esperança nem seja um privilégio. É possível que nós, consumidores inveterados de ilusões, sejamos reféns de uma armadilha lógica: a esperança que podemos ter é a de que a divindade, desprovida de esperanças, nos tenha predestinado à salvação. Santo Agostinho tentou resolver este paradoxo diferenciando a esperança teologal, do final dos tempos, da esperança mundana. Para ele, no mundo, na Cidade Terrestre, estamos predestinados. Mas a graça divina, que é insondável, nos salvará, nos levará até a Cidade Celeste. E esta é a esperança que nos resta.

O artifício é pueril, mas Santo Agostinho não era bobo: ele tentava salvar a unidade da Igreja contra a heresia pelagiana. Pelágio (360-425) foi um monge que predicou contra o fatalismo. Vendia a ideia de que o pecado de Adão foi só o pecado de Adão; quer dizer, que não foi transmitido à humanidade; que o pecado se comete, não se transmite ou herda. Não estaríamos predestinados coisíssima nenhuma, porque a graça não se obtém: nasce com o ser humano na criação; devemos é não perdê-la. Não estamos fadados a um destino: merecemos ou não um destino; somos realizadores de esperanças. Os conceitos heréticos poderiam ter devolvido à Igreja muito da alegria do cristianismo primitivo. Mas Pelágio era ruim de marketing e as suas ideias foram condenadas nos Concílios de Cartago (418) e de Éfeso (431). Junto com a heresia, despencaram às profundas do inferno as esperanças de ver resolvido o dilema da esperança.

Messiânica

Herética ou pia, a esperança poderá ser indeterminada, indefinida, delirante, louca, mas não será neutra. Vejamos, por exemplo, outra esperança de origem religiosa: a do messianismo. O nome vem de *mashiah*, que em hebraico significa "o ungido de Deus". O messianismo é a espera de um guia, de um redentor. Está presente no mosaísmo, no profetismo, no cristianismo, no maometanismo. É uma esperança que se transfere do plano espiritual ao plano político.

Para nós, descendentes culturais dos portugueses, a esperança messiânica é a esperança do sebastianismo, isto é, a esperança construída sobre um dos muitos avatares do salvador da pátria.

O sebastianismo deriva de um personagem histórico e de uma lenda. O personagem é dom Sebastião, rei de Portugal, neto e herdeiro de dom João III, conquistador do Algarves. Dom Sebastião era um sonhador. Tinha a esperança de conquistar Constantinopla e o Califado do Egito. Com esses objetivos, exercitava-se e mantinha-se casto. Tornou-se rei em 1569, época em que Portugal vivia um período de sofrimento e obscurantismo. Grassavam as pestes e o beatério infernal da Inquisição. Em Lisboa já não havia onde enterrar os cadáveres.

A combinação de desgraças do reino e de príncipe imaculado fez surgir no populacho uma série de lendas. A figura de dom Sebastião contribuía para isso. Tinha horror às mulheres, era ruivo, de olhos azuis, nervoso e fora de prumo; o seu lado esquerdo era muito maior do que o direito. Admirava tanto seu avô, que mandou retirá-lo do caixão e prestou homenagens ao esqueleto, posto de pé com uma espada em punho. Como muitos executivos contemporâneos, tinha a esperança da onipotência.

O homem era doido varrido. Não delirante, como Dom Quixote (isto se passa no tempo de Cervantes), mas demente do tipo malvado e tirano. Camões, outro contemporâneo, que via no rei a possibilidade de volta às glórias passadas de Portugal, incitava-o ainda mais com versos sobre a "seta veneranda", que supostamente era uma das flechas que mataram São Sebastião e que havia sido presenteada pelo papa ao rei. A carolice dava a atmosfera do tempo, um tempo meio sem pé nem cabeça e que ansiava por um pouco de razão. Cultivava-se a ilusão de que o mundo voltasse a fazer sentido, o que é a esperança política mais destrambelhada que há.

Este o personagem, esta a época. Agora, os acontecimentos e a lenda.

Numas das guerras travadas no Marrocos, havia sido trazido como refém a Lisboa o xerife Maula Ahmed bim Abdulah. Parece que esse Abdulah convenceu dom Sebastião a uma conquista fácil do Marrocos. O rei tomou-se em brios, pegou o dinheiro do tesouro, armou um exército de camponeses recrutados à força e foi-se à África, juntar-se aos berberes do xerife para fazer a guerra. No areal de Alcácer-Quibir, no ano de 1578, tomou uma tunda memorável. Expirou no campo de batalha, com quase todo exército.

Depois dessa maluquice, o reino ficou tão fraco que foi facilmente anexado ao império espanhol. Isso foi em 1580. Os anos de submissão que se seguiram, e o fato de que nenhum dos sobreviventes viu dom Sebastião morrer, alimentaram as lendas em torno do rei-fantasma, do "encoberto", que voltaria da batalha para redimir Portugal.

Sobre essa esperança, meio demente, que continuamos a depositar em cada líder que se nos oferece, dos mais maravilhosos, como o Antônio Conselheiro de Canudos, aos mais desprezíveis embusteiros da opinião pública, Fernando Pessoa deixou os seguintes versos:

Dom Sebastião, rei de Portugal

Louco, sim, louco, porque quis grandeza
Qual a sorte não dá.
Não coube em mim a certeza;
Por isso onde o areal está
ficou meu ser que houve, não o que há.
Minha loucura, outros que a tomem
Com o que nela ia,
Sem loucura que é o homem
Mais do que besta sadia,
Cadáver adiado que procria?

Sem loucura, isto é, sem a insanidade da esperança, cada um de nós é um animal, uma besta sadia, que entre o nascimento e a morte gera outros infelizes; um cadáver adiado que procria. Temos aqui, ao mesmo tempo, a esperança como o vício da insensatez e da sem razão, e a esperança como a virtude da vida.

Sofrida

Por que a esperança não seria também uma virtude? Presumo que por medo de um tipo de esperança que, de fato, é terrível. Quem melhor a retratou foi Auguste Villiers de L'Isle-Adam. Ele foi um nobre, da nobreza antiga e culta, mas completamente arruinada, que viveu no ocaso do império de Napoleão III. L'Isle-Adam (2005) era um poeta menor, mas deixou uma série de contos, os *Contes cruels*, muito interessantes. Em um deles, conta a história do rabi Abarbanel.

No conto, nós encontramos o rabi quando o Grande Inquisidor de Saragoça e outro dominicano entram em sua cela. Abarbanel havia resistido à série das torturas de praxe para que abjurasse a sua fé, e jaz em um canto, exausto. Os padres anunciam que no dia seguinte ele será submetido ao *quemadero*. O *quemadero* era uma espécie de assador, em que a pessoa ficava suspensa por correntes acima das brasas até morrer. O Inquisidor diz que ele deve se alegrar, pois estará liberto da vida terrestre, e que, nas três ou quatro horas em que arderia até sucumbir, teria tempo de meditar sobre os seus pecados e preparar-se para o encontro com o Espírito Santo. Os padres dão o beijo e o abraço que selam a sentença e vão embora. Deixam o rabi no seu desespero.

E ele fica tão desesperado que leva algum tempo para descobrir que a porta da cela não estava corretamente fechada. Então, com cuidado infinito, empurra a porta e ela se abre. É já tarde da noite e Abarbanel, reunindo as forças que lhe restam, silenciosamente, vai se esgueirando pelos corredores. Com tanto cuidado, tão lentamente, que a fuga dentro da prisão dura horas. Várias vezes é tentado a voltar para sua cela. Tem medo de que, se for pego, poderá ter uma morte ainda pior. Na madrugada, dois dominicanos passam bem perto dele. Não o veem, e ele pensa que é por já estar morto.

Decide seguir adiante. Vai se arrastando até que, enfim, consegue sair do convento que era a sua prisão. No alvorecer, está em um horto de laranjeiras e sente profundamente a liberdade. Sente a vida, a esperança que é a vida renovada. Sente também que, pelas costas, alguém o abraça delicadamente. Volta-se e dá com o Grande Inquisidor em pessoa, cercado pelos familiares da Inquisição. Quase enlouquecido, o rabi dá-se conta de que havia sido submetido ao último suplício, o suplício da esperança.

Realista

A história do rabi Abarbanel é muito triste. Menos pela sorte do pobre rabi e mais porque se refere a um sentimento que muitos de nós compartilhamos.

Grande parte das pessoas tem medo de ter esperança e vê-la frustrada. Já nos frustramos tantas vezes que escondemos a esperança que temos. E a escondemos não só dos outros, mas de nós mesmos. Tememos o suplício da esperança não realizada; a esperança do rabi Abarbanel. É um fenômeno que associamos não ao pessimismo, mas ao realismo, à objetividade. E é um equívoco, porque não ter esperanças no futuro com base no que aconteceu no passado nada tem de objetivo.

O filósofo Karl Popper tem toda razão quando diz que não é possível prever o que irá acontecer. E não é possível porque vivemos aspirados pelo futuro, não empurrados pelo passado. A nossa conduta de hoje é ditada pela ideia que temos do que vai acontecer, não pelo que já nos aconteceu. Se o futuro parecer com o que se anunciou dele, é geralmente porque as previsões fazem com que influamos no que acontece e no que vai acontecer. É a esperança que cria o futuro.

É verdade que a incerteza quanto ao futuro muitas vezes é objeto de manipulação. Existe um paralelo entre o médico e o gerente nessa manipulação da esperança. De um lado, é preciso confessar que, mesmo os que duvidamos da infalibilidade da medicina moderna, nos agarramos aos médicos. O médico deve ser um dispensador de esperanças. E essa função é nobre. A esperança derivada da fé, mesmo que da fé na ciência, ajuda a curar, dizem que chega até mesmo a curar.

Já nas organizações, o uso das esperanças de conhecer o futuro e de prolongar a vida me parece infame. As técnicas de RH costumam atuar sobre a fraqueza humana. Prometem o que não podem cumprir: um futuro melhor ou mais segurança ao empregado. Aí estão os planos de carreira que irão corrigir injustiças e "estabilizar" a vida funcional. Aí estão, também, os sistemas de recompensas, a adesão induzida aos esquemas de trabalho. As intenções podem ser boas, mas essas são esperanças cuja realização não é garantida porque as organizações são caudatárias de processos econômicos, sociais, políticos e tecnológicos que não controlam. Sob essas esperanças, esconde-se a exploração da ingenuidade. Trata-se, o mais das vezes, de um processo alienante. Da alienação tomada no sentido de desvio da vida individual em benefício da esfera de interesses privados. Da boa-fé como impulsora da produtividade no trabalho

É curioso que a defesa individual contra a manipulação da esperança resida algumas vezes no cultivo da insensibilidade, na autoalienação. Victor Frankl (1963), um psiquiatra que trabalhou com os judeus egressos dos campos de extermínio, explicou como isso é possível; como a supressão da esperança pode ser uma estratégia de vida. Ele demonstrou que, para não enlouquecer, o cativo rejeita a esperança e o desespero. No seu lugar, desenvolve um "vazio espiritual"; renuncia à autoapreciação e ao futuro; suprime a capacidade crítica; sente-se feliz por estar vivo no presente.

Há algum tempo, o psicólogo Christopher Lasch (1987), em um livro intitulado *O mínimo eu*, comparou o vazio espiritual do cativo com o do burocrata. O cultivo da insensibilidade como modo de sobrevivência. Porque nos labirintos das organizações modernas encontramos tanto os esperançosos quanto os desesperados, mas acho que os insensíveis, os vazios, os que nem desespero sentem, são cada vez em maior número.

Originária

Vimos que a esperança pode ser ou não ser um privilégio; pode ser herética ou pia, louca ou sã, viciosa ou virtuosa, bendita ou maldita. Começamos por nos perguntar se a esperança é boa ou ruim. Demos voltas. Não chegamos a determinar se o marketing da esperança é ou não legítimo. Em uma última tentativa de responder à questão, volto ao nascimento mesmo da esperança.

Aconteceu assim: contra o desejo de Júpiter, Prometeu havia criado o primeiro homem, que vagava sozinho pela Terra. Não é à toa que Prometeu acabou acorrentado a uma rocha do Cáucaso, com uma águia a lhe devorar o fígado. É verdade que Hércules matou a águia. Não sei que fim teria levado Prometeu; mas não importa, a nossa história é anterior a todas as histórias.

Então, ele tinha criado esse primeiro mortal, de barro e do sopro da vida, que obtivera de um raio roubado do próprio Júpiter. Como isso tinha sido feito contra a vontade de Júpiter, este, para se vingar, mandou Vulcano forjar uma mulher para tentar Prometeu. E Vulcano forjou uma criatura perfeita, mas sem conteúdo. Uma cabeça de vento arcaica. Mas já naquela época o corporativismo feminino funcionava, de forma que as deusas resolveram dotar a criatura de dons. Minerva lhe deu a sagacidade; Vênus, o dom da atração sexual; as Graças lhe concederam a leveza da dança, a eloquência da poesia, a música etc. E a chamaram de Pandora, que significa "a que tem todos os dons".

Júpiter, em represália ao que tinham feito as deusas, deu a Pandora uma caixa de ouro, com ordens para que a entregasse a Prometeu. Este recusou o presente. Então Pandora a entregou ao primeiro homem: Epimeteu, o Imprudente. Juntos, resolveram ver o que havia na caixa que Júpiter mandara entregar a Prometeu.

Devagar, com muito medo, eles abriram só um pouquinho a tampa. Mas, apesar do cuidado que tiveram, pela abertura escaparam os males do mundo. Escaparam a dor, a doença, o ódio, a velhice e assim por diante. Assustada, Pandora fechou a caixa com toda a força. Era tarde demais. Os males se haviam espalhado pelo mundo. Só a esperança ficara presa no fundo.

Esta história talvez tenha sido a forma que os gregos encontraram para dizer que não sabiam se a esperança é boa ou ruim. E se eles, que sabiam tudo, não sabiam isto, acho que talvez nunca venhamos a saber. O que, é claro, não nos impede de ter esperanças de todo tipo.

REFERÊNCIAS

CARVALHO, Vicente. Velho tema. In: BANDEIRA, Manuel (Org.). *Poesia do Brasil*. Rio de Janeiro: Editora do Autor, 1963.

FRANKL, Victor. *Man's search for meaning*. New York: Simon & Schuster/ Washington Square Press, 1963.

LASCH, Christopher. *O mínimo eu*. São Paulo: Brasiliense, [1987?].

L'ISLE-ADAM, Villiers de. *Contes cruels*. Paris: Corti, 2005.

PESSOA, Fernando. *Obra poética*. Rio de Janeiro: Nova Aguilar, 1986.

PLATÓN. *Obras completas*. Madrid: Aguilar, 1981.

ROSSETTI, Dante Gabriel. *The Oxford book of English verse*. Oxford: Oxford University Press, 1940.

SCHOPENHAUER, Arthur. *O mundo como vontade e representação*. São Paulo: Brasil, 1958.

VAIHINGER, Hans. *The philosophy of "as if", a system of the theoretical, practical and religious fictions of mankind*. London: Routledge, 1949.

VOLTAIRE. *Poème sur le désastre de Lisbonne*. Athene e-text, 2007. Disponível em: <http:// hypo.ge.ch/athene/>.

Índice remissivo

A

Absurdo 246

accountability 180

Afinidades eletivas 200

Agripa 110

amizade 48

amoral 36

antiessencialista 140
   pragmatismo

antinomia
   definição 79
   terceira 79

arbitrariedade moral 150

arêtê 46

argumento 25

argumento cético relativista 109

argumento da imperfeição
   relativista 114

argumento histórico
   relativista 115

argumento não cognitivo
   relativista 122

argumento perspectivo
   relativista 119

argumento pragmático
   relativista 117

argumento sofístico
   relativista 108

Aristóteles
   Ética de aristotelismo
      contemporâneo 49

Ascetismo econômico 209

ataraxia 109

Ato
   utilitarismo do 101

Autonomia 90

B

barreiras à argumentação moral 161

bela vida 30
   aristotélica 48

bem
   definição 33

bens públicos 155

Bentham
   Jeremy 94

bom 144

bonum simpliciter 240

Bruno 111

budismo 169

C

caridade 250

caritas 204

carma 210

Carvalho
   Vicente de 252

categorias kantianas 75
certezas 164
Cervantes 238
céticos 109
community 61
compensação 173
compensação moral 174
compreensão histórica
    relativista 116
Comte 222
conceitos
    para Kant 76
conceitualismo
    relativista 116
condições do acordo
    para Rawls 146
conduta
    "correta" 39
conflito moral 209
conhecimento
    para Kant 75
consenso sobreposto 154
consequencialismo 214
consequências 97
construtivismo 143
construtivismo pluralista 145
contextualismo
    epistemológico 140
contraintuicionismo 109
contrato 54
contrato social 65
    de Rawls 143
contratualismo
    de Rawls 150
contratualistas 53
convenção 54
convicção e responsabilidade 213
crise moral 199

critérios pluralistas 138
críticas à teoria da justiça 152
cultura 201
cultura e método 201
Cusa 111

D

Descartes
    princípios de 24
Desigualdade 64
dever 35, 71, 88
Dewey 118
diálogo 239
dianoéticas
    virtudes 47
diferença
    princípio da 147
dificuldades do utilitarismo 103
Dilthey 117
Dom Quixote 238

E

elpís 249
emotivismo
    relativista 124
empatia 100
Enchiridion 39
Enesidemo de Cnossos 110
Epicteto 39
Epicuro 54
episteme 25, 47
epistemologias 27
epoqué 109
equilíbrio reflexivo 155
escatológica 250
escravo
    Aristóteles 50
esperança 249
    messiânica 255

origem 260
profética 254
realista 258
sofrida 257
estado da natureza 61, 65
estados da mente 122
ética 15, 29
  campo 34
  definição 30
  estudo 29
ética corporativa 181
ética e moral 29
éticas
  virtudes 36
eudemonia 46
evolucionismo histórico 115

F
falácia naturalística 130
falibilismo 118
falsa consciência 136
fatos morais 163
fé 37, 250
felicidade 46, 83
filosofar
  aprendizado 23
filosofia 19
  definição 21
  divisão 24
filosofia crítica 71
fim-racional 206
fordismo 230
Frankl
  Victor 260
Friedman
  Milton 181

G
Galileu
  método de 55

garantias 62
Geertz 125
Giordano Bruno 111
globalização 161
gnosiologias 24
gnosiológica 110
Godwin 94

H
hábitos 47
hedonismo ético egoísta 96
hedonismo ético universal 96
hedonismo psicológico 96
Helvétius 94
heresia 255
Hobbes
  Ética de 55
Hume
  David 112
  ética de 112

I
identificação dos fatos 161
ilusão 119
imoral 36
imperativo
  categórico 87
impulsos 118
inatismo 112
incertezas 45
inquisição 256, 258
instrumentalismo 118
intolerância 219
introspectivismo 112
intuição 129
invariantes
  culturais 125
iron cage 205

irracionalidade 206
Islã 170

J
James
    William 118
jaula de ferro 204
juízo de valor 33
justiça
    aristotélica 48
    ética da 143
justo 144
justo meio 47

K
Kant
    ética de 71
Kohlberg 127
Kultur 116

L
L'Isle-Adam
    Villiers de 258
Lasch
    Christopher 260
liberdade 90
    kantiana 81
    princípio da 147
liberdade e diferença 148
limites da responsabilidade 185
linguagem 122
Locke
    ética de 58
lógica 25

M
Mahabharata 170
Marcuse
    Herbert 222
maxmin 147
metaética
    definição 35

metaética
    relativista 108
método 25
    de Kant 73
métodos 27
Mill
    John Stuart 93
moderação 45
Moore
    G.E. 129
moral 29
moral do dever 71

N
não racionalidade 206
natural
    estado 57
naturalização do
    escravo 50
Nicolau de Cusa 111
Nietzsche
    Friedrich Wilhelm 119
norma
    utilitarismo da 101

O
objeções ao intuicionismo 131
opinião 25
ordens de justificação 164
ótimo de Pareto 148
overlapping consensus 154

P
pacto subjecionis 54
pacto unionis 54
Parusía 250
patientia 221
Peirce 117
    Pelágio 255
pensamento
    para Kant 76

percepção
  sobre a moral 163
pessoa 151
Platão 54
pluralismo
  ética do 133
pluralista 134
poder
  para Locke 37
poïesis 51
politeísmo dos valores 135
positivismo 114
pragmatismo
  pluralista 139
  relativista 117
prazer e a dor 95
princípios 29
projetismo
  relativista 112
propriedade 60

Q
questões filosóficas 20
  abordagens 24

R
racionalidade 206
racionalização 204
Rawls
  John 143
razão do agir
  para Kant 85
razão prática
  kantiana 82
reciprocidade indireta 174
regra de ouro 169
regra moral
  universal 169
regulação legal 184
relativismo
  definição 107
  ética do 107
  objeções ao 127
relativismo cultural 109
relativismo descritivo 107
relativismo normativo 108
relativização 125
representação 20
respeito 38
responsabilidade
  socialização 193
responsabilidade corporativa 181
responsabilidade e gestão 187
responsabilidade e interesse 188
responsabilidade moral 178
responsabilidade pessoal 181
responsabilidade social *Consulte*
responsabilização 189
  áreas 189
  instâncias 192
revolução copernicana 78
Rorty 139
Rossetti
  Dante Gebriel 253
rotinização 204
Rousseau
  Jean-Jacques 63

S
Sancho 238
São Paulo 182
Schiller 118
Schopenhauer
  Arthur 119
sebastianismo 256
senhores
  (utilitarismo) 95
sensatez 246
sensibilidade 64
senso comum 130

senso moral 30
sentimento moral 135
Simmel 116
soberano
   de Hobbes 58
sofistas 108
sono dogmático 73
spen 249
Spencer 115
Spengler 116
spondere 178
stakeholders 187
Stevenson 124
subjetivismo 109
subjetivismo 109
   relativista 112
sympatheia
   em Rawls 153
   no utilitarismo 100
   para Hume 113

T
Talmude 170
Taylor
   Frederick 237
taylorismo 230
temas filosóficos 21
teoria da justiça 143
tolerância 63, 219
   argumentos 221
   limite ético 233
   limite físico 227
   limite político 224
   limite psicológico 229
trabalho 207
   indução ao 237
   sentido 37
transvaloração 32
transvalorizando 121
tropos 110
   definição 110

trustees 61

U
universalidade 89
utilidade 93
utilitarismo 93
   de Mill 97
   de Taylor 244
utilitarismo ideal 99

V
Vaihinger 118, 255
valor 31
   conceito 19
valor moral
   para Kant 39
valores comuns 136
valor-racionais 208
verdade 26
verdade moral 27
véu de ignorância 145
virtude 46
virtudes
   doutrina kantiana das 83
   teoria das 47
vontade boa 85
vontade de verdade 121
vontade e representação 250
vontade geral 66
vontade serva 120

W
Weber
   Max 199
Wittgenstein
   Ludwig 122

Z
zoroastrismo 169